建设中的维多利亚项目全景

曼彻斯特住宅项目全景

英国伦敦大本钟建筑群

英国伦敦街景

工程建设企业境外合规经营指南

英 国

中国施工企业管理协会
浙江省二建建设集团有限公司 | 编著

中国市场出版社
China Market Press
·北京·

图书在版编目（CIP）数据

工程建设企业境外合规经营指南. 英国 / 中国施工企业管理协会，浙江省二建建设集团有限公司编著. 北京：中国市场出版社有限公司，2024. 10. -- ISBN 978-7-5092-2601-8

Ⅰ. F416. 9-62；F456. 169-62

中国国家版本馆 CIP 数据核字第 2024SG7686 号

工程建设企业境外合规经营指南：英国

GONGCHENG JIANSHE QIYE JINGWAI HEGUI JINGYING ZHINAN：YINGGUO

编　　著：中国施工企业管理协会 浙江省二建建设集团有限公司
责任编辑：王雪飞

出版发行：中国市场出版社
社　　址：北京市西城区月坛北小街 2 号院 3 号楼（100837）
电　　话：（010）68034118/68021338
网　　址：http：//www. scpress. cn

印　　刷：河北鑫兆源印刷有限公司
规　　格：145mm×210mm　　32 开本
印　　张：9. 875　　**字　　数：**255 千字
版　　次：2024 年 10 月第 1 版　　**印　　次：**2024 年 10 月第 1 次印刷
书　　号：ISBN 978-7-5092-2601-8
定　　价：68. 00 元

《工程建设企业境外合规经营指南：英国》

编 委 会

主　　任： 曹玉书

副 主 任： 尚润涛　李清旭　郑学选　王海怀　汪建平　周育先　陈　云　戴和根　姚　强　周厚贵　蒋德军　汪桃义　白小虎　马健峰　樊　军　裴宏伟　卞家骏　蔡典维　孙　波　宫长义　张桂玉

主　　编： 曹玉书

副 主 编： 尚润涛　卓建明

执行主编： 孙晓波　马玉宝　王武民　张长春　王　锋　金　睿　周旭光

参编人员： 韩　磊　翟绍燚　陆伟杰　张劲峰

专家审核组成员：

马燕冰　中国现代国际关系研究院研究员

何　胜　对外经贸大学教授

章旭彦　中国施工企业管理协会合规顾问

彭世红　中建国际建设有限公司副总经理

岐温华　中国电建集团海外投资有限公司总法律顾问
兼首席合规官

张　磊　中国土木工程集团有限公司中土研究院副院长

宋玉祥　上海市建纬（北京）律师事务所高级合伙人

张明明　中国石油天然气第一建设有限公司
企管法规部经理

张玉金　江西中煤建设集团有限公司企业管理部部长、
合规办公室主任

PREFACE
序言

“一带一路”倡议是顺应全球治理体系变革，彰显同舟共济、命运与共意识的国际公共产品。作为完善全球治理体系、推动构建人类命运共同体的中国方案，共建“一带一路”已经成为171个国家（地区）和国际组织开展国际合作的新模式，正在向高质量共建的阶段迈进。

共建“一带一路”在完成总体布局的基础上，聚焦重点、深耕细作，扎实推进项目实施，累计开展了3000多个项目，可圈可点的成果、实实在在的好处，让“一带一路”朋友圈不断扩大。中国企业参与“一带一路”建设的程度也越来越深入，面临的市场环境越来越复杂，合规经营在企业可持续发展中也显得越来越重要。

为更好地帮助企业提高合规经营管理水平，有效防范及化解经营风险，早在2017年5月，习近平总书记就中国企业合规经营问题，在中央全面深化改革领导小组会议上，明确指出加强企业海外经营行为合规制度建设的必要性。2018年7月1日，国家标准《合规管理体系指南》（GB/T 35770—2017）正式实施；2018年11月2日，国务院国资委《中央企业合规管理指引（试行）》发布实施；2018年12月26

日，国家发展改革委正式发布《企业境外经营合规管理指引》，为中国企业更好地开展境外经营业务、建立合规管理体系和制度，提供了官方的指导意见。

中国施工企业管理协会基于工程建设行业的实践经验和研究成果，联合 12 家会员单位，在国家发展改革委区域开放司的指导下，出版《工程建设企业境外合规经营指南》（以下简称《指南》），结合企业自身情况，以丰富翔实的案例，系统地从市场环境、通用规则、国别（地区）规则以及示范项目等角度展示了中国企业在境外稳扎稳打、开拓进取的合规发展历程，具有针对性、实务性和系统性的特点，是一套指导性非常强的工具书。

《指南》的出版有利于帮助广大施工企业适应国际工程承包自由化、便利化的市场环境，引导企业以实现行业高质量发展为目标，期望通过树立境外合规经营优秀典型，分享境外合规运营经验，帮助企业完善合规运营体系，形成合规文化，提升企业在国际市场中的竞争力。同时，在更广泛的范围倡议共建“一带一路”的企业，增强机遇意识和风险意识，夯实基础，固牢底线，趋利避害，在发展中不断前进，在合作中茁壮成长。

曹玉书

2021 年 12 月

PREFACE
前言

英国位于西欧，是由大不列颠岛上的英格兰、苏格兰、威尔士以及爱尔兰岛东北部的北爱尔兰共同组成的“联合王国”，被北海、英吉利海峡、凯尔特海、爱尔兰海和大西洋包围，其区位优势明显。英国是全球第五大经济体，仅次于德国，是欧洲第二大经济体。2023 年英国 GDP 约 3.33 万亿美元，人均 GDP 约 4.89 万美元。服务业是英国的支柱产业，占总 GDP 的 3/4 以上，制造业占 1/10 左右。伦敦作为英国首都，是世界著名金融中心之一，拥有现代化金融服务体系，同时也是世界主要外汇交易市场、保险市场、黄金现货交易市场、衍生品交易市场和非贵重金属交易中心，并拥有数量众多的外国银行分支机构或办事处。英国商业服务业发达，可为企业提供全球一流的税务、会计、审计、咨询、营销等服务。英国司法体系广受国际商界认可，是最开放的法律服务市场之一，在伦敦有超过 200 家外国律师事务所执业。

当前，英国政治形势总体稳定，其以开放的市场体系、成熟的营商环境、完备的法律制度、新兴领域的创新活力，以及人才、科技、服务等领域优势，受到全球投资者的青睐。2021 年 1 月英国正式脱欧后，以“全球化英国”为目标，开启了发展新篇章。英国通过扶持企业和民生、鼓励投资和创新、着力发展数字经济和低碳经济，努力推动经济全面复苏和地方经济振兴，同时先后与 70 多个国家签订自贸协定、申请加入《全面与进步跨太平洋伙伴关系协定》（CPTPP）、推动世界贸易组织改革，努力重塑与其雄心相称的国际新形象和参与全球竞争新优势。进入 2022 年后，特别是乌克兰危机发生以来，英国面临能源价格高企、生活成本上升、劳动力短缺、通货膨胀和政府债务攀升等突出问题，经济和社会发展受到较大影响。

中英经济具有高度互补性，合作基础厚、韧性强、领域宽、潜力大。中英建交以来，经贸合作成果丰硕，给两国人民带来了实实在在的利益。百年变局下经济全球化遭遇逆流，全球经济复苏乏力，世界进入新的动荡变革期。中英经贸投资合作仍持续增长。2021 年，中英双边货物贸易进出口总额再创历史新高，达 1126 亿美元，增长 21.9%。截至 2021 年底，中国对英国直接投资存量为 190 亿美元，在我国对全球各国和地区投资存量中排名第九位，在欧洲国家中排名第二位。在英投资兴业的中国企业已超过 800 家，遍布英伦三岛，创造当地就业岗位超 6 万个。中英两国政府和工商界对巩固和发展双边经贸合作有着共同愿望，两国企业在深化贸易、金融、制造、基础设施建设等传统领域合作同时，不断拓展在医疗卫生、绿色科技、绿色金融、新能源汽车、数字经济、创意产业等领域务实合作，努力开拓第三方市场合作。2021 年以来，新一批中国投融资项目在英国落地或稳步推进，涉及绿色金融、新能源、医疗卫生、数字科技等领域。两国经贸合作正迎来新的历史机遇期。

值得注意的是，当前英国国内一些打着所谓意识形态、共同价值观旗号，主张与中国“脱钩”、遏制中国发展的杂音不断，一些借口所谓民主、人权、劳工问题，干涉中国内政、抹黑中国的动作不停，使中英关系遭遇挫折和困难。同时，英方以国家安全为由，主张减少对中国依赖，严格对中国企业和投资项目审查，对双边经贸合作前景和企业投资信心带来不利影响。但从长远看，相互尊重、加强沟通、互利共赢、合作发展仍是两国主流民意心声。中英两国加强经贸合作，有利于促进世界经济复苏、应对全球性共同挑战、增进双方人民福祉。两国政府、工商界和社会各界人士共同努力，为两国关系发展不断积累积极因素，推动中英关系包括经贸务实合作行稳致远，更好造福两国人民。

建议中国企业在英国开展合作与投资时，从全球高度客观看待英国与中国、美国、德国、法国、日本、印度等世界大国的外交关系，切勿忽略国际政治、地缘政治、宗教、文化与经济之间的内在联系，在赴英国开展合作时能够具备与他国企业在外交博弈、资本实力、战略谋划、合法经营、精细管理、风险防御、文化理解与包容等方面竞争的实力，彰显中国大国风范，实现企业自身长远发展的目标。

CONTENTS
目录

Chapter 1

第一章

境外工程建设合规管理的重要性

“合规”一词源自英文 compliance，是指企业行为符合法律法规及其内部规章制度和商业道德的要求。企业合规管理本质上是对企业内部的自我管理提出了要求，不仅要求其合法合规，还要求其遵守企业自己制定的规章和社会承认的商业道德。近年来，随着中国“走出去”战略、“一带一路”倡议的推动，越来越多的企业走出国门，开始广泛参与跨国经营，而与此同时，越来越多的中国企业遭受海外合规处罚，引发了国内企业对于合规问题的关注和思考。

一、合规的起源

（一）企业合规思想的起源

合规思想最早可追溯到成立于1906年的美国食品和药物管理局（FDA）当时对食品和药物安全的监管，这促使部分企业开始将合规视为企业运营的一部分。20世纪50年代，英国为发展外向型经济，向外扩张本土企业。尽管当时的英国法律以及各个行业的规章制度相对比较完善，但对外投资要做到“入乡随俗”，英国本土的法规、企业规章和文化理念等已不适用于投资所在国。在此背景之下，从国家、行业和人员三个层面考虑，英国率先推出合规。

（二）企业合规体系的诞生

20世纪60年代，因电气设备行业龙头企业的垄断行为，美国开始反垄断大潮，政府在该领域重拳出击，合规管理随着美国《反托拉斯法》（反垄断法）的实施而得到了普及，在当时促使很多企业开始建立反垄断合规体系。

（三）企业专项合规体系的建设

20世纪70年代，为应对这一时期出现的系列财务丑闻，美国证券交易委员会在1977年颁布了《反海外腐败法》，要求上市公司在贿赂、回扣、记账和其他方面执行合规政策。《反海外腐败法》在合规的世界发展史上具有标志性意义。一方面是因为该法在反腐败领域具有广泛的域外管辖效力，至今仍然是悬在各跨国企业头上的“达摩克利斯之剑”；另一方面是因为该法要求企业对资金往来进行准确的会计记录，从而直接介入了企业财务内控体系的建设。

1986 年，美国发布了《环境审计政策声明》，将企业环保作为合规工作要点，鼓励公司对设备使用是否符合环保要求进行系统、定期和客观的检查，以确保公司合规体系的有效性，发现潜在的环保违规问题。同一年，美国军火企业联合起草了《国防工业的商业伦理与企业活动精神》，将自觉履行合规管理制度作为企业自律的要求。1988 年，美国又通过了《内幕交易与证券欺诈取缔法》，进一步防止证券内幕交易。这一系列专项法案的制定推动了企业在问题领域专项合规体系的建设。

二、合规体系的成形与完善

（一）企业合规体系的成形

20 世纪 90 年代以前的合规管理多集中在某些具体领域，从 20 世纪 90 年代开始，企业全面合规体系建设逐渐成形。标志性的事件是 1991 年美国量刑委员会发布《针对机构实体联邦量刑指南》（简称《量刑指南》）。

《量刑指南》主张将机构实体是否具备完善的合规体系作为减轻刑事责任的重要考量。该指南的出台标志着现代合规理念与合规标准的成形。企业按照《量刑指南》的合规标准审查现有合规体系或建立新合规体系。

1992 年，关于通过控制危险废物跨越国境的转移和处置来防止危险废物对环境和人体健康造成危害的全球性国际公约——《巴塞尔公约》开始生效，目前已经有 187 个国家签署。

1995 年，联合国首次提出“全球契约”的构想，号召企业以承诺遵守国际行为准则的方式，使经济活动兼顾社会公益，承担相关社会责任。2004 年，“全球契约”扩充形成人权、劳工标准、环境、反贪污四个方面的十项基本原则。

1997 年，经济合作与发展组织（OECD，简称经合组织）成员国达成《反对国际商业活动中向海外政府官员行贿行为公约》。

（二）企业合规体系的规范

2001—2002 年，安然有限公司和世界通信公司等企业发生财务造假丑闻，暴露出美国上市公司治理和财务审计方面存在的严重问题。为加强公司监管、重振投资者信心，美国国会于 2002 年通过《萨班斯-奥克斯利法案》（简称《萨班斯法案》），对美国上市公司财务监管中存在的问题作出了针对性规定。

《萨班斯法案》适用于所有在美国上市和准备赴美上市的公司，包括外国公司，如中国的阿里巴巴、网易等，因而对世界范围内的企业经营和合规管理产生了深远影响。

2004 年，巴塞尔银行监管委员会颁布《巴塞尔协议》，鼓励银行不仅要识别当前的风险，而且要识别将来的风险，并且改进现有的风险管理体系来管理这些风险。2005 年，巴塞尔银行监管委员会又发布了《合规与银行内部合规部门》高级文件。

这一时期对合规发展产生重要影响的，还包括 2004 年修订后的《针对机构实体联邦量刑指南》。修订后的《量刑指南》为评估合规体系的有效性规定了更为细致和严格的要求，包括但不限于：培养诚信合规的组织文化、强调管理层对合规体系的监督、加强员工合规培训和宣介、建立内外部风险评估机制等内容。

（三）企业合规体系的发展和完善

肇端于 2007 年的次贷危机席卷全美。为遏制金融违规、挽回公众信任，美国国会于2010年通过了《多德-弗兰克华尔街改革和消费者保护法案》。该法案的规则覆盖了几乎整个金融业和国民经济，旨在改善金融业责任制和透明度，避免再次发生经济危机，是美国金融业自大萧条以来最为深远的一次改革。

反腐败合规在这一阶段再次成为热点。以美国对德国西门子公司的反腐败执法案为代表，美国司法部和证券交易委员会在这一时期对大量跨国公司进行了反腐败调查和执法。受《反海外腐败法》巨额罚款的警示（西门子被罚约16亿美元）和会计条款的要求，众多企业开始不断加强自身的反腐败合规体系建设。

2010年，《量刑指南》再次修订，此次修订强调了合规官的独立性，对企业合规体系建设产生了不小的影响。

2010年，经合组织颁布《内控、道德与合规最佳行为指南》，要求企业制定明确的政策来禁止海外贿赂，制定针对所有员工的合规执行体系、相关交流和培训机制、完善的举报制度等。

2014年，国际标准化组织发布实施了《合规管理体系 指南》(ISO 19600)，将合规管理分为建立和改进两部分，包括确定合规范围、建立合规方针、评估合规风险、制订应对计划、实施和控制、评估和报告、持续改进等阶段，为所有规模和类型的企业建立有效的合规管理体系提出了指导性建议。

2014年，亚太经合组织通过了《北京反腐败宣言》《亚太经合组织预防贿赂和反贿赂法律执行准则》《亚太经合组织高效率公司合规项目基本要素》。

2016年，国际标准化组织颁布了《反贿赂管理体系——要求和使用指南》(ISO 37001：2016)，对于企业运营当中可能存在的不正当的利益往来行为，阐述了预防、发现和应对措施。

2017年，美国司法部发布的《合规管理体系评估》罗列了问题样本清单，企业可以对照这份清单，对自身合规管理体系的充分性和效能进行评估。

2019年，《量刑指南》更新版明确提出了12项评估合规体系有效性的指标，并在《商业组织联邦起诉原则》中明确提出了3个评价标准：合规体系是否设计良好？是否有效实施？是否实际发挥作用？

2021年，国际标准化组织的《合规管理体系 要求及使用指南》（ISO 37301：2021）正式发布实施。ISO 37301规定了组织建立、运行、维护和改进合规管理体系的要求，并提供了使用指南，适用于全球任何类型、规模、性质和行业的组织。

到目前为止，经营合规的概念已经深入商业领域的各个方面，各个国际组织都为构建全世界范围内公平、公正的合法合规经营环境不断努力着。而反过来对企业而言，经营风险不可能完全杜绝，但却可以利用已尽合规义务的规则来保护自身，并且利用合规管理规则来加强企业建设。可以说，合规潮流不可逆，主动拥抱使用才是正确的做法。

点评：

从合规的起源到完善成形这近一个世纪的发展历程之中，我们可以看到企业的合规从最初经济法的各领域，如反垄断法、证券和金融监管以及跨国商业行为，到现在已经扩展到经济和社会规制的各个领域。它从不同的企业和部门兴起，从最开始的分流和不同目标，到20世纪90年代，最终汇总成干流，初步形成相对完整的体系，而目前已经成为各国家、地区乃至全球商业组织和法律部门的共享制度。每一次合规的演变都是各个历史大事件迭代的结果，各个国家和组织都努力地从失败事件中总结经验，逐步完善并形成达成共识的合规规范。

站在企业的立场上，合规更多和“风险管理”“内控体系”联系在一起。对于风险事件而言，每一个风险事件有危又有机，危与机是共存的孪生兄弟。每一个风险事件，不只是事故，同时也是改进的契机，是推动前进的最深刻动力。因此，每个企业经营者都应充分意识到以下几点：

第一，合规要求不是对企业的约束，它最终的目标是引导全球商业环境朝健康有序、公平公正的方向发展。

第二，只有融入全球商业规则中，成为其中合格的一分子，才能接入全球的供应链环境，获取更多的业务机会，同时也能规避更多的风险。可以说，企业成为“合规组织”是参与全球竞争的最基本条件。

第三，注重企业发展过程中或者同行业中的每一次大事件，这是完善企业运行机制，规避运营风险的最好时机。

“走出去”与“全球性协作”是不可逆转的趋势，因时势而勃发的中国合规管理成为我国各个企业在国际化进程中的实践热点。但是源于美国并扩展到世界范围内的这一制度，在国内推行的时候的确有许多值得检讨的地方。中国式的公司治理、法治水平和大陆法系的制度局限性，限制了合规作用的发挥。然而，相对于开拓者，我们是幸运的，可以站在前人的肩膀上去处理合规问题。我们还需要不断地完善合规管理和制度，这正是我们向前迈进最正确的方向。

三、合规管理的基本概念

合规是指企业及其员工的经营管理行为符合有关法律法规、国际条约、监管规定、行业准则、商业惯例、道德规范和企业依法制定的章程及规章制度等要求，是企业通过制定合规政策，按照内部规范的要求统一制定并持续修改合规规范，监督内部规范的执行，以增强内部合规控制；对违规行为进行持续识别、监测、预警，防范、控制、化解合规风险的一整套管理活动和机制。

合规管理包括组织内部的自我审查和来自外部组织的监管，其主要内容包括（但不限于）：合规管理制度建设、合规文化建设、合规信息系统建设、合规咨询、合规培训、合规审核、合规审计、合规检查、合规考核、合规评价、合规报告、法律法规追踪、投诉举报处理、监管配合和合规问责等。

四、合规管理的意义

（一）中国当前合规管理的现状

合规管理理念和实践于 20 世纪 70 年代末由三资企业引入中国。就合规监管而言，我国也经历了由金融机构逐步向其他行业扩散的过程。目前，我国政府对于企业合规管理体系的建设十分重视，要求各行业都应加强企业合规管理，完善企业合规建设。

2006 年 10 月，中国银监会颁布了《商业银行合规风险管理指引》，为商业银行合规风险的管理提出了指引。

2016 年 4 月，国务院国有资产监督管理委员会印发了《关于在部分中央企业开展合规管理体系建设试点工作的通知》，指出企业合规管理在中国移动、中国石油、东方电气集团、招商局集团、中国中铁等 5 家中央企业开始试点。

然而，和跨国企业相比，中国企业在合规问题的处理上相对落后，很多中小企业乃至部分大企业甚至都不知道合规管理的概念，而相对重视合规管理的企业，如华为、中兴通讯和中国铁建等，其合规管理体系的构建也还处于起步阶段。我国对企业经营合规方面的相关法律法规也正在逐步完善过程中。

2008 年以来，中国企业大规模“走出去”，因为对国际上通行规则与非通行规则的认识不足或者理解不到位而产生了大量不合规的商业行为，导致企业受到经营所在地政府或者国际组织的制裁。这不仅给企业造成经济与声誉损失，还给中国企业国际形象带来负面影响。

在 2018 年，中兴通讯被美国政府处罚 14.9 亿美元的同时，被列入美国禁售制裁名单，几乎濒临倒闭。同样是中国通信行业领头羊的华为也一直受到美国相关监管机构的调查。

近年来，随着中国企业国际化程度逐步加深，我国“一带一路”倡议持续推进，更多的中国企业，尤其是工程建设、工程服务类企业，参与到世界银行以及其他国际多边开发机构贷款项目的投标、建设及服务中。然而，自 2019 年新冠疫情暴发以来，贸易保护主义日渐盛行、民粹主义不断抬头，部分地区地缘政治紧张局势难见缓解，大国政治博弈进一步加剧。受台海问题、新疆问题、印巴问题、南海问题以及 2022 年愈演愈烈的俄乌局势影响，欧美部分国家或组织为打击我国经济社会的发展，对我国在海外上市、经营的企业或项目开展过度的审核与监管，这使中国企业面临的境外经营合规风险越来越大。

截至 2022 年 3 月 11 日，世界银行官网公布数据，尚在制裁名单上的中国企业和个人共计 196 个（不含港澳台），中国是受世界银行制裁企业数量最多的国家。这为“走出去”的中国企业在合规管理方面敲响了警钟。

（二）国家对企业境外经营合规管理的重视

国家对企业境外经营合规管理越来越重视。近年来，陆续出台了规范企业境外经营行为、提升企业合规管理水平的方针政策，详见表1-1。

表 1-1　中国政府近年来发布的合规要求

时间	机　构	事　项
2010 年 8 月	商务部、外交部、国家发展改革委、公安部、国务院国资委、安全监管总局、全国工商联	·印发《境外中资企业机构和人员安全管理规定》 进一步加强新形势下境外中资企业机构和人员安全保护工作，保障“走出去”战略的顺利实施。
2011 年 7 月	国务院国资委	·发布《中央企业境外国有资产监督管理暂行办法》 目的是规范境外企业经营行为，维护境外国有资产权益，防止国有资产流失。
2013 年 2 月	商务部、环境保护部	·印发《对外投资合作环境保护指南》 引导企业积极履行环境保护社会责任，推动对外投资合作可持续发展。
2013 年 3 月	商务部	·印发《规范对外投资合作领域竞争行为的规定》 促进对外投资合作业务健康和可持续发展，规范企业海外经营行为，鼓励和保护公平竞争，杜绝不正当竞争行为，提升对外投资合作企业管理水平和竞争能力。

续 表

时间	机 构	事 项
2014 年 1 月	商务部、财政部	·审议通过《对外劳务合作风险处置备用金管理办法（试行）》 目的是规范对外劳务合作企业的经营行为，保障外派劳务人员合法权益。
2014 年 8 月	商务部	·审议通过《境外投资管理办法》 促进和规范境外投资，提高境外投资便利化水平。
2017 年 5 月	中央全面深化改革领导小组	·审议通过《关于规范企业海外经营行为的若干意见》 提出要“加强企业海外经营行为合规制度建设”。
2017 年 12 月	国家发展改革委、商务部、人民银行、外交部、全国工商联	·发布《民营企业境外投资经营行为规范》 从完善经营管理体系、依法合规诚信经营、切实履行社会责任、注重资源环境保护和加强境外风险防控等五方面对民营企业境外投资经营活动进行引导和规范。
2017 年 12 月	国家发展改革委	·审议通过《企业境外投资管理办法》 加强境外投资宏观指导，优化境外投资综合服务，完善境外投资全程监管，促进境外投资持续健康发展。
2017 年 12 月	国家质量监督检验检疫总局和国家标准化管理委员会	·发布《合规管理体系 指南》（GB/T 35770—2017/ISO 19600：2014） 为企业全面系统地建设合规管理体系提供了具体的指南。

续 表

时间	机　构	事　项
2018 年 8 月	推进“一带一路”建设工作 5 周年座谈会	强调企业应规范投资经营行为，合法合规经营，注意保护环境，履行社会责任，成为共建“一带一路”的形象大使。
2018 年 11 月	国务院国资委	·印发《中央企业合规管理指引（试行）》 对中央企业的合规管理体系建设提出了要求和建议。
2018 年 12 月	国家发展改革委等七部委	·发布《企业境外经营管理指引》 对于推动企业持续提升合规管理水平提供了更加具体的行动指引。
2021 年 8 月	国家市场监督管理总局和国家标准化管理委员会	·发布《合规管理体系 要求及使用指南》征求意见稿 该稿基于 ISO 37301：2021 进行修订并代替 GB/T 35770—2017。

在 2018 年 11 月举行的民营企业座谈会上，习近平总书记指出，要在合法合规中提高企业竞争能力，形成更多具有全球竞争力的世界一流企业。在第二届“一带一路”国际合作高峰论坛上，习近平主席进一步明确，共建“一带一路”要引入各方普遍支持的规则标准，推动企业在项目建设、运营、采购、招投标等环节按照普遍接受的国际规则标准进行，同时要尊重各国法律法规。李克强总理也曾在批示中强调，强化合规经营意识是企业“走出去”的前提。他还要求国家发展改革委、商务部、国务院国资委、外交部四部委调查中国企业“走出去”遇到的问题，指导企业特别是国有大中型企业在经营中遵规守

法，切实防范风险。

2021 年 12 月，国务院国资委发布《关于进一步深化法治央企建设的意见》，提出认真落实全面依法治国战略部署，持续深化法治央企建设，着力构建世界一流企业的合规制度体系，不断提升依法治企能力，助推企业高质量发展。2021 年 12 月 3 日，国务院国资委再次召开中央企业“合规管理强化年”工作部署会，强调中央企业必须把强化合规放到贯彻习近平法治思想的高度来认识，放到落实全面依法治国战略的全局来部署，放到保障企业高质量发展的层面来推动，力争通过一年时间推动企业合规管理工作，建立健全企业合规管理体系，真正发挥规范管理、防控风险、支撑保障的重要作用。

同时，中国政府也更加积极地参与全球反腐败与合规管理的国际合作。2014 年亚太经合组织（APEC）北京会议通过了《北京反腐败宣言》（简称《宣言》），中国是《宣言》的发起者和参与者。此外，中国还参与发起并通过了《亚太经合组织预防贿赂和反贿赂法律执行准则》《亚太经合组织高效率公司合规项目基本要素》等重要文件。同时，中国也积极加入各类世界级别的公约，如《联合国反腐败公约》《国际商务交易中打击勒索和贿赂行为准则》等。作为中国的企业，必然要顺应全球合规治理加强的大趋势，履行公约所规定的义务，积极预防和应对商业贿赂，树立和维护国家形象。

（三）中国企业境外经营合规管理的重要意义

合规管理是企业稳健经营运行的内在要求，也是防范违规风险的基本前提，是每一个企业都必须重视且进行管理的一部分，也是保障自身利益的有力武器。

合规管理可以防止决策失误。领导者的权限较大，再小的决策失误都有可能引发公司的多米诺效应。合规化管理能够通过约束高层领导人员的相关行为，最大限度地减少因决策失误而带来的经营风险。

合规化管理是规范员工行为的有效手段，通过建构科学的企业合规文化以及合规体系，有利于让员工养成合规化的习惯，避免违规风险。同时在制度层面向广大员工普及合规管理的相关条例，有利于让员工自觉自律地避免违规化操作。

对于境外经营的中国企业来说，合规管理还有着更多更高层次的意义。

1. 树立和维护国家形象的需要

跨国企业虽然具有国际性，并且遵循基本的商业逻辑行事，但在以国家为主体的当代世界中，让人产生的第一印象还是其国家形象。如果中国企业在“走出去”的时候能够塑造一个遵规、亲和、友善、负责的中国形象，就会减少许多冲突和困境。因此，建立合规体系并使其有效运行，是使企业所有商业活动始终保持合法合规的基本保障，是中国企业在境外经营时，树立和维护国家整体形象、提升企业国际声誉的最基本条件。

2. 文化融入的需要

在国际市场上，我国企业在工程建设领域技术方面的差距并不大，但在管理和文化层面还有很大差距。因此，建设与国际经营接轨的先进企业文化，转变思想观念、改变思维方式，成为我们参与国际竞争的关键因素。

在合规经营、反对腐败成为主流价值观的大背景下，我们首先要创新的就是合规文化。要把文化理念转变为行为，需要通过建立系统的制度，将合规要求融入具体的工作流程及岗位中，持之以恒地严格执行。将表面的合规管理逐渐变成习惯，形成一种严谨的行为方式。通过合规制度的建立与执行、合规文化的培育，将管理文化由任意型、粗放型向信誉型、集约型转变。

中国文化比较强调变通、灵活，有时候这是优点，有时候就容易出问题。企业要想真正融入国际大家庭，实现做强做优，就必须对我们的行为方式和道德文化进行认真反思和总结，学会遵守国际游戏规则，才有可能自立于世界大企业之林。

3. **市场竞争的需要**

随着中国企业的发展壮大，一部分中国企业已处于发展变革的重要阶段。在这个阶段中，一是面临更多、更复杂的合规风险。二是在合规要求更严格的环境下参与市场竞争是未来的发展趋势，这就决定我们只有走合规经营之路，才能防范合规风险，才能在世界范围内和发达国家跨国公司竞争。而合规经营又能反过来提升企业的信誉，从而增强国际竞争能力。通过行为的合规来进一步保障执行结果正确，这也是提升企业经营质量的必选之路。

4. **防范政治风险的需要**

当前，世界正在经历大变局，人类社会进入大发展、大变革的新时代。世界多极化、经济全球化、社会信息化、文化多样化持续发展，全球治理体系和国际秩序变革持续推进，各国相互联系和依存大大加深，国际力量分布趋于重构，国际社会对于可持续发展的呼声更加强烈。与此同时，国际及地区安全形势日趋复杂，全球性威胁挑战日益上升。国际上少数势力继续顽固奉行单边主义，诉诸强权政治，干涉他国内政，损害他国正当权益，制造矛盾、分歧和对抗，阻碍人类社会发展进步。

在这样恶劣的国际形势背景下，作为后起之秀的中国企业，在国际市场上的一举一动都备受关注，一旦出现失误就会被无限放大、抹黑。如何保持合规经营，不被某些国家用经济规则的借口制约发展，对于应对极高的地缘政治风险具有积极意义。

（四）工程建设企业境外经营合规管理的重要性

自 2013 年我们提出共建“一带一路”倡议以来，越来越多国家响应，共建“一带一路”正在成为我国参与全球开放合作、改善全球经济治理体系、促进全球共同发展繁荣、推动构建人类命运共同体的中国方案。其中，作为共建“一带一路”的“排头兵”，对外工程承包企业与“一带一路”沿线国家一起，以基础设施互联互通建设为起点和重点，共同建设了许多重大项目，对切实改善相关国家的基础设施状况发挥了重要作用。互联互通的基础设施发展目标更为对外工程承包业务注入了活力和动力。

随着共建“一带一路”向高质量发展方向不断推进，对外承包工程业务面临发展方式创新、合规合法经营等重大挑战。近年来的政府工作报告均指出，高质量共建“一带一路”，坚持共商共建共享。其中特别强调要“遵循市场原则和国际通行规则”，这必然要求“走出去”的中国企业把境外合规经营放在首位，不搞内幕交易，不钻漏洞空子，树立起境外合规经营优秀典范的形象，让国际社会看到，惠及世界人民的“一带一路”是有规矩、守规矩的“一带一路”。同时，企业也能通过完善合规运营体系，形成合规文化，进一步提升在国际市场中的声誉和竞争力，朝着良性、健康的方向行稳致远。

五、融合 ESG 评价体系的合规管理

（一）ESG 评价体系

ESG 是英文 environmental（环境）、social（社会）和 governance

（治理）的缩写，其概念由联合国于 2004 年率先提出，是一种旨在引导社会关注企业环境、社会、治理能力而非只偏重财务绩效的价值理念和评价标准，是对企业在促进经济可持续发展、履行社会责任等方面所作出的贡献进行评估。ESG 标准下的“E”（环境）将重点放在企业环保政策、员工环保意识及企业对于温室气体排放、空气质量、能源管理、燃料管理、水及污水管理、生物多样性等多方面所作出的贡献，“S”（社会）则侧重于企业在人权、客户权益、社区关系、数据安全及客户隐私、劳工关系、职业健康与安全、多样化与共融等方面的成绩，“G”（治理）指企业在系统化风险管理、意外及安全管理、报告和审计政策、监管覆盖等多方面的举措。

政府监管机构和投资者可以通过对企业 ESG 绩效的观察，评价投资对象在促进环境保护、促进经济可持续发展和履行社会责任等方面的表现，进而在政策引导和投资决策方面采取相应的行动。ESG 评价体系已逐步发展成为衡量企业发展潜力和前景的新型标准和投资人遵循的投资准则，其理念在全球政府和市场主体中得到广泛实践和推广，并成为发达国家、新兴市场国家的主流投资理念和实践策略之一。

（二）ESG 在中国的发展

目前我国尚未全面要求上市公司强制性进行 ESG 相关信息的披露。近年来，在全球节能减排的环保大背景及我国可持续发展战略的带动下，我国政府亦提出在 2030 年前实现碳达峰、2060 年前实现碳中和（“双碳”）目标，ESG 体系中所倡导的节能环保、可持续的企业经营理念与国家所倡导的可持续发展战略及绿色发展理念高度契合。

基于上述背景，我国政府及证监会对于规模型企业、上市公司及特殊行业进行 ESG 相关信息披露、开展 ESG 评级的意愿越来越强烈。

例如，在 2020 年 3 月，由中共中央办公厅、国务院办公厅印发《关于构建现代环境治理体系的指导意见》，指出要建立完善上市公司和发债企业强制性环境治理信息披露制度。2021 年 5 月，生态环境部发布《企业环境信息依法披露管理办法》，要求符合条件的重点排污单位、上市公司、清洁生产审核企业、发债企业强制披露环境信息。2021 年 7 月，中国人民银行印发行业标准《金融机构环境信息披露指南》，有效促进更多金融机构编制环境信息披露报告。2022 年 3 月，国务院国资委成立社会责任局，其主要责任之一为“抓好中央企业社会责任体系构建工作，指导推动企业积极践行 ESG 理念，主动适应、引领国际规则标准制定，更好推动可持续发展”。2022 年 4 月，中国证监会发布《上市公司投资者关系管理工作指引》，明确了上市公司投资者关系管理工作的主要职责，在沟通内容中增加上市公司的 ESG 信息。2022 年 5 月，国务院国资委发布《提高央企控股上市公司质量工作方案》，提出力争 2023 年实现央企 ESG 报告的全覆盖，并且要推动央企建立 ESG 的评级体系。2023 年 4 月，生态环境部、自然资源部等 11 部门发布《碳达峰碳中和标准体系建设指南》，提出加快构建结构合理、层次分明、适应经济社会高质量发展的碳达峰碳中和标准体系。2024 年 4 月，上海、深圳和北京证券交易所共同发布了《上市公司可持续发展报告指引》，要求上证 180、科创 50、深证 100、创业板指数样本公司及境内外同时上市的近 460 家公司强制披露 ESG 报告，且需在 2026 年 4 月 30 日前与 2025 年报同期披露。

上述文件的发布及相关指导机构的成立，无不在向社会释放一种信号：国家持续关注 ESG 体系，ESG 报告在企业年度报告中的占比将逐渐增大，未来 ESG 评价体系将对上市公司及拟上市公司产生更大的影响。

2023年9月，《中央企业上市公司ESG蓝皮书（2023）》对441家央企上市公司的ESG治理水平进行了综合性评价。蓝皮书显示，2023年逾60%的央企上市公司明确了ESG战略规划相关要求，近80%的央企上市公司明确了ESG主管部门或处室。截至2023年8月底，近87%的央企上市公司发布了独立的社会责任报告及ESG报告，54家中央企业实现控股上市公司报告发布“全覆盖”。

国际ESG的发展主要得益于国际组织及投资者的市场推动，而在我国ESG政策的发展过程中，监管部门起到了非常重要的引导作用。例如：

（1）国务院国资委对中央企业和国有企业披露社会责任报告或ESG报告提出了明确要求。

（2）生态环境部门对环境信息披露作出了具体要求，信息披露的主体和内容较以往都更加完善。

（3）中国人民银行主要对金融机构披露环境信息提出要求，并发布了相关指南。

（4）中国证监会和证券交易所主要对上市公司披露社会责任报告、ESG报告提出了相关要求，包括港股上市公司、A股纳入MSCI指数（明晟指数）的上市公司、科创板公司以及其他符合条件的沪市及深市上市公司。其中，港交所发布了具体的ESG披露指引。

然而，目前国内尚未建成较为完善的ESG信息披露体系，以此来衡量企业信息披露的可比性、可靠性和可信度。

我国不少企业表示，国际主流评级体系的ESG价值观存在一定程度的差异，在中国使用时难以结合中国国情，导致对中国企业的评价不够客观。部分企业参照了国际主流ESG披露标准，例如全球报告倡议组织（GRI）发布的标准。一些在ESG方面做了很多实事的中国企业，所获评价低于实际情况，投资机构难以依据评估结果对 ESG 风险和价值作出全面分析判断。

不过，我国 ESG 相关团体标准在近年快速涌现。如 2022 年 6 月 1 日起正式实施的国内首个企业 ESG 披露团体标准《企业 ESG 披露指南》（T/CERDS 2—2022）。

进一步引导和规范国内 ESG 信息披露标准，立足我国国情和发展阶段，加快构建中国特色 ESG 评价体系已成为业内共识。

点评：

国内外 ESG 评价体系

1. 国际 ESG 评价体系

据不完全统计，全球 ESG 评级机构有 600 多家，其中影响力较大的有彭博、明晟、汤森路透、富时罗素、路孚特、晨星等。不过，不同 ESG 评级机构在机构使命、机构特性、评级目标、评级框架、评级方法、打分机制、评级结果，乃至产品与服务方面存在巨大差异。

例如，英国富时指数涉及 12 个领域 300 个指标，汤森路透 ESG 评级涉及 10 个领域 178 个指标，道琼斯指数涉及环境和社会的六大领域，MSCI 指数涉及 10 个主题 35 个关键问题，晨星 ESG 则涉及 6 个领域共 18 个关键问题。当然，各评级机构也会逐步更新其评级标准。

2. 国内 ESG 评价体系

与国际相比，国内 ESG 评价体系起步较晚，但近几年发展却很迅速。目前，国内主流 ESG 评级体系有华证 ESG 评级、中证 ESG 评级、商道融绿 ESG 评级、嘉实 ESG 评级、社会价值投资联盟 ESG 评级、万得 ESG 评级等。

在评级对象方面，华证、中证、商道融绿与嘉实基金等机构的 ESG 评级体系均为 A 股公司，其他机构以中证 800、沪深 300 成分股为主。指标体系方面，多数评级的一级指标体系从 E、S、G 三个维度展开。

在数据搜集方面，多数机构通过公司公开披露与多方监控等多渠道获取。

（三）融合 ESG 的合规管理体系

ESG 合规已成为业界共识。ESG 作为衡量企业发展可持续性表现的重要维度之一，是建立企业合规管理体系不可或缺的重要组成部分。但相较于其他的合规事项，目前阶段的 ESG 合规还需要参考更多的国际合规标准和风险管理方法，同时也有必要了解其他国家的合规要求，以适应“企业出海”的需要。因此，在 ESG 领域，我国企业所要合的“规”体现出了国际化程度高、合规边界广的特征。总体上，ESG 的公司治理维度要求企业进行合规风险识别和管理，这就需要企业根据部门职责、岗位职责和不同类型的组织活动，识别合规风险源，并定义每个合规风险源对应的合规风险状态，以制定合规风险源清单和合规风险状态清单。《合规管理体系 要求及使用指南》（ISO 37301）与一些风险管理的标准和评估技术，如《风险管理标准》（ISO 31000）和《风险管理-风险评估技术》（IEC 31010），可作为 ESG 评价体系中系统性风险的识别提供方法论依据。

融入 ESG 的合规体系应建立在对 ESG 理念和实践、大合规因素的深刻理解之上，塑造真正良好的 ESG 评价体系，进而有效防范或降低系统性风险。

（四）企业在 ESG 体系下的合规管理

企业内部 ESG 合规体系的建立是势在必行的，需将 ESG 纳入公司运营的方方面面，在公司日常风险管控中增强环境保护、社会责任以及公司治理成效等方面的意识，在制定公司合规目标时，除传统的财务效益外，还应兼顾环境效益及社会效益。

具体而言，在环境因素上，企业可借助外部专业律师团队的力量为企业披露 ESG 体系下企业可能存在的风险，例如在某一具体项目立项前委托专业律师团队进行环境、环保尽职调查，对潜在的环境风险及社会影响进行评估与管理；在项目具体实施过程中时刻防范环境因素风险，防范其因项目实施造成环境污染而遭受行政处罚等。同时，结合目前的“双碳”趋势，企业也可根据自身发展需要及需求参与到绿色金融、碳排放交易之中。目前在碳排放交易方面，国家政策属于重大利好时期，碳排放交易可有效促进企业自身节能降耗，增强企业可持续发展能力，同时也与企业承担污染防治、环境保护等社会责任的理念以及国家“减碳降碳”的决心相契合。

从社会因素而言，企业在开展具体项目时，应注意因地制宜，最大限度地减少项目对当地生态、人文等造成的影响，同时也可开展项目为当地提供更多的就业岗位与经济支持。在项目开展的过程中深度参与当地社区建设，主动承担社会责任。同时企业也应注意此类社会公益福利项目的积累，可在企业内部形成一个 ESG 信息数据库，当企业需要进行 ESG 相关信息披露时，信息数据库将会迅速直观地为企业提供正面素材。

从治理因素上看，企业董事会成员及高管应当将 ESG 体系下的风险防控视为其日常职务的重要组成部分，将 ESG 风险应对纳入日常管理决策。在企业治理方面，企业可委托专业律师团队为其制定 ESG 相关政策指引，并形成一套健全的企业 ESG 管理体系，从而让企业员工都能够有效地参与到企业的 ESG 战略中。企业同时也应注意年度 ESG

报告、半年度或月度环境保护报告的撰写与披露，从 ESG 报告中向投资者及潜在的投资者传递企业可持续发展的理念、战略规划等。

未来近 40 年为我国的“双碳”时代，也是我国以中国式现代化全面推进中华民族伟大复兴、建成社会主义现代化强国的历史时期。实现高质量发展，促进人与自然和谐共生，是中国式现代化的本质要求。实现高质量发展的关键环节就是要推动绿色化、低碳化发展。新时代新征程，随着我国各级政府、监管部门相继出台碳达峰碳中和实施意见、方案，我国企业尤其是重点工业企业应牢固树立 ESG 理念，做好企业合规治理，走上绿色低碳的高质量发展道路。

六、合规管理与风险管理和企业内部控制的关系

（一）三者的含义

1. 合规管理

合规管理的定义如前文所述。

2. 内部控制

内部控制是指企业和各个组织在经济活动中建立的一种相互制约的业务组织形式和职责分工制度，是为了实现其经营目标，保障资产的安全、完整，保证会计信息资料的准确可靠，确保企业经营方针的贯彻执行，以及经营活动的经济性、效率性、效果性，而在企业内部采取的自我调整、约束、规划、评价和控制的一系列方法、程序与措施的总称。

1980 年后，美国 COSO 委员会（全美反舞弊性财务报告委员会发起组织）将“内部控制”定义为“一个组织设计并实施的程序，以便为达到该组织的经营目标提供合理保障”。

在 COSO 委员会制定的内部控制框架中，把内部控制活动分成五大组成部分，即控制环境、风险评估、控制活动、信息与交流、监督评审。

2002 年，美国成立的上市公司会计监管委员会明确采用了《COSO 内部控制整合框架》作为内控评价的标准体系。许多国家和地区的资本市场也采用了《COSO 内部控制整合框架》，有些国家和地区在参照该框架的基础上建立了自己的内控体系。

我国在 2005 年先后出台了《上交所上市公司内部控制指引》和《深交所上市公司内部控制指引》两个文件。这两个文件参照了美国《萨班斯法案》的要求，在理论体系上和《COSO 内部控制整合框架》一脉相承。

3. 风险管理

风险管理是指通过对风险的识别、评估，选择最有效的应对方式，在事前主动地、有目的地、有计划地处理风险，以最小成本争取获得最大安全保证的管理方法。

企业风险管理理论的发展大致分为三个阶段。

第一阶段是以"安全和保险"为特征的风险管理。100 多年前，航运企业风险管理的主要措施就是通过保险把风险转移给保险公司。

第二阶段是以"内部控制和控制纯粹风险"为特征的风险管理。随着工业革命的发展，公司对业务管理和流程方面的内部控制提出了要求。美国 1977 年的《反海外腐败法》要求公司管理层加强内部会计控制，1992 年的《COSO 内部控制整合框架》提出以财务管理为主线的内部控制系统。

第三阶段是以"风险管理战略与企业总体发展战略紧密结合"为特征的全面风险管理。风险管理实践表明，仅靠内部控制难以实现企业的最终目标。为此，COSO 委员会于 2004 年 9 月出台了《COSO 企业风险管理整合框架》，提出了由三个维度构成的风险管理整合框架。

我国国务院国资委于2006年发布《中央企业全面风险管理指引》，标志着我国中央企业建立全面风险管理体系工作的启动。

（二）三者的侧重点

合规管理是内部控制的一个重要方面，也是风险管理的一个关键环节。内控制度的完善离不开合规化的管理及操作。

这三者各有侧重点，详见表1-2。

表1-2　合规管理、内部控制与风险管理的侧重点

合规管理	内部控制	风险管理
1. 反商业贿赂、反欺诈、反舞弊； 2. 反垄断、反不正当竞争、反洗钱； 3. 贸易管制、海关估值、转移定价； 4. 数据安全、信息保护、隐私保护； 5. 高管刑事责任； 6. 税务合规； 7. 安全健康环保； 8. 知识产权保护。	1. 组织架构的设计与运行； 2. 发展战略的制定与实施； 3. 人力资源的引进与开发、使用与退出； 4. 安全生产、产品质量、环境保护与资源节约、促进就业与员工权益保护； 5. 企业文化的建设与评估； 6. 资金活动：筹资、投资和资金营运； 7. 采购业务：购买、付款； 8. 资产管理：存货、固定资产、无形资产； 9. 销售业务：销售、收款； 10. 研究与开发：立项与研究、开发与保护； 11. 工程项目：立项、招标、造价、工程建设、工程验收； 12. 担保业务：调查评估与审批、执行与监控；	1. 战略风险； 2. 财务风险； 3. 市场风险； 4. 运营风险； 5. 法律风险； 6. 环境风险； 7. 政策风险； 8. 技术风险。

续 表

合规管理	内部控制	风险管理
	13. 业务外包：承包方选择、外包实施； 14. 财务报告：编制、对外提供、分析利用； 15. 全面预算：编制、执行、考核； 16. 合同管理：合同订立、履行； 17. 内部信息传递：内部报告的形成、内部报告的使用； 18. 信息系统：开发、运行与维护。	

合规管理的核心是若企业不合规，“企业及相关利益主体将遭遇声誉损害、高额赔偿，乃至刑事处罚”。将企业和个人行为纳入合规管理体系中，保障主体不因不合规而遭受以上损失。这是合规管理的驱动力，也是合规管理的内在核心。完善的合规体系可成为减轻责任的抗辩理由，这是合规可创造的价值，也是锦上添花的事。

内部控制的核心是“通过内部控制五要素，对管理层及员工的行为进行约束，以尽可能实现企业的运营有效、报告可靠、合规这三大目标”。内部控制可以帮助企业实现业绩和盈利目标，同时又保证企业出具的财务报告可靠和企业行为符合法律法规。

风险管理的核心是“以可接受的成本保护和创造价值”。可接受的成本是指企业对风险的偏好程度，保护价值是指企业进行风险管理的基本目的，创造价值是指企业运用风险带来的机会，它是企业进行风险管理的高级目的。随着社会波动性、复杂性和模糊性日益增加，以及利益相关者的参与度越来越高，企业更加需要完善的风险管理机制来应对。将风险管理贯穿于整个企业会产生许多好处，包括增加新的机遇、识别和管理企业的风险、增加竞争优势、减少负面损失、降低绩效偏离度、改善资源部署、提升企业韧性等。近年来，基于风险导向的管理理念逐渐兴起，企业管理中常见的公司治理、企业文化、战略管理、绩效管理、危机管理等方面都可以使用风险管理框架，以促使其更好地标准化、科学化。

（三）三者的关系

合规管理、内部控制、风险管理都是企业治理与管理必不可少的一部分。在经济与社会不确定性不断增加的情形下，以及政策作为经济与社会治理的重要手段不断加强的时代中，在历经一些惨痛教训之后，三者都越发显得重要。

与战略管理、营销管理、人力资源管理等职能与职责相比，合规管理、内部控制与风险管理在企业中偏向于基本保障、风险预防。如果将企业比喻为一辆向前行驶的车辆，那么合规管理、内部控制与风险管理应该类似于刹车、前后护栏、ABS（防抱死制动系统）等组合在一起的功能。

合规管理、内部控制、风险管理侧重的视角不同。合规管理强调对规则（法律、规章制度、商业伦理、当地宗教和文化）的遵守，内部控制强调对行为（企业各层级、业务各环节）的限制，风险管理强调对未来不确定性事件的控制。

合规是内部控制要达到的目标之一，内部控制则被涵盖在企业风险管理之内，是风险管理的一个基础和组成部分。因此，从三者的内涵来看，合规管理小于内部控制，内部控制小于风险管理。但从价值上来看，三者目前并不是可以相互取代的。

Chapter 2
第二章

英国概况

一、地理位置和人口分布

（一）地理位置

大不列颠及北爱尔兰联合王国（以下简称英国）位于欧洲西部，由大不列颠岛（包括英格兰、苏格兰、威尔士）、爱尔兰岛东北部和一些小岛组成。英国面积为24.41万平方千米（包括内陆水域），其中英格兰地区13.04万平方千米，苏格兰7.88万平方千米，威尔士2.08万平方千米，北爱尔兰1.41万平方千米。英国东濒北海，西邻爱尔兰，横隔大西洋与美国、加拿大相对，北跨大西洋可达冰岛，南穿英吉利海峡可到法国，海岸线总长为11450千米。

英国伦敦位于零时区，与北京时间的时差为8小时。英国伦敦在夏令时（夏时制）期间与北京的时差是7小时。

（二）人口分布

英国政府统计局网站于2024年3月发布了2022年中期的人口数据。该数据是根据英格兰、威尔士和北爱尔兰2021年人口普查以及苏格兰2022年人口普查推算的。

2022年中，英国人口约为6760万，自2011年以来增长6.8%。英国人口中有约3449万女性和3311万男性。自2011年中期以来，女性人口增加了7.2%，男性人口增加了6.5%。

2022年中，英国人口中位年龄为40.7岁，比2011年中高1.1岁。在这11年期间，北爱尔兰地区人口的中位年龄增幅最高，已经达到了40岁，但仍然是英国各地区中最低的；而苏格兰地区的中位年龄最高，为43岁。

2022年中期，英国的人口密度约为每平方千米279人。英格兰是四个地区中人口密度最高的，为每平方千米438人。英格兰境内人口密度差异巨大，伦敦的人口密度为每平方千米5640人，而英格兰西南部为每平方千米242人。

二、自然环境和自然资源

（一）自然环境

1. 气候条件

英国属海洋性温带阔叶林气候，受西风和海洋的影响，全年气候温和湿润，适合植物生长。英国通常最高气温不超过32℃，最低气温不低于-10℃。北部和西部的年降水量超过1100毫米，其中山区超过2000毫米，中部低地为700~850毫米，东部、东南部只有550毫米。英国每年2—3月最为干燥，10月至翌年1月最为湿润。英国气候温和，但天气多变。一日之内，时晴时雨。

2. 地形地貌

英国地势西北高东南低，北部有南北走向的奔宁山脉，西北部多低山高原，东南部为缓地平原。

英国地理上呈现出多样的地形地貌。英格兰地区三分之一的土地由平原覆盖，南部地区地势相对较低；西南部地区存在多山丘陵，地势较为起伏。苏格兰地区地势高峻，山脉和高地构成了苏格兰的特征，苏格兰最高峰本内维斯山位于此处，为全英国最高峰。威尔士地区地势较为复杂，包括众多的山地和丘陵地区，其中威尔士最高峰雪朗山为全英国第二高峰。北爱尔兰地形较为复杂，包括高山、丘陵和平原等多种地貌，其中莫恩山是北爱尔兰最高峰。

3. 水系

英国地理特点显著，河流资源极为丰富，全国各地的自然水系交织成网。为了进一步促进这些水系间的互联互通，英国开凿了很多人工运河，总长度一度达到6000多千米。极其发达的人工运河水系巧妙地与自然河流相融合，串联起全国各大主要城镇。

泰晤士河是英国最大的一条河流，流域面积1.14万平方千米，多年平均流量60.0立方米/秒，多年平均径流量18.9亿立方米。河流季节变化小，流量大，含沙量小，无结冰期。塞文河是英国最长的河流，河长338千米，发源于威尔士中部，河道呈半圆形，流经英格兰中西部，注入布里斯托海峡。

英国主要的人工运河如曼彻斯特运河，是一条从曼彻斯特向西通向爱尔兰海的人工通海运河，全长58千米，是世界十大运河之一（按长度排名）。曼彻斯特运河的建设始于1885年，于1894年1月1日正式投入使用。这使得大型远洋货轮可以直接驶入曼彻斯特。然而，如今这条运河的交通运输作用已经被旅游、文化功能所替代。

总的来说，英国的水系非常发达，自然河流和人工运河共同构成了这个国家独特的水系格局。这些水系不仅为英国的航运、农业、渔业等行业提供了重要的支持，同时也是英国自然景观的重要组成部分。

点评：

2022年，英国议会环境审计委员会发布了一份措辞严厉的报告，称英格兰河流的水质状况是整个欧洲最糟糕的，污染已经威胁到了居民的健康。官方数据显示，英国境内只有16%的河流、湖泊和沿海水域达到“良好”生态状况的最低标准。未经处理的污水含有大量的有害病原体和磷，直接排入环境中，对公众健康产生危害，也对环境造成了巨大压力。

（二）自然资源

英国非金属矿产丰富，主要包括石油、天然气、煤、钾盐、重晶石、萤石、石膏等。根据 2021 年《BP 世界能源统计年鉴》，英国探明石油储量 3 亿吨，探明天然气储量 2000 亿立方米。但金属矿产资源较贫乏，只有少量铁、锡、铅、金、银等矿产。

正因为能源丰富，能源产业在英国经济中占有重要地位。但近年来，英国政府倡导提高能源利用效率，开发核能和可再生能源，减少对传统矿物燃料的依赖，鼓励高效节能技术研发，培养社会节能意识，发展“低碳经济”。

三、经济状况和发展规划

（一）经济状况

1. 总体经济

虽然英国经济拥有巨大的优势，但自 2008 年国际金融危机以来，投资、工资、经济增长和生产力发展都表现欠佳。英国经济已陷入停滞不前的状态长达 15 年。过去 15 年间，尽管英国的国内生产总值（GDP）总量仍在增长，但大多数年份 GDP 同比涨幅都在 3%左右或低于 3%。而且，英国人的实际工资收入（将通货膨胀计算在内的实际消费能力）几乎没有增长——2008 年之前的 30 年间，英国人实际工资平均每 10 年增长 33%，但此后一直持平，2023 年的实际工资水平几乎等同于 2008 年。这意味着 15 年过去了，人们的实际生活水平并没有得到改善。

2. GDP

英国国家统计局于2024年2月15日发布了2023年四季度及全年GDP初次估算数据。数据显示，2023年，英国经济增长陷入停滞状态，扣除价格因素后，按2019年不变市场价格计算，英国实际GDP初值为22740.50亿英镑，同比增长0.1%，增速较上年下跌4.2个百分点。全年英国人均名义GDP为39356英镑，同比增长6.5%；扣除价格因素后，人均实际GDP为33271英镑，同比实际下降0.7%。

3. **财政收支**

英国国家统计局相关数据显示，在截至2024年3月底的2023—2024财年里（英国财年是从当年的4月1日到翌年的3月31日），英国的财政赤字为GDP的4.4%。英国公共部门支出达12158亿英镑，收入达10951亿英镑，总赤字达1207亿英镑，较上年同期少76亿英镑，占GDP比例较上个财年低0.6个百分点。尽管英国2023—2024财年的财政赤字较上年减少，但仍高于市场预期。

4. **债务情况**

2023—2024财年，不包括国有银行在内，英国公共部门净债务占GDP的比例为98.3%，高于上年同期水平2.6个百分点。

5. **通货膨胀率**

英国国家统计局公布的数据显示，2024年4月英国通胀率降至2.3%，低于3月份的3.2%，但略高于2%的目标，这是近三年来的最低水平。英国通货膨胀率在2022年10月达到11.1%的峰值，是40年来的最高水平。

6. **失业率**

2024年以来，英国劳动力市场保持活力。2024年1月，英国失业率为3.9%，保持较低水平；平均周薪同比增速为5.5%，高于通胀水平。

7. **信用评级**

英国主权信用评级保持稳定，穆迪评级为“Aa3”，标普评级为“AA”，惠誉评级为“AA-”。截至 2024 年 6 月 12 日，三大评级机构均将英国评级展望维持在“稳定”。

（二）重点/特色产业发展情况

1. **金融服务业**

金融服务业是英国经济的重要支柱产业之一。根据英国财政部和伦敦金融城 2023 年 7 月共同发布的年度报告，2022 年英国金融服务业为英国经济贡献了 2780 亿英镑，占英国经济总产出的 11%，为英国创造了 1000 亿英镑的税收。

凭借深厚的贸易渊源、一流的专业人员、高质量的配套服务，以及语言、时区、法规等方面的优势，伦敦位居世界三大金融中心之列，是世界主要外汇交易市场、全球最大的场外金融衍生品交易市场。伦敦金属交易所是全球最大的金属交易所，成交的非铁金属占全球交易总量的 90%以上，伦敦石油交易所是欧洲领先的能源交易所，伦敦证券交易所是全球国际化水平最高的证券交易所，伦敦还是全球黄金交易的结算中心。爱丁堡、曼彻斯特、卡迪夫、利物浦、利兹和格拉斯哥也是英国重要的金融交易中心。

2. **创意产业**

从建筑、音乐到计算机、游戏和电影，英国创新、多文化的创意产业发达。英国历史上就在艺术、设计、创新方面领先世界。经过政府多年经营和推动，创意产业在英国已成为经济支柱性产业之一，共包括 9 个细分行业：广告和营销、建筑和规划、工艺品、设计（包括产品、图形和时尚设计）、电影电视和广播录像、软件和计算机服务、出版、博物馆和画廊及图书馆、音乐和表演及视觉艺术。据英国议会报告，2021 年英国创意产业贡献经济产值 1090 亿英镑。

2024 年 1 月，英国发布了创意产业愿景，提出共同目标——到 2030 年将创意产业规模增长 500 亿英镑，并增加 100 万个工作岗位。而英国政府将为此提供 7700 万英镑的新增资金。

3. 旅游业

旅游业是英国重要的经济部门之一。主要旅游地区有伦敦、爱丁堡、卡迪夫、布莱顿、格林尼治、斯特拉福、牛津和剑桥等，主要观光景点有歌剧院、博物馆、美术馆、古建筑物、主题公园和商店等。世界旅行及旅游理事会发布的《2022 年旅行及旅游经济影响力报告：英国》显示，2021 年英国旅游业对 GDP 的总贡献率为 5.7%（1315 亿英镑或 1575 亿美元）。按对 GDP 贡献额衡量，2021 年英国旅游业位居全球第九，占全球市场份额的 2.7%。

4. 航空航天产业

英国航空航天业研发及制造水平在欧洲乃至世界处于前列。根据英国航空航天、国防、安全和空间行业组织 ADS 发布的《2023 年实事与数据》，2022 年英国航空航天业直接从业人员超过 41.7 万人，营业额达 820 亿英镑，出口 360 亿英镑，经济总增加值为 370 亿英镑。

5. 汽车产业

英国是欧洲最多样化和产量较高的汽车生产和装配基地。2022 年，汽车相关制造业为英国经济贡献了 670 亿英镑的营业额和 140 亿英镑的附加值，带动研发方面投资约 30 亿英镑。英国在世界汽车研发制造领域处于领先地位，但受全球芯片短缺和结构变化等因素影响，2022 年英国汽车产业产量出现下滑。据英国汽车制造商和交易商协会数据，2022 年英国汽车产量为 77.5 万辆，同比下降 9.8%，相比 2019 年减产 40.5%。但 2022 年英国电动汽车产量为 23.4 万辆，同比增长 4.5%，创历史新高。

6. 能源产业

英国能源资源丰富，拥有大量的石油和天然气资源。根据 2021 年《BP 世界能源统计年鉴》，英国探明石油储量 3 亿吨，探明天然气储量 2000 亿立方米。1989—1999 年，英国进行了能源私有化改革，建立了完全开放、充分竞争的电力和燃气市场。近年来，天然气取代煤炭成为主要能源形式，大大降低了温室气体的排放量，核电进入市场，风能、生物能等可再生能源技术研究开发趋向成熟，改变了单一化石燃料的能源结构。

7. 化工和制药产业

英国是世界主要化工生产国。英国化工业有超过 4000 家企业，其中 70%的企业是外资企业。英国化工产品竞争力较强。根据英国化学工业协会数据，2022 年该产业年出口额约 540 亿英镑，经济增加值 303 亿镑，创造逾 50 万个就业岗位。英国也是世界主要的制药业中心之一，全球前 20 家制药企业都在英国开展业务。阿斯利康制药和葛兰素史克分别是全球第八和第十大制药公司。此外，辉瑞、罗氏等外国企业也在英国投资设厂。

8. 环保与可再生能源

英国高度重视减排和绿色发展，清洁能源与环保产业发达，技术含量较高。主要投资机会涉及以下几个可再生能源领域：陆地和海上风能、太阳能、生物质能、海浪能和潮汐能等。据英国商业、能源和产业战略部发布的能源行业最新数据，2022 年英国可再生能源发电量 135T · Wh，同比增长 10.5%，占英国发电量的 41.5%。

9. 食品和饮料产业

英国是世界上增长最快的食品和饮料市场之一。在化学和纳米技术创新驱动下，英国食品和饮料行业也在不断创新，尤其在高科技包装、健康和方便食品方面优势更为明显。据英国食品饮料联合会的最新数据，英国食品和饮料业是英国最大的生产行业，规模大于英国汽车制造和航空航天业的总和。食品和饮料行业 2022 年销售额约 1130 亿英镑，增长 13.2%，提供约 45.6 万个就业岗位，出口额 250 亿英镑，前三大出口市场为爱尔兰、法国和美国。

10. 生命科学产业

英国生命科学产业发达。根据英国生命科学办公室最新分类，英国生命科学产业包括生物医药、医疗技术及相应的服务和供应等门类。英国是世界生物制药的主要中心，在复合蛋白质和 DNA 技术疗法领域领先。英国生物技术工业是吸引海外投资的主要领域之一。英国是跨国医药和生物科技经营最具吸引力的国家之一。据英国制药工业协会报告，英国企业创造了欧洲上市公司 40%的生物科技产品。同时，欧洲进入临床阶段的生物制药超过 45%是英国生产的。据英国生命科学办公室数据，2021 年英国出口药品约合 277 亿美元，出口医疗技术产品约合 54 亿美元。

（三）发展规划

1. 中长期经济和地区发展规划

（1）科技创新中长期规划。2021 年 7 月，英国政府发布《英国创新战略：通过创造引领未来》（以下简称《创新战略》），提出到 2035 年英国成为全球创新中心的愿景，希望实现以创新为导向的增长，重塑英国全球科技超级大国的地位。《创新战略》从企业、人才、研究机构与区域、重大任务与技术等维度确立了四大支柱，体现了英国在科学、研究和创新方面的雄心。

2023 年 3 月，英国科学、创新和技术部发布《科学技术框架》，目标是到 2030 年巩固英国作为全球科技超级大国的地位。该框架旨在联动政府的各个部门，建立跨政府、跨部门的协调方式，通过十项关键行动将英国技术发展提升到未来十年全球科技的前沿。英国预计将投入超过 3.7 亿英镑政府资金，促进基础设施建设、科研投资和技能培养，并覆盖量子、超级计算、人工智能等前沿领域。

（2）数字中长期规划。2022 年 6 月，英国政府发布新版数字战略，旨在使英国成为全球开展数字创新的最佳地点，巩固英国作为全球科技超级大国的地位。数字战略明确了六大支柱，分别为数字基础、创意和知识产权、数字技能和人才、资金、提升数字化水平、提高英国国际地位等。

（3）绿色产业中长期规划。2020 年 11 月，时任英国首相鲍里斯·约翰逊宣布了“绿色工业革命十点计划”，涵盖清洁能源、交通、自然和创新技术等方面和领域，将动用超过 120 亿英镑的政府资金，在全国支持及创造多达 25 万个高技能绿色就业岗位。该计划包括十项内容：海上风能、氢能、核能、电动汽车、公共交通、绿色航运、住宅和公共建筑、碳捕获、自然环境保护、创新金融。

2022 年 4 月，英国在“绿色工业革命十点计划”及“净零战略”基础上制定了新的能源安全战略，旨在进一步加快核能、风能、太阳能和氢能发展，并支持本土石油、天然气生产，目标是到 2035 年实现电力系统脱碳。

（4）半导体产业中长期规划。2023 年 5 月，英国政府发布国家半导体战略，将在未来十年向芯片企业提供多达 10 亿英镑的资金，提升英国芯片行业的韧性。该战略提出，在未来20年内，将专注于英国在知识产权和设计、化合物半导体以及研发方面的优势，实现在半导体技术方面占据世界领先地位的愿景。

（5）北部振兴计划。北部振兴计划最早由英国时任财政大臣奥斯本于2014年在曼彻斯特提出。英国政府于2016年重申了对该计划的支持。其背景是英格兰北部地区自20世纪后半叶以来，经济社会发展整体落后于大伦敦地区。奥斯本拟通过北部振兴计划，将英格兰北部打造成与伦敦并驾齐驱的第二个经济中心。北部振兴计划大体上涉及以曼彻斯特、利物浦、利兹、纽卡斯尔等城市为核心的英格兰北部11个地区，主要措施包括权力下放、行政体制改革、大力发展基础设施建设、发展科研、优化产业升级等。北方地区企业投资项目主要包括港口、机场、铁路、海洋工程、有机能源等多个领域。

（6）中部引擎计划。2015年，英国时任商业大臣贾维德推动提出中部引擎计划，并于2017年发布长期发展战略，旨在提高英格兰中部地区交通便利程度、劳动力技能水平、科研创新能力，推介当地营商环境，为当地企业发展提供支持。该计划覆盖范围包括英格兰中部的莱斯特、华威、沃斯特、北安普顿、林肯、诺丁汉等11个地方行政区域。中部引擎计划致力于提升交通、节能、创新、地区推介、环境等五大关键领域，提高劳动生产率，吸引投资者和贸易伙伴，推动经济增长、出口和就业。重点是改善交通连接，打造英国和欧洲的主要门户；改善商业环境，提高企业的融资便利性；促进创新驱动战略，推动科学研究转化成新技术、材料和产品；加强劳动力培训，提高制造业从业人员技能。

（7）伦敦发展计划。2021年，英国发布了伦敦新的“空间发展战略”，即“2021年伦敦计划”，涵盖了伦敦未来的空间发展计划、空间发展模式、设计要求、住房、基础建设、文化建设、交通等多个方面内容，为伦敦未来20~25年的发展制定了战略框架。

2. **基础设施发展规划**

英国政府于2020年发布国家基础设施战略。国家基础设施战略显示，2021—2022年英国将投入约1000亿英镑用于基础设施建设，进一步明确了英国对私人投资的支持，以及政府改造英国基础设施网络的计划。计划成立新的国家基础设施银行，拉动私人投资进入基建领域，该银行将帮助英国政府在此后5年实现超过6000亿英镑的投资。

2021年3月，英国政府发布了新的振兴地区经济投资政策。2021年5月，英国政府发布了15个涵盖物流、商业、工业、能源等领域的基础设施建设投资项目，旨在吸引全球投资者到英投资，提升英国各地区的社区建设。

2023年4月，英国科学、创新和技术部发布无线基础设施战略，制定了5G发展目标和6G战略，以推动英国科学和技术框架中提出的五大关键技术之一——未来电信技术的发展，将英国打造成电信领域的科技超级大国。

英国政府连续发布的多项基础设施投资计划以及一系列支持政策，被认为是进入后疫情时代，推动就业、经济增长的重要举措。

四、国家象征和政治制度

（一）国家象征

1. **国旗**

英国的国旗的正式名称为联合王国旗，中文通称米字旗，呈横长方形，长与宽之比为2∶1。现在的旗帜图案始于1801年大不列颠王国与爱尔兰王国的合并，设计融合了代表英格兰的圣乔治十字、代表苏格兰的圣安德鲁十字以及代表爱尔兰的圣帕特里克十字，唯独没有任何代表威尔士的要素，因为威尔士的旗帜是在被英格兰兼并以后才设计的。

需要留意的是，虽然乍看没有分别，但英国国旗其实有上下之分，靠近旗杆的两条红白双色米字斜条中的上部主要应为白色，红色靠近下部，不可倒挂（倒挂该国国旗通常具有羞辱该国的意思）。英国国旗不对称的主要原因，是为了区分圣帕特里克十字和圣安德鲁十字的相对位置。圣帕特里克的红十字被故意偏置，使圣安德鲁的白十字不致被降格成圣帕特里克十字的边线。在旗杆侧的圣安德鲁十字较高，而在另一侧，圣帕特里克十字较高（见图2-1）。

图2-1　英国国旗

2. 国徽

英国国徽即英王徽。中心图案为一枚盾徽，盾面左上角和右下角为红地上三只金狮，象征英格兰；右上角为金地上半站立的红狮，象征苏格兰；左下角为蓝地上金黄色竖琴，象征爱尔兰。盾徽两侧各由一只头戴王冠、代表英格兰的狮子和一只代表苏格兰的独角兽支扶着。

盾徽周围用法文写着一句格言，意为“恶有恶报”；下端悬挂着嘉德勋章，饰带上写着“天有上帝，我有权利”。盾徽上端为镶有珠宝的金银色头盔、帝国王冠和头戴王冠的狮子（见图 2-2）。

图 2-2 英国国徽

3. **国歌**

英国国歌是《天佑国王》，也作《上帝保佑国王》，女性君主在位时称为《天佑女王》，是英国、英国的皇家属地、海外领土和英联邦王国及其领地作为国歌或皇家礼乐使用的颂歌。

（二）政治制度

1. **政体**

英国政体为君主立宪制。国王是国家元首、最高司法长官、武装部队总司令和英国圣公会的“最高领袖”，形式上有权任免首相、各部大臣、高级法官、军官、各属地的总督、外交官、主教及英国圣公会的高级神职人员等，并有召集、停止和解散议会，批准法律、宣战媾和等权利，由内阁掌握实权。1952 年 2 月，伊丽莎白二世即位，任英国女王。2022 年 9 月，伊丽莎白二世在苏格兰巴尔莫勒尔城堡去世，查尔斯三世继承王位，成为英国新任君主。

2. **宪法**

英国宪法由成文法、习惯法、惯例组成，而非单一独立文件。主要包括大宪章（1215 年）、人身保护法（1679 年）、权利法案（1689 年）、议会法（1911 年、1949 年）以及历次修改的选举法、市自治法、郡议会法等。苏格兰另有自己独立的法律体系。

3. **首相**

当地时间 2024 年 7 月 5 日，在英国议会下院中获胜的工党党首基尔·斯塔默在白金汉宫与国王查尔斯三世会面，并获国王任命，成为新一任英国首相并负责组阁。

4. **议会**

英国议会是英国的最高司法和立法机构，由君主、上院（贵族院）和下院（平民院）组成，行使国家的最高立法权，是英国权力中枢。上院（贵族院）由王室后裔、世袭贵族、新封贵族、上诉法院法官和教会大主教及主教组成。下院也叫平民院，议员由普选产生，采取最多票当选的小选区选举制度，任期 5 年，但政府可决定提前大选。

（三）主要党派

英国实行多党制，主要的两大政党是工党和保守党。其他政党包括苏格兰民族党、自由民主党、威尔士民族党、绿党、英国独立党、英国国家党、北爱尔兰统一党、民主统一党、社会民主工党、新芬党等。

1. **工党**

工党是本届议会下院于 2024 年 7 月选出的议会第一大党。1900 年成立，原名劳工代表委员会，1906 年改名。1997—2010 年曾连续执政

13 年。2024 年 7 月赢得大选上台执政。现任党首基尔·斯塔默，2020 年 4 月当选。工党主张保持宏观经济稳定增长，重视社会福利制度建设。同时，该党倡导积极参与国际合作，同欧洲保持相对紧密的关系。

2. 保守党

保守党是议会第二大党，主要反对党。现任党首里希·苏纳克，2022 年 10 月当选。该党前身为 1679 年成立的托利党，1833 年改名。1979—1997、2010—2024 年间曾先后连续执政。保守党主张自由市场经济、严格控制货币供应量、减少公共开支、压低通货膨胀、限制工会权力、加强法治等。2005 年卡梅伦出任党首后，提出富有同情心的保守主义，关注教育、医疗、贫困等社会问题。保守党强调维护英国主权，主导完成脱欧。

五、政府机构和行政区划

（一）政府机构

英国政府组成部门主要包括：首相办公室，总检察长办公室，内阁办公室，商业和贸易部，文化、媒体和体育部，教育部，能源、安全和净零部，环境、食品和乡村事务部，科学、创新和技术部，交通部，就业和福利部等 24 个部门。

英国主要经济部门包括：财政部，负责编制预算决算、制定税收政策以及各财年经济规划；商业和贸易部，负责支持企业发展、促进出口和吸引外资、维护市场竞争秩序、应对贸易壁垒和对外经贸谈判等；文化、媒体和体育部，负责文化、艺术、媒体、体育、旅游，包括创意产业等领域政策。英国的中央银行是英格兰银行。

（二）行政区划

英国分为英格兰、威尔士、苏格兰和北爱尔兰 4 部分。英格兰划分为 43 个郡。苏格兰下设 32 个区，包括 3 个特别管辖区。威尔士下设 22 个区。北爱尔兰下设 26 个区。苏格兰、威尔士议会及其行政机构全面负责地方事务，中央政府则控制其外交、国防、宏观经济和货币政策、就业政策以及社会保障等。

六、社会组织和公共交通

（一）工会及其他非政府组织

1. 工会

英国各行业工会数目共约 70 个，统一由英国联合工会组织协调。英国是一个有罢工传统的国家。

2. 非政府组织

英国有约 20 万个非政府组织开展社会公益活动。英国内政部负责对非政府组织的指导、推进、支持、协调和相关法律政策的制定。英国慈善委员会负责非政府组织的注册和监督管理。

“可持续未来利益相关者论坛”则是与联合国环境规划署关系密切、受英国政府资助、宣传可持续发展的大型非政府组织，活动遍及世界各地。

（二）公共交通

1. 公路

英国公路总长度 39.45 万千米。高速公路和 A 级公路承担了公路运输量的 65%，且收费高速公路仅占总里程的 1%。除伯明翰北部 M6

约43千米高速以及一些通向伦敦市中心和达勒姆郡的隧道、桥梁等收费外，其他均不收费。此外，A级公路约占总里程的12%。自20世纪80年代末以来，超过60%的英国货物通过公路运输。

据测算，从英国中心地区物流中心取货的卡车可以将货物在24小时内送往英国任何一个角落。

2. **铁路**

英国轨道交通发达，根据英国政府发布的2022年数据，英铁路总里程为1.59万千米，有2570个站点，电气化铁路线6042千米，电气化率为38%。通过英吉利海峡隧道，英国铁路系统与欧洲大陆各国铁路系统实现互联互通。

按照高铁列车运行速度超过250千米/小时衡量，完全在英国境内运行的列车无法达到这一标准，英国中东部铁路线可达到200千米/小时运行速度，北部和西部地区则低于这一速度。英国拥有一条国际高铁线，即英国高铁1号线（HS1），全长108千米，占铁路总里程的0.68%。穿过英吉利海峡，连接英国和欧洲大陆，在这条线路上运行的“欧洲之星”列车最高速度可达300千米/小时。目前，英国正在兴建高铁2号线（HS2），原计划连接伦敦到伯明翰、曼彻斯特等中部和北部城市，修建后运行速度可达360千米/小时。由于英国政府难以承担各项成本，项目规模不断缩水，项目开通后可能只是伦敦郊区到伯明翰的城际列车。

点评：

自2009年立项以来，HS2的修建就一直受到成本飞速上涨和工期不断延后的困扰。2020年9月，HS2正式开工建设，但在各种困难下进展仍然十分缓慢。2021年11月，在不断上升的成本压力下，英国政府宣布将取消伯明翰到利兹段高铁的修建，认为升级现有铁路是更合理的办法。

2023年7月，政府基础设施监管机构将HS2描述为“无法实现”。到了2023年10月，时任英国首相苏纳克终于宣布，由于项目管理不善，加上施工问题、成本上升和工期延误，HS2从伦敦到曼彻斯特的线路也将被取消。

3. **空运**

英国拥有欧洲最大的航空交通系统，所有的航空公司和大多数机场均为私营企业。根据英民航局数据，2022年英国航空旅行大幅增长，英国全部机场一年抵离旅客超过2.24亿人次，恢复到2019年水平（2.97亿人次）的75%，货物吞吐量110万吨，累计起降架次172万架次，比2019年下降25%。英国共有60多个民用机场，其中31个机场年客流量在10万人次以上。

英国主要机场包括伦敦希思罗机场、盖特威克机场、曼彻斯特机场、伯明翰国际机场、格拉斯哥机场、爱丁堡机场、纽卡斯尔机场等。其中，希思罗机场是英国最大的机场，2022年吞吐量总计6160万人次，较2021年多出4220万人次，是2019年水平的76%；货邮吞吐量135.1万吨，同比下降3.7%。

目前，英国北、中、南三个城市——爱丁堡、曼彻斯特和伦敦都与中国城市恢复了直航，北京可直飞爱丁堡、曼彻斯特和伦敦；伦敦可直飞北京、上海、重庆、武汉、广州、长沙、深圳、成都、青岛、西安等城市。从中国北京、上海等地飞往伦敦的航班都会在希思罗机场着陆，飞行时间为11~13小时。

4. **水运**

英国大小港口众多，有120个重要商业港口。2022年，英国所有港口共处理货物4.59亿吨，比2021年增长3%。年吞吐量1000万吨的港口有：格里姆斯比-伯明翰、伦敦、蒂斯-哈特浦尔、福斯、米尔福德—黑文、南安普顿、路维普、萨伦沃、菲力克斯托、多佛等港口。海运承担了95%的对外贸易运输，从英国多数港口往欧洲主要海港如阿姆斯特丹、布鲁塞尔、巴黎、汉堡等的货物可一天到达，到马赛、法兰克福和米兰的可两天到达。

根据联合国贸发会2022年《海运评述》，英国拥有船队载重运力5875万吨，占世界船队总运力的2.7%，在世界各国中排名第10位。在欧洲国家中，英国排在希腊、德国、挪威之后。根据英国内陆水道协会数据，英国有约8000千米的可通航运河，其中约4300千米是连接英格兰和威尔士的水道系统。泰晤士河是最繁忙的内陆运河，其次是福斯河。

5. 市内交通

英国的市内交通方式，例如公共汽车、地铁、出租车也十分发达。

（1）公共汽车。英国公共汽车多为双层电动巴士，由两层构成，两层之间有楼梯相连接，楼梯在车厢的中部或后部。大多数公共汽车有2个车门，分别设在车的前部和中部。因为多了一层，虽然公共汽车的长度和宽度与一般巴士并无差别，却高出一些，这使得此种车型的运量比其他车要大。由于车体庞大，重心较高，驾驶员和乘客都要特别注意乘车安全。因此，双层公交车在设计上需更慎重考虑其车体和物理特性对机械设计和运行的影响。而为避免进一步将车辆重心升高，乘客一般也不能站在上层，以免公交车侧翻。

2014年起，在英国乘坐公交已经不再收取现金，只通过蚝卡或者非接触卡进行付款。蚝卡是一种公交充值卡，和国内的城市公交一卡通类似，公共汽车、地铁、轻轨和轮渡等公共交通工具上皆可使用。

（2）轨道交通。英国仅有3个城市拥有地铁，伦敦是世界上第一条地铁诞生的城市，地下交通网络高度发达，除伦敦外，只有纽卡斯尔和格拉斯哥这两个城市设有地铁，且线路较短。纽卡斯尔的地铁系统仅限于城市中心，格拉斯哥的地铁系统则是围绕市中心而建的闭环线。

（3）出租车。伦敦出租车主要分为黑色出租车和迷你出租车。经典的黑色出租车在伦敦比较常见，一般招手即停。其外形有点像老爷车，内部比较宽敞，载客量一般为5~6人，也有少量能载7人的。迷你出租车是普通的轿车，需要打电话预订，可以通过车门上的叫车电话，以及车窗前的TFL（英国交通运输部门）的许可证来辨认。伦敦出租车的收费普遍较高，黑色出租车的起步价为2.4镑，之后每0.13千米收0.2镑。

点评：

如果在英国停留时间为12个月以内，可使用非英国驾照驾驶小型汽车，有效期自抵达英国之日起算。小型车辆是指重量小于3.25吨或者搭载人数不超过8人（包括司机）的车辆。如果停留时间超过12个月，则需在12个月内申请英国初学者驾照，在12个月有效期满后且在正式获得英国驾照之前，不得在无人陪同的情况下驾驶。

七、外交关系

1. 对外政策

英国是联合国安理会常任理事国，是北大西洋公约组织（以下简称北约）的重要成员国，也是七国集团（G7）、二十国集团（G20）、经济合作与发展组织（OECD）、世界贸易组织（WTO）、欧洲委员会、欧洲安全与合作组织的发起国。

英国政府在 2016 年脱欧公投后提出了“全球英国”理念，作为“后脱欧时代”外交战略的指导思想，以应对变化中的国际环境和自身国际角色的转变。英国政府于 2021 年 3 月发布《竞争时代的全球英国：安全、国防、发展与外交政策综合评估》（简称《综合评估》报告），首次正式以官方文件的形式对“全球英国”理念进行全面阐释，并以此作为未来 10 年外交战略的指导方针，“全球英国”时代正式开启。2023 年 3 月，英国时任首相苏纳克发布《综合评估》报告的“更新文件”，对外交政策作出一些调整，但没有出现实质性变化。

基于“全球英国”理念，英国将自身定位为“全球大国”，希望借助综合实力以及与美国和英联邦国家等传统盟友的关系继续在世界舞台上发挥重要作用；推出“向印太倾斜”战略，以期拓展盟友圈并扩大对外影响。

2. 同中国的关系

英国于 1950 年承认新中国，是最早承认新中国的西方大国。中英于 1954 年 6 月 17 日建立代办级外交关系，1972 年 3 月 13 日升格为大使级。1997 年香港政权顺利交接后，两国关系进入全面发展的新阶段。2015 年 10 月 19 日至 23 日，应伊丽莎白二世女王邀请，习近平主席对英国进行国事访问，开启持久、开放、共赢的中英关系“黄金时代”。

但自 2019 年鲍里斯·约翰逊上任以来，伴随英国脱欧及中国的崛起，中英关系起伏明显。对华关系定位上，约翰逊政府把中国定义为“制度性竞争对手”，仅存在 45 天的特拉斯政府也把中国简单定义为“威胁”。2022 年 10 月里希·苏纳克上台执政。竞选期间，苏纳克也宣称中国是英国国家安全的“头号威胁”，并声称中英关系“黄金时代”已经结束。苏纳克也曾公开展现了对华强硬姿态，强调要采取“强硬实用主义”政策对抗中国和俄罗斯。英国对华消极认知上升。

但在同年 11 月印尼巴厘岛召开的二十国集团（G20）峰会上，苏纳克谈及中国时态度有所转变，开始将中国改称为“系统性挑战”。相比就任首相之前，苏纳克的对华态度开始明显软化。具体而言，苏纳克的对华认知既表现出继续奉行价值观外交、对华“放狠话”的强硬一面，同时也展现出相对务实并谋求缓和对华关系的一面。

2023 年 8 月 30 日，英国时任外交大臣克莱弗利对中国进行正式访问，这是近五年来英国外交大臣首次访华。此访传递了比较积极的信号，表明英国希望保持同中国的合作关系。

2024 年 7 月赢得大选后执政的工党已经作出表态，其公开文件宣称，对待中国，将“在我们能合作的地方合作，在我们需要竞争的地方竞争，在我们必须挑战的地方挑战”。外交大臣拉米总结出对华“3C”的原则：竞争（compete）、合作（cooperate）和挑战（challenge）。同时承认中国在绿色技术等领域拥有巨大的市场份额；最后还不忘提到，人工智能、自动化、量子和生物技术等领域存在“被用作专制权力工具”的风险。

目前来看，英国政府将继续对中国采取“一致、长期和战略性”的管理方法，但经济合作仍是双边关系的重要部分。

3. 同美国的关系

英美两国于 1785 年建立外交关系。两国同为联合国安理会常任理事国，也是北约的创始成员。此外，两国同属世界银行、国际货币基金组织、OECD、WTO 等多个国际机构成员。

英国发布的《综合评估》报告和更新文件都明确指出，美国是英国最重要的战略盟友和伙伴，与美国的关系是英国最重要的双边关系和对外政策的核心。强化英美特殊关系、深化对美合作，是英国在脱欧后发挥国际影响力的主要渠道之一。这一点并没有也不会因为英国首相的更迭而改变。无论是特蕾莎·梅、约翰逊、特拉斯、苏纳克，还是2024年7月上台的斯塔默，都将发展与美国的关系作为重中之重。英国新任工党政府形容美国是“不可或缺的”，美英特殊关系对英国的安全和繁荣至关重要，英国将继续在共同价值观和共同利益的基础上与美国展开经济、国防等多领域合作。

在关键问题上，英国始终与美国保持高度一致，这在俄乌冲突中表现得尤为明显。但总体上看，尽管美国在很多问题上需要英国的配合与支持，英美关系中的不对称性在英国脱欧后进一步加剧，英国对美国的需求明显大于美国对英国的需求，尤其是英美双方的优先事项并不同步，特别是在自由贸易协定谈判方面。英国迫切希望在脱欧后尽快与美国达成贸易协定，但美国显然并未将其作为优先事项，致使双方的谈判进展十分缓慢。

4. **同欧盟的关系**

英国于1972年1月加入欧洲共同体，1991年，英国与法国、德国、意大利、荷兰、比利时、卢森堡、丹麦、爱尔兰等12国在荷兰马斯特里赫特签署《欧洲联盟条约》，正式成为欧盟成员国。2016年，英国首相卡梅伦上台后发起英欧关系公投，51.9%的投票者选择退出欧盟，随后英国正式启动脱欧进程。2018年11月，英政府同欧盟谈判达成《脱欧协议》和《未来英欧关系框架政治宣言》，但此后《脱欧协议》在英议会下院三次被否决，英脱欧期限经两次延期推迟至2019年10月31日。2019年10月，英脱欧第三次延期。2020年1月31日，英国正式脱离欧盟，结束47年欧盟成员国历史，进入为期11个月的过渡期。2020年12月24日，英欧宣布达成《贸易与合作协议》，伦敦时间 2020 年 12 月 31 日 23 时（布鲁塞尔时间 2021 年 1 月 1 日零时）脱欧过渡期结束。

自脱欧过渡期结束以来，在与欧洲的关系方面，英国政府的态度显然不具有一致性和一贯性。英国脱欧后一方面强调与欧洲国家的双边关系，特别是《综合评估》报告单独列出了法国、德国和爱尔兰这三个国家作为“关键伙伴”；另一方面，英国似乎在有意无意地淡化与作为一个整体的欧盟的关系，以强调脱欧后的独立性。尽管英国仍承诺将为欧洲的安全与繁荣作贡献，但强调主要通过北约与欧洲开展合作。事实上，英欧关系在英国脱欧后一度遇冷，特别是其修改《北爱尔兰议定书》（构成英欧《脱欧协议》的重要组成部分）的计划导致与欧盟的关系陷入僵局。在双边层面，英国与法国在渔业、美英澳三边安全伙伴关系和移民等问题上产生了一系列矛盾。在俄乌冲突爆发后，特别是在苏纳克任首相后，英国与欧洲的关系得到了一定程度的缓解，双方在很多问题上加强了合作。在欧盟层面，2022 年 10 月，时任英国首相特拉斯参加了法国总统马克龙倡议的“欧洲政治共同体”会议，苏纳克也表达了对该共同体的支持。2023 年 2 月底，英国与欧盟就北爱尔兰贸易问题达成原则性政治协议《温莎框架》，意味着双方关系取得重要进展。在双边层面，苏纳克 2023 年 3 月访问法国并会见马克龙，这是英法两国首脑时隔 5 年后的首次会晤，标志着双方关系缓和。2023 年 3 月底，英国国王查尔斯三世访问德国，这是其继位后首次正式国事访问，也是为恢复英国与欧盟关系迈出的重要一步。

通过《温莎框架》，英欧双方的互信得到了显著提升，这将对促进双方在防务、外交、金融和科学研究等多个领域的合作产生积极影响。然而，脱欧后的英国与欧盟之间还未能恢复成熟的制度化合作关系。当前，由于海关检查设施建设的滞后、英国国内的政治分歧以及英欧监管体系的日益分化，《温莎框架》中的新措施是否能够顺利实施、达到预期效果仍存疑问。新政府承诺不会回归欧盟，但寻求与欧盟达成新的双边协议，消除不必要的贸易壁垒，加强与法国和德国等主要欧洲盟友的合作。因此，未来英欧关系的发展仍充满不确定性。

5. 同英联邦国家关系

在英国的盟友阵营中，英联邦国家也是重要一环。鉴于双方长期存在历史和文化纽带，英国希望通过"重启"与英联邦国家的关系拓展海外市场，维系和巩固自己在全球范围内的政治影响。2018 年 8 月，时任英国首相特蕾莎·梅在访问非洲时声称，英国的目标是成为七国集团中对非洲的最大投资国。2020—2022 年，在约翰逊任内，英国连续主办了三届英非投资峰会，达成了多项协议。第四届英非投资峰会将于 2024 年在英国举办。特拉斯在任外交大臣期间还曾提议启动"新英联邦协议"，以强化英联邦国家之间的政治沟通和经济联系，使其成为实施"全球英国"战略的核心。苏纳克也在多次演说中强调英联邦对英国的重要性。但是，由于英国实力下降，可以用于"拉拢"英联邦国家的资源有限，削减对外援助就是一个突出的例子。此外，女王伊丽莎白二世的离世也在一定程度上削弱了英国与其他英联邦成员国的关系，导致本就不紧密的联盟关系更加松散。

6. 同印太地区国家关系

英国《综合评估》报告和"更新文件"均强调印太地区是未来英国外交政策的优先方向，对英国的经济、安全以及价值观"至关重要"，英国拟成为在该地区参与程度"最广泛和最深入"的欧洲国家。"向印太倾斜"是英国脱欧后外交政策调整幅度最大的一个方面，也标志着英国自 1956 年撤出苏伊士运河以后首次重回"苏伊士以东"，目的是通过重建在印太地区的政治和经济存在，弥补脱欧对其国际影响力造成的损失。

英国在发展与印太地区国家的关系时，采取了经贸与安全手段并行的方式。在经贸领域，2023 年 7 月 16 日，英国正式签署《全面与进步跨太平洋伙伴关系协定》，成为该协定的第一个非创始成员国，也是第一个加入该协定的欧洲国家。在双边层面，截至 2023 年 5 月 20 日，英国已经与韩国、日本、澳大利亚、新西兰、越南和新加坡等多个国家达成自由贸易协定。因知识产权分歧等诸多棘手问题，英国与印度的谈判并不顺利，到 2023 年 5 月双方已完成 9 轮谈判，但仍未达成协议。在安全防务领域，英国的着眼点主要是小多边合作，除了强化“五国防御协议安排”“五眼联盟”等传统多边机制以外，2021 年 9 月，英国与美国、澳大利亚达成了“三边安全协定”，目的在于进一步加强在印太地区的安全合作，英国还提议邀请日本和印度加入该联盟。2023 年 3 月，在苏纳克访问美国期间，美英澳三国领导人举行会晤，公布了包括共同研制新型核潜艇等在内的进一步合作计划。在双边层面，2022 年 4 月和 2023 年 1 月，英国与印度和日本分别签署了新的防务协定，在与日本的协定（《互惠准入协定》）中甚至允许在对方国家相互部署军力。2023 年 5 月，英国时任首相苏纳克访问日本，双方签署了《广岛协议》，英国政府认为此举标志着英日双方开启了全新的“全球战略伙伴关系”。上述种种举措表明，英国将与印太地区的关系作为脱欧后外交战略的重中之重。但是，在英国与印太地区国家的关系中也存在一些障碍，特别是印度并非在所有国际事务中都与英美保持一致，例如在制裁俄罗斯问题上。

7. 同俄罗斯的关系

在对俄罗斯的定位方面，英国将其视为本国安全“最严重的直接威胁”。英俄关系在2014年之后不断恶化。2022年2月初，俄乌冲突爆发前夕，俄罗斯国防部长绍伊古在与英国防务大臣华莱士会晤时曾提到，英俄关系已经“陷于谷底”，双方“合作水平接近于零，而且即将进入负值”。俄乌冲突爆发后，英国成为“反俄挺乌”的“急先锋”，其对俄立场在某些方面甚至比美国还要激进和强硬。无论是约翰逊，还是特拉斯、苏纳克，都在上任后第一时间访问乌克兰。“反俄挺乌”已经成为英国各界的共识，且未随政府更替发生变化。2023年6月，英国还主办了“乌克兰重建大会”。新政府也承诺将维持英国对乌克兰的军事、金融、外交和政治支持。显然，英国依然希望借助乌克兰危机证明自己仍然具有重要的全球影响力和领导力。

八、民族和宗教

（一）民族

英国人口主要由英格兰人、苏格兰人、威尔士人和爱尔兰人组成。其中，英格兰人占人口总数的80%。

华人约占英国总人口的0.7%。英国华人主要从事餐饮、财会、金融等职业。第一代华侨华人主要集中于中餐、中医等行业，第二代及以后的华侨华人已有部分逐步涉足律师、医生、公司职员、高校教员等英国主流职业。

（二）宗教

英国居民多信奉基督教新教（占总人口的51%），主要分英格兰教会（亦称英国国教、圣公会）和苏格兰教会（亦称长老会）。另有天主教会及伊斯兰教、印度教、锡克教、犹太教和佛教等较大的宗教社团。

九、语言和习俗

（一）语言

英国的官方语言为英语，威尔士北部居民使用威尔士语，苏格兰西北高地及北爱尔兰部分地区居民使用盖尔语。

（二）习俗

（1）英国人待人彬彬有礼，讲话十分客气，“谢谢”“请”不离口。

（2）英国人对于妇女是比较尊重的，“女士优先”社会风气浓厚，如走路时，要让女士先走，乘电梯让女士先进。根据英国商务礼俗，宜穿三件套式西装打传统保守式的领带，勿打条纹领带，因其会使英国人联想到旧军团或学校的制服领带。

（3）英国人的时间观念很强，拜会或洽谈生意前须预约。准时很重要，最好提前几分钟到达。

（4）英国是绅士之国，讲究文明礼貌，注重修养和穿衣打扮。

（5）见面时对尊长、上级和不熟悉的人用尊称，并在对方姓名前面加上职称、衔称或先生、女士、夫人、小姐等称呼。

（6）亲友和熟人之间常用昵称。初次相识的人相互握手，微笑并说：“您好！”，在大庭广众之下，人们一般不行拥抱礼。

（7）英国人有喝下午茶的习惯。一般在下午三四点喝杯红茶，有时也吃块点心。

（三）节假日

英国当地主要节假日有元旦（每年1月1日）、耶稣受难日（每年3月底到3月底的一天）、复活节（每年3月底到4月底的一天）、春季银行节（每年5月初的一天）和夏季银行节（每年8月底的一天）、圣诞节（多为12月25日，若为周六或周日，则顺延到下周一）及节礼日（圣诞节后第一天，但若为周六或周日，则顺延至下周一）。

每周工作5天，周六和周日为公休日。

十、货币与物价

（一）货币兑换

英国的货币是英镑，符号为“£”。英国从1972年2月15日起使用1英镑等于100新便士的十进位制。现流通的纸币面额有5、10、20、50英镑，铸币面额有1、2、5、10、20、50便士。

2024年5月30日，1英镑可兑换约1.27美元，1英镑可兑换约1.17欧元。人民币与英镑可直接结算，2024年5月22日，1英镑可兑换约9.23元人民币。

（二）消费水平

根据英国国家统计局数据，2023年6月英国CPI同比上涨7.9%，低于5月份的8.7%，也低于2022年10月的峰值11.1%。包括自住业主住房成本在内的消费者价格指数上涨7.3%。

十一、金融服务

（一）外汇管理

1979年10月，英国取消外汇管制，无汇兑管制，对外汇汇进或汇出无限制，对公司利润汇出没有限制。只要企业或个人能够提供相应的资料，均可以在当地银行开立账户。

按照英国海关规定，从英格兰、苏格兰和威尔士出入境，携带1万英镑及以上现金需向海关申报；从北爱尔兰往返其他非欧盟国家，携带1万欧元及以上需向海关申报；从英格兰、苏格兰和威尔士前往北爱尔兰，携带1万欧元及以上需向海关申报；从北爱尔兰前往英格兰、苏格兰和威尔士，则无须申报。

（二）银行与保险

1. 金融监管机构

英国是世界上第一个实行统一金融监管的国家。英国监管体系以英格兰银行为核心，统一负责全面的金融稳定，设立金融行为监管局和审慎监管局。金融行为监管局为新设独立监管机构，取代金融服务监管局，监管金融机构的业务行为，促进市场竞争，保护消费者，直接对英国议会和财政部负责。审慎监管局是英格兰银行的附属机构，负责对各类金融机构进行审慎监管。

2. 银行

（1）中央银行。英国的中央银行是英格兰银行，负责召开货币政策委员会，对英国货币政策负责。1946年之后，英格兰银行被收归国有，仍为中央银行，并隶属财政部，掌握国库、贴现公司、银行及其他的私人客户账户，承担政府债务管理工作，其主要任务仍然是按政府要求决定国家金融政策。英格兰银行总行设于伦敦，同时还在伯明翰、布里斯托、利兹、利物浦、曼彻斯特、南安普顿、纽卡斯尔及伦敦设有8家分行。

（2）商业银行。英国主要商业银行包括汇丰控股公司、劳埃德银行、巴克莱银行、桑坦德银行、皇家苏格兰银行集团、英国信托储蓄银行、国民西敏寺银行等。此外，英国还有若干家规模较小的银行、房屋协会等。房屋协会属互助机构，由其存款人和贷款人所拥有，除接受存款外，还提供购房融资及长期抵押贷款。在英国共有43家经批准的房屋协会，2022年英国十大房屋协会总资产超4300亿英镑，最大的为全国房屋抵押贷款协会（Nationwide），总资产2549亿英镑。除伦敦外，英国还有爱丁堡、曼彻斯特、卡迪夫、利物浦、利兹和格拉斯哥6个金融交易中心。

（3）外资银行。作为全球最重要的金融中心之一，英国伦敦吸引了全球200多家外资银行落户于此。外资银行协会是代表在英外资银行的重要机构，在伦敦金融城和英国金融界具有举足轻重的地位。英国政府或者金融监管当局出台重大政策前，通常会事先征求外资银行协会的意见。每年新当选的伦敦金融城市长就任以后，一般也会尽早安排与外资银行协会交换意见，并保持定期交流。

在英国的主要外资银行包括摩根大通、高盛集团、美林银行、德意志银行、摩根士丹利、花旗银行、法国巴黎银行、瑞信银行、日本野村控股、银瑞集团等。

在英中资银行规模发展较快，国有中资大行和股份制银行先后在英国设立分支机构，为两国企业在多币种结算清算、贸易融资、企业贷款以及投资并购等方面提供了便利和优质的金融服务。在英中资银行包括中国银行伦敦分行、中国银行（英国）有限公司、中国工商银行（伦敦）有限公司、中国建设银行（伦敦）有限公司、中国建设银行伦敦分行、中国农业银行（英国）有限公司、中国招商银行伦敦分行、中信银行伦敦分行、中国交通银行（英国）有限公司、中国交通银行伦敦分行等。

3. 保险

根据英国央行2023年4月发布的数据，在英国获准从事保险业务的境内外公司和机构共410家。业务类型上主要分为财险和寿险两大类，也可同时经营财险和寿险。其中规模较大的保险公司包括劳埃德、英杰华、皇家太阳联合保险、直线保险公司等。中国再保险集团于2014年获得劳合社独立经营席位，并于2018年成功收购桥社英国控股公司100%股权，总交易金额达到8.65亿美元，是中国国有保险企业所完成的迄今规模最大的跨境主业收购。

（三）信用卡

在英国，人们比较习惯用个人支票支付各种支出，信用卡消费近年来也比较流行。中国国内银行发行的标有银联或VISA、MasterCard标志的信用卡都可以在英国使用。

（四）证券市场

伦敦证券交易所已有200多年的历史，在世界三大证券交易所（纽约证券交易所、东京证券交易所、伦敦证券交易所）中历史最悠久。伦敦证券交易所的前身是17世纪末伦敦金融城交易街上主营咖啡饮品业务的露天市场中一个名为乔纳森的咖啡店。1773年迁入司威丁街室内，并正式改名为“伦敦证券交易所”。

伦敦证券交易所（简称伦交所）国际化水平高，截至2023年4月，共有来自近百个国家和地区的1926家公司在此上市，总市值约3.7万亿英镑。伦交所内上市证券种类多，除常见的股票、存托凭证外，还有英国政府债券，英联邦及其他外国政府本币债券，公共机构、工商企业发行的债券等，截至2022年末，已有来自92个国家和地区的政府或机构在伦交所发行50余种币种、总价超8万亿英镑的各类型债券。2015 年起，伦交所成为全球范围内首批发行绿色债券的交易所之一。此外，伦交所产品还包括含交易所交易基金（ETF）等在内的交易所交易产品（ETP）和封闭式投资基金。截至 2022 年末，伦交所内共有 47 家发行机构的 2100 种 ETP；超过 450 家上市投资基金公司管理总值超过 3200 亿英镑的投资基金。伦敦有数百家本地及外国银行和证券公司运营，可为拟在此上市或发行债券、基金的机构提供专业服务。

伦交所主要有两个板块，按照市值和流动性计算的顺序如下：

（1）主板：1968 年伦交所推出的主板市场是全球最国际化、多样化的资本市场之一，包括优质、标准和高增长三个部分。

（2）AIM 板：1995 年伦交所推出了 AIM 板（另类投资市场），专门为全球中小型、处于不同成长阶段的公司提供资本机会，实现其增长和创新潜力；截至 2023 年 2 月底，共有 727 家公司在 AIM 板上市。

此外，伦交所还有专业证券市场和专业基金市场，仅供专业投资者交易。

2019 年 6 月 17 日，“沪伦通”正式启动。“沪伦通”即上海证券交易所与伦敦证券交易所互联互通机制，符合条件的两地上市公司，可以发行存托凭证并在对方市场上市交易。截至 2023 年，华泰证券、中国太平洋保险集团、长江电力、国投电力和明阳智能等 5 家中国企业通过“沪伦通”在英国发行了国际存托凭证，筹资总规模达到 53.7 亿美元。

（五）融资

1. 基础利率水平和商业融资成本

2024 年 8 月 1 日，英国央行宣布了一项重要的货币政策调整——

降息 25 个基点，将基准利率下调至 5%，这是自 2020 年 3 月以来，英国央行首次采取降息措施，标志着其货币政策方向的转变。

截至 2024 年 9 月，英国央行继续维持 5.0%的利率水平不变，显示出央行在评估经济恢复情况及通胀走势后，对当前利率政策的认可与持续执行的决心。这一系列货币政策的调整，反映了英国央行在面对复杂多变的经济环境时，灵活应对、精准施策的能力。

外国企业在英融资渠道丰富，既有传统的银行融资、租赁融资、贸易信贷融资、发票融资、证券融资、债券融资等形式，也有新兴的众筹融资、融资加速器等融资方式。

2. 外国企业开具保函或转开保函

英国银行可为外国企业提供各类保函服务，以降低企业贸易风险，包括履约保函、投标保函、预付保函、租赁保函、融资保函、付款保函、质量/维修保函、保函通知、转开保函等。各类保函申请条件不同，一般需要具有经年检的法人营业执照或其他足以证明其经营合法性和经营范围的有效证明文件、具有从事相应业务的资质、在开证行有授信额度或缴纳足额保证金或提供开证行可接受的足额担保等。

3. 中小企业在当地融资

英国政府制定实施专门帮助中小企业融资的政策。自 20 世纪 80 年代初开始就通过立法规定，政府可以按照一定程序，为中小企业贷款提供担保。需要贷款的企业需提交有关项目资料，由政府指定的银行审查。如果银行认为项目可行，只是不具备一般商业贷款的保证条件（例如没有资产或有信誉的公司担保），即可由政府提供担保。贷款可以用于企业扩展业务或者新建项目。在英国，政府有“贷款担保计划”。政府向贷款方（一般为银行和其他金融组织）为小企业提供贷款担保。

中资企业在当地注册成立公司以后，只要符合条件，基本可以享受与当地企业同等的待遇。

点评：

除了在英国融资外，“走出去”企业还可以通过如下途径开展融资。

1. 在中国境内融资

中国企业在境内融资方式分为债务融资和权益融资两大类，其中，债务融资分为信贷融资和债券融资；权益融资（股权融资）分为普通股融资、优先股融资及股权互换融资。此外，跨境并购项目中，境内直贷和内保外贷也是企业境内融资的主要方式。

2. 在国际市场融资

企业在国际市场融资，可多关注权威国际金融机构提供的融资支持，同时用好在国际资本市场发行债券、上市等融资方式。

亚洲基础设施投资银行、欧洲复兴开发银行、国际金融公司等国际多边金融机构，在其业务涵盖的地区和领域往往具有明显优势和先进经验。对于符合其融资条件的项目和企业，这些机构以贷款、股权投资等方式提供融资支持，具有融资期限较长、利率相对较低、性价比较高的特点。

境外发债逐渐成为中资企业重要融资方式之一，其优点在于境外债券在产品结构上有足够的空间利用利率、汇率等方法降低融资成本。中国企业发行较多的是中资美元债。

境外上市具有门槛低、筹备上市时间短、条件明确、易于操作等特点。企业可以根据自身情况，选择在境外上市，充分利用境外资本市场，筹集企业发展所需资金，不断提高企业的国际竞争力。就上市地点而言，企业还需根据自身发展战略和市场定位以及不同证券交易所的上市要求和比较优势进行准确评估，选择适合的上市地点。

3. “一带一路”多双边合作基金

为推进“一带一路”建设、企业“走出去”和国际产能合作，中国发起设立了多支多双边合作基金，如丝路基金、中国-东盟投资合作基金、中国-中东欧投资合作基金、中国-欧亚经济合作基金、中非发展基金、中非产能合作基金、中拉合作基金等。

多双边合作基金主要以股权类投资为主，可在不增加企业债务负担的情况下，为项目建设提供长期、可靠的资金支持，契合大型项目建设周期长、资金需求量大的特点，是对信贷融资、债券融资等融资方式的有益补充。中国企业可根据项目特点及所在地区，多与对应的多双边合作基金进行对接，获得融资支持。

十二、通信与电力

（一）邮政

英国邮政网络发达，各城市和乡村邮局林立，邮寄物品非常便利。截至目前，邮寄仍是英国人生活的重要组成部分。英国本地的邮政快递公司主要包括 Royal Mail、Parcelforce、DX，而 FedEx、UPS、DHL、TNT、DPD 等国际快递公司在英国都有分支业务，在英国可以实现限时送达，到欧洲可以实现 1 天送达，到中国最快 3 天可以送达。

（二）通信

英国通信网络发达。《商务部对外投资合作国别（地区）指南：英国（2023 年版）》显示，英国固定电话普及率 85%，移动电话覆盖率达96%；移动数据业务用户占93%，智能手机用户约占90%。英国电信资费低，英国电信公司（BT）等电信运营商提供多种通话套餐服务。

英国互联网服务普及率达97.8%，93%的人群能通过手机使用互联网服务。英国固定宽带普及率达87%，英国宽带平均速度93.62Mbps。

（三）媒体

1. 电视媒体

英国共有5家覆盖全国的电视台，即英国广播公司、第三频道、第四频道、第五频道和专门针对威尔士地区并使用威尔士语的S4C。此外，还有卫星电视和有线电视，如天空电视等。

2. 广播媒体

英国最大的广播电台是BBC广播电台。

3. 报纸媒体

英国新闻出版业发达，目前全国共有1300多种报纸、8500种周刊和杂志，其中全国性日报11份，每周日发行的报纸11份。主要报纸、杂志有《泰晤士报》《金融时报》《每日电讯报》《卫报》《独立报》《观察家报》《星期日泰晤士报》《经济学家》等。其中《金融时报》是最有影响力的国际性财经类报纸，全球发行量超过45万份。

4. 网络媒体

《金融时报》是英国最有影响力的财经网络媒体，而且是全球访问人数最多的新闻网站之一。在英国，还有许多知名的中文网站，包括BBC中文网、《金融时报》中文网。

（四）电力

英国拥有完善的发电站、变电站网络和输电系统。根据英国能源安全和净零部数据，2022 年英国总发电量为 325. 3T · Wh，同比增长 5. 3%。由于国内需求减少和欧洲需求增大，英国在 40 多年来首次成为电力净出口国，电力进口 15. 5T · Wh，出口 20. 8T · Wh，净出口 5. 3T · Wh。可再生能源发电量增长 10%，至 135T · Wh，化石燃料发电量增长 0. 9%，至 132. 8T · Wh，核能发电量增长 4%，至 47. 7T · Wh。

从能源结构看，2022 年，英国煤电发电量占比降至 1. 7%的新低，天然气发电量占比 38. 4%，核能发电量占比 14. 7%，可再生能源（风电、光伏、生物质）发电量占比 41. 5%，超过化石燃料发电量。

此外，英国政府高度重视风能、生物能、太阳能等可再生能源的开发和应用。2022 年 4 月，英国发布《英国能源安全战略》，计划到 2030 年，低碳能源发电量占比将达到 95%，到 2035 年，完全实现电力系统脱碳。其中，到 2030 年，海上风能将实现 50GW 装机容量，氢能产量将翻一番，达到 10GW；到 2050 年，核能发电量将由 7GW 增加到 24GW，占全国发电量的 24%，太阳能发电将在目前 14GW 的基础上增加 5 倍。

截至 2023 年初，英国已与爱尔兰、法国、比利时、荷兰和挪威实现电力互通，正在建设与丹麦、德国电网的互联互通。

十三、医疗与安全

（一）医疗

1. 医疗概况

英国医疗服务体系（简称 NHS），是英国的公共基金医疗系统。NHS 提供的医疗服务绝大多数是免费的，即任何英国公民或者合法居民将免费享有紧急或非紧急的医疗服务。居民需要持有 NHS 号，这个号码会在居民第一次注册 NHS 或者在全科医生（GP）处登记时获得。

有一些医疗服务需要由 NHS 和个人共同承担，例如视力检查、口腔护理以及涉及管控药物及器材的处方。处方将由 GP、医院专家或者牙医开具，并由个人自行在药店处配药。

NHS 管理着英国所有医院、门诊和医务人员，是国家公费扶持的医院。NHS 公立医院下设部门有：

事故和急诊中心，负责严重外伤和紧急症状，按照病人的病情严重程度先后就诊。

医院门诊部，负责心脏、皮肤、妇产、耳鼻喉等专科门诊，需要得到 GP 的转诊才能登记预约。

住院部，负责收治手术或住院的病人，通常要经过急诊的医生或门诊病人的专科医生的判断后才能住院。

专科主治医生指在 NHS 公立医院里，主要负责某一个特定领域（如眼科、妇产、心脏）疾病的医生。

2. 医疗保险

虽然英国有全民免费医疗体系，但是一般需要预约，特别是当全科医生推荐去专家门诊时，通常需要很长的排队时间。因此一般中大型企业都会为员工购买私人医疗保险，作为员工福利的一种。

3. 就医与买药

（1）预约普通门诊。在非紧急情况下，一般会预约普通门诊。普通门诊按患者的居住地划片，病人不直接去医院，而是先去看社区门诊。如果患者需要进一步的检查或更专业的治疗，则会被调到更专业的医院。

不同的就医地点预约方式可能不同，一般情况下，可在工作时间通过电话进行预约，并由医院前台进行受理。持有长期居留许可的人员在抵达英国后应尽快在其所居住的医疗社区登记注册。

（2）预约急诊。如果有急病或病情严重，无法等待普通门诊，病人可以预约急诊，并在预约当天就诊。在更加紧急的情况下，病人可以自行到最近的 NHS 急诊中心直接就诊。急诊中心一般在大型医院里。如果病人需要救护车，可拨打 999，一般病情病人可以拨打 111 来咨询以获得医疗建议。

（二）安全

1. 治安

英国政治制度稳定，社会治安形势总体良好。近两年英国社会暴力犯罪案件明显增多，抢劫财物、持刀伤人等时有发生，且电信诈骗类型案件尤其多发。英国政府经常会根据形势公布国家安全威胁级别及注意事项。可登录英国内政部和交通部等网站进行查阅。

此外，罢工、游行、骚乱等群体性事件时有发生。建议中国公民在伦敦等人口密集城市的著名景点、火车站、地铁、机场等处注意尽量避开人群，看管好随身贵重物品。如遇紧急情况，可拨打匪警、火警和急救电话 999。

2. 自然灾害

英国的自然灾害主要为暴风雨、暴雪及洪水等。如 2015 年 12 月，英国西北部遭遇强风暴侵袭，引发洪水，住户停电，学校停课，在当地的百余名中国留学生学业、生活受到影响。2017 年 12 月，英国多地发生强降雪，伦敦希思罗等机场许多航班延误或取消，一些地区道路交通受阻，造成众多旅客滞留。

英国政府一般能及时发布自然灾害警报。灾害发生后的救灾能力较强。如因自然灾害滞留英国，建议随时与机票代理、航空公司了解航班复航、机票改签和退票等情况。如遇紧急情况，可拨打急救、报警电话999。

3. **卫生安全**

英国食品安全状况良好。如果偶然发生了食品来源受到疫病或毒害物质污染的情况，英国政府一般能及时出台防治措施，指导消费者避免选用受污染食品，并提供医疗支持。

英国食品标准局启动了国家食品评级制度，将餐厅、酒吧、外卖餐馆、酒店、超市等场所的食品卫生标准由低至高分为0~5级，供民众参考。

Chapter 3

第三章

前往英国手续办理及相关须知

一、签证

（一）签证类型

英国签证有诸多类型，其中，工作签证主要有以下几种类型：

（1）普通工作签证。该类别即大部分人口中的“工签”。适用于获得工作机会前往英国填补工作空缺的人，需要由能够提供工签资质的公司提供担保，在英国工作满 5 年且符合其他相关要求后，可以申请在英国的永久居留权。

（2）企业内部调动签证。该签证适合被其海外雇主调任至英国分公司工作的跨国公司雇员，由在英国的分部提供担保，该类别在英国停留的最长时间为 9 年。

（3）海外唯一业务代表签证。该签证适合海外企业计划在英国设立分部或全资子公司初期时，拟赴英国执行该商业计划的海外业务代表。

除工作签证外，还可申请游客签证及学生签证。标准游客签证的适用范围为度假、探望亲属和朋友或进行商业旅行及会议，可在英国停留 6 个月，但不可就业。申请学生签证必须得到获得许可的大学或学院赞助，且课程较长。

（二）签证申请

1. 签证申请流程

英国签证标准的审理时间为 15 个工作日，同时也提供速签服务（出签时间为 3~5 个工作日），以及超级快速签证服务（出签时间为

24 小时)。在提交签证申请材料时，英国不要求提供机票和酒店订单。英国还提供英国比利时访客服务，即可以在同一个签证中心同时申请英国和比利时的签证，签证中心可以提供两台采集指纹的机器，以便收集入境指纹。

持有工作签证在英国工作的个人，在获得签证入境工作后须注册英国国家社会保险号。该账号的申请人必须是正在英国境内生活的个人，且无法提前申请。同时，申请人必须在英国境内有合法的工作或学习的权利。

2. 工作签证延期

普通工作签证单次申请延期可延长至 5 年零 14 天，也可在担保书规定的有效时间基础上增加 1 个月。

企业内部调动签证延期时限根据年薪的不同有所区别。长期调动且年薪不低于 12 万英镑，最长可以申请延长至 9 年；长期调动但年薪低于 12 万英镑，最长可以申请延长 5 年零 1 个月。

首次申请海外唯一业务代表签证的有效时间为 3 年，有效期结束前可额外申请延期 2 年，最长不超过 5 年。

（三）长期居留签证

已定居或定居签证已经获得批准的外国公民将获得生物识别居留卡，可在出国旅行、重新进入英国时使用，并帮助证明外国公民有资格获得某些福利和服务（具体情况根据签证类别）。2015 年 4 月 15 日开始，英国给予申请赴英 6 个月或更长时间的中国公民该卡用于身份证明。

二、出入境相关规定

（一）入境规定

英国海关分为红色、绿色和蓝色通道。有需要申报物品或不确定是否需要申报者，应走红色通道；自非欧盟国家抵英，且没有需申报物品者，走绿色通道；自欧盟国家抵英，且没有需申报物品者，走蓝色通道。不得为他人携带物品过关。

由于英国海关边检部门经常调整旅客可携带入境的物品种类，建议出行前向英国海关和税务部门或英国驻华使领馆咨询。

（二）出境规定

英国海关和移民局设置了一些限制关于禁止携带的物品，这些物品包括枪支、弹药、毒品、贵重的珠宝、人类遗骸、野生动物和产品等。如果打算携带这些物品离境英国，将会面临严厉的处罚。因此，不要携带任何被禁止的物品出境。

三、英国紧急求助联系方式

中资企业及公民在英国如遇突发状况，或遇有语言不通等特殊情况，应尽快通过各种联系方式与中国使馆领事部门取得联系，告知所遇困难及地理信息，以便尽快解决。

在中资企业间、华人内部发生的纠纷，应尽量内部协商解决，避免矛盾扩大，如需通过法律途径解决纠纷，可通过国内有关单位进行。

如遇恐怖袭击、绑架、抢劫等恶性治安事件，请及时报警，并与中国驻英国大使馆和工作单位取得联系。

在紧急情况下，可以按需拨打以下号码和联系相关部门：

· 紧急报警（匪、火、急救等）：999

· 非紧急报警：101

· 非紧急医疗求助：111

· 电话号码查询：118500

· 希思罗机场联络中心：02073601250

· 人口失踪协助热线：116000

· 初级律师协会：02073205675

· 大律师协会：02072420082

· 公共交通：08712002233

· 火车查询：03457484950

· 中国公民领事保护与协助咨询电话：07810792326（伦敦当地时间工作日 9：00—12：00，14：00—17：00），其他时间请拨打+86-10-12308

· 中国公民证件服务咨询专线电话：02072994020（工作日 9：30—12：00，14：00—16：30）

Chapter 4

第四章

英国有关法律规定

一、英国法律体系概述

在世界法律发展史上，英国法律文化占有重要地位，并具有鲜明的特色。英国开创了以判例法为基础的法律传统，在法律史上呈现保守性、持续性和渐进性的发展特点，作为西方法律文化的两大发源地之一，法律制度具有鲜明的原生性，对现代世界各国法律制度具有深远的影响。

（一）法律渊源

英国是英美法系的发源地。英美法系亦称普通法系、英国法系、判例法系或海洋法系，是以英国普通法为基础发展起来的法律制度总称。

法律渊源上，大陆法系具有成文法为主的传统，成文法为其主要法律渊源，判例一般不被作为正式法律渊源，且对法院审判无约束力；而英美法系具有判例法为主的传统，判例法为其正式法律渊源，即上级法院的判例对下级法院在审理类似案件时有约束力。

目前，英格兰、威尔士和北爱尔兰的法律制度，仍为英美法系的代表，其主要法律渊源为普通法、衡平法、成文法、欧盟法以及国际条约，其中普通法对整个英国法律影响最大。苏格兰的法律制度具有大陆法系的许多特征，属于混合性质的法律制度。

（二）法律体系

1. 宪法

英国是立宪之母，其宪政制度对世界其他国家的影响十分深远，在世界宪政史上占据着不可替代的地位。英国宪法具有鲜明的特征和独树一帜的风格。

在形式上，英国宪法属于不成文的宪法，没有独立的宪法典。英国宪法的法律渊源较为分散，有宪法法案，如《大宪章》《人民公约》《权利请愿书》《人身保护法》《王位继承法》等。除此之外，有关公民的自由权利大多集中在不同时期的判例中。特别是 17 世纪以后，英国政治体制中的许多原则，如首相主持内阁政务、首相自行组阁、内阁失去下院信任应辞职、首相可解散下院等都是通过宪法惯例确定的。

在内容上，英国宪法内容具有不确定性，这是由于没有成文的宪法典、渊源众多和分散所造成的。英国宪法中比较重要的一项制度即责任内阁制，它通过宪法惯例经过几百年积累而成，直到 1937 年的《国王大臣法》才首次在成文法规中出现“内阁”一词。

在变更程序上，由于英国宪法是不成文宪法，在修改宪法上并没有特别的程序。

2. 行政法

英国作为英美法系的代表性国家，虽然拥有庞杂的法律体系，但并未区分为公法与私法，也没有独立的行政法院，行政诉讼与民事诉讼受同样的诉讼法律规制。虽然英国设立了行政裁判所，裁决大量的行政案件，但是这些行政裁判所没有终审权，行政裁判所的裁决在某些特定情况下可以上诉至法院，而且法院也可根据其所享有的司法审查权直接受理行政诉讼。1958 年英国通过了《行政裁判所和调查法》，设立裁判所委员会，负责对行政裁判所进行总体指导和监督。

英国的行政法中，最重要的原则为越权无效原则与自然公正原则。顾名思义，越权无效原则即指行政机关应当在法律的授权范围内执行公务，如果职务行为超越了法律的授权，则该行为无效。自然公正原则最初产生于越权无效原则，其中的“自然”指的是一般人所公认的价值判断和是非观念，该原则包含两个基本要求：第一，个人不能在自身的案件中担任执法人员；第二，要求执法人员能公正地听取抗辩。这两个基本要求不仅适用于行政机关，也适用于司法机关。值得注意的是，行政机关可以根据法律的授权进行次级立法。

3. 民商法

英国未建立自己的民法典体系。根据过往的判决，法院建立了一套经验式的普通法规则。在民事与商事的相关法律中，英国一贯从现实主义的角度出发，侧重于解决问题而并非将规则理论化、类型化，所以英国并不像成文法国家一样具有统一的民法典、商法典。在英国，调整民商事法律关系的相关规定主要有财产法、合同法、侵权行为法、公司法、信托法、知识产权法、婚姻继承法等。

4. 经济与社会法

英国关于经济与社会的立法是基于其经济社会的发展而诞生的。作为曾经的“日不落帝国”，英国在工业革命中获得了经济上的大发展，随之而来的社会问题也日益突出，如劳资争议、企业破产以及不正当竞争等。

劳动法是调整劳资双方法律关系的法律。历史上，英国的劳动法曾命名《主仆法》《雇佣法》。随着劳动法学在全球范围内的发展，英国也开始使用劳动法一词。英国在1909年成立了行业委员会，其成员由劳资双方的代表及行业无利害关系人组成，该委员会经讨论通过了《行业委员会法》。该法规定，为了保障工人最基本的生活需求，应当制定最低工资标准，从此确立了英国的最低薪资制度。后来，英国又相应通过了《工资委员会法》《农业工资法》《雇员保护法》等调整劳动关系的法律规范。

英国破产法历史悠久，最初订立于1542年，是为了使全部债权人得到公平的债务清偿，限制债务人在破产之际对债务的拖延。随着时间的变化，英国逐渐使破产法承担更多的职能，在调整债权债务关系基础上，增进社会利益，调和社会矛盾。由此，英国现代破产法确立了三个方面的宗旨：保护债权人利益、让债务人有得以恢复的机会和稳定经济秩序。

竞争法是为了规范在自由市场中发生的造成垄断或其他不正当竞争效果的集中行为。鼓励竞争原本是为了促使企业创新，降低生产成本，但不正当竞争行为的出现，使相关领域通过市场机制进行调整出现障碍，所以需要法律来对其进行限制。英国第一部竞争法为《垄断与限制性行为法》，后来又相继推出《垄断与合并法》、《公平交易法》和《竞争法》。

5. 刑法

英国目前并未有统一的刑法典，刑法主要由普通法与成文法组成。其中，普通法是英国的法官通过长期的实践，逐渐确立的一套适用于司法审判的规则。在普通法规则之外，存在由议会制定、颁布的法律，即成文法，对普通法规则进行调整及修订。总的来说，一般人们常说的英国刑法，主要指英格兰和威尔士地区所适用的刑法，其呈现较为强烈的普通法色彩。苏格兰地区由于历史原因，具有大陆法系的特点，因此，与英格兰和威尔士地区的刑法规则有所差异。北爱尔兰地区虽也属于普通法系，适用判例制度，但其与英格兰和威尔士的刑法规则也有一些区别，该等区别主要体现在具体判例中。

6. 诉讼法

英国的诉讼程序可区分为民事诉讼程序与刑事诉讼程序。民事诉讼程序在1999年后主要受《民事诉讼规则》的规制。

英国刑事诉讼程序较为复杂，采用当事人主义，由法官主持双方的辩论，最终由陪审团和法官就事实和刑罚作出决定。英国有关刑事诉讼的规定较多，主要有《刑事诉讼规则》《警察和刑事证据法》《犯罪起诉法》等。

（三）司法系统

英国司法组织因历史原因，体系比较复杂。在管辖权上，法院主要基于民事、家事、刑事的案件分类进行管辖，但也存在交叉。例如基层法院中的治安法院，虽然主要管辖刑事案件，但是也审理某些民事案件。

在审级上，英国无正式文件明确其法院系统的组织架构与级别关系，其法院系统大致可划分为基层法院、高等法院、上诉法院和最高法院四级。其中，基层法院主要按民事、家事和刑事案件管辖一审案件；第二级的高等法院主审二审案件，但同时会负责某些类型的一审案件，在英格兰、威尔士和苏格兰，民事和刑事二审案件分别由不同的法院管辖，北爱尔兰由统一的高等法院管辖；第三级法院为上诉法院，仅审理来自高等法院的上诉案件；最高法院是英国的终审法院，在 2005 年《宪政改革法令》施行前，该等职权由上院所负责。

二、在英国投资注册企业需要办理的手续

（一）主管部门及相关法规

英国公司注册署负责受理公司注册事宜。公司注册署为英国商业和贸易部的执行机构，在卡迪夫、爱丁堡、贝尔法斯特和伦敦设有办事机构。

外资企业在英设立分支机构或公司依据的主要法律是2009年《海外企业注册法》和2006年《公司法》。

(二) 设立企业的形式

在英国，企业设立的法律结构主要可分为如下四种类型，适用于不同企业开立、对应税收和承担经营风险方式。

1. **个体经营者(自雇型企业)**

年收入超过1000英镑的个体经营者需向英国税务与海关总署注册，缴纳个人所得税；如收入超过增值税起征点，还需注册并缴纳增值税。缴纳税款后，经营所得由个人所有，经营损失由个人承担所有责任。个体经营者一般为自我雇佣，允许雇佣员工。

2. **合伙企业**

合伙企业涉及两个或两个以上合伙人，需向英国税务与海关总署注册。合伙企业基于契约成立，合伙人按商定比例分担企业的支出、享受收益、缴纳个人所得税并分担企业经营所有的责任和损失。

3. **有限公司**

有限公司需在英公司注册署注册，以公司名义开立银行账户。有限公司的财务状况与个人财务状况相分离，需缴纳企业所得税。有限公司包含以盈利为目的的股份有限公司和以非营利为目的的担保有限公司。

股份有限公司包含私营和上市公司两类。其中，私营股份有限公司没有规定“最低资本要求”，即最低1英镑起即可注册成立；公司股东的责任由其所持有股份的账面价值确定，承担有限责任。上市股份有限公司，与私营股份有限公司类似，但此类公司的股票可以通过股票交易所向公众发售。2004年起，一种新型的上市股份有限公司，即欧洲公司（Societas Europaca，SE）允许在英格兰和威尔士成立。在欧洲经济区一个以上成员国经营业务的公司或集团均可以成立欧洲公司，并在这些成员国之一进行注册。因英国脱欧，自 2021 年 1 月 1 日起，所有在英设立的 SE 均已自动转换为 UK Societas[1]；后续可继续维持 UKS 身份，或结束运营，或转换为上市股份有限公司。英国脱欧后，不能在英国设立 SE，也不能将 SE 转入或转出英国；注册在欧盟成员国的 SE 的英国分支机构必须符合英国海外公司监管规定要求。

担保有限公司一般为私营担保有限公司，其公司成员是担保人。多数情况下，担保有限公司不会将利润分配给其成员（担保人），而是将收入重新投资于业务。由于此类型公司倒闭时，担保人仅需承担预先约定好的金额的责任（最低可低至 1 英镑），因而成为各类型非营利组织青睐的企业组织结构。

4. 有限责任合伙企业

有限责任合伙企业需在公司注册署注册，并报告英国税务与海关总署。成立有限责任合伙企业必须至少有 2 名合伙人，合伙人可以是自然人，也可以是有限公司。此类型企业是合伙企业的一种特殊类型，类似合伙企业与有限公司的结合体。其与合伙企业的区别是有限责任合伙企业的合伙人仅承担有限责任。

其他企业结构还包括私营无限责任公司、社区利益公司、慈善法人组织和管理权公司等。

（三）注册企业的选择和考虑

在英国设立企业的中国投资者有多种选择，而且影响企业实体选

[1] UKS 在其名称中取代了 SE，保留了 SE 框架中的许多要素，但是无法将其注册办事处转移到英国以外的地方。

择的因素也很多，需要考虑的因素主要有：公司具体的业务活动范围、在设立初期可能面临的风险、计划在英国的运营时间、相关的监管成本、税务问题以及其他商业上的考虑等。但总体来讲，中国投资者在英国开展业务主要有两种方式，即分支机构和子公司。

分支机构是外国公司无须在英设立法人实体即可在英开展业务的一种方式，分支机构的任何资产和负债均由其母公司承担。通常认为，在英设立分支机构是进入英国市场的轻量型方式，其维护成本和监管要求较设立子公司而言更低。

子公司既可以是中国公司在英国的子公司，也可以是与欧洲的企业共同成立的合资企业。子公司一般以有限公司形式注册，有限责任合伙企业不可以注册为某个有限公司的子公司。采用设立子公司的方式有许多好处，例如有限责任、内部人合性和设立简便。当地公司更愿意与有限公司开展业务，并且可以享受中英两国协议签订的税收优惠政策等。

点评：

企业应根据实际情况考虑设立子公司还是分支机构，这直接影响了该机构与其海外公司的关系，涉及签署合同、责任风险承担、财务管理等多方面问题。在选择办公场所时，需根据优先考虑事项进行选择，如考虑主要合作伙伴所在地，还是考虑国际往返出行便利等。在派出人员方面，需根据派出人员工作岗位提供不同类型签证办理便利。

（四）注册企业的主要程序

1. 注册分支机构

外资企业在英注册经营场所或分支机构，应在开业 1 个月内将有关材料邮寄至公司注册署所在区域办公室，主要是法定表格（OS IN01），需要详细列出高级职员名单（董事及秘书）、注册的办公地址等。如系首次在英设立分支机构，还应提交：母公司在国内注册文件复印件及英文翻译件、母公司最近年度财务报表复印件及英文翻译件。注册费用为 20 英镑，注册一般在 24 小时内完成。符合所有法律要求后，公司注册署将为该公司进行登记，并出具注册证书。

2. **注册公司**

在英国注册公司的流程较为便利，可通过登录公司注册署网站办理，确认拟注册公司的类型、公司名称等基本信息和公司章程等文件，通过借记卡或信用卡支付 12 英镑，24 小时内即可完成注册手续；也可通过邮寄 IN01 表格或使用第三方软件、通过代理机构等方式注册。如不希望在公司名称中显示“有限公司”字样，则仅能通过邮寄方式注册，费用为 40 英镑，耗时 8~10 天。

三、英国对外国投资的市场准入

（一）投资主管部门

英国商业和贸易部是英国主管投资的政府部门，负责为海外企业来英国投资提供建议咨询，以及有关资金、融资、人员招聘和运作方面的信息，引荐专业顾问和主要联系人，帮助投资者寻找合作伙伴，获得财政奖励。

（二）投资相关法规

英国没有指导或限制外商投资的专门法律，外商或外资控股公司从法律意义上讲与英国公司享有同等待遇，除部分政府所有或政府机构控制的行业外，可从事英国境内的大多数经济活动。此外，无论外国还是英国本地投资者，都必须遵守有关企业竞争、反垄断和并购的法律规定。

2002 年 11 月 7 日，英国颁布了《企业法》，规定了新的并购控制制度，该法创设了两个独立的执法机构——公平贸易办公室与竞争上诉法庭，并赋予竞争委员会更多的责任和任务，对国务秘书在竞争决策过程中的权力进行了限制。

外国投资者在收购大型或有重大经济意义的企业时，可能需要特定的政府批准。根据 2002 年《企业法》，英国政府有权对涉及国家安全和公共利益的投资进行审查。

2021 年 4 月 30 日，英国颁布《国家安全和投资法》，基于国家安全考虑，将对外国企业或个人对英国 17 个关键领域的企业和资产的并购交易进行监管。这 17 个领域包括先进材料、先进机器人、人工智能、民用核能、通信、计算机硬件、为政府服务的关键供应商、紧急服务关键供应商、密码认证、数据基础设施、国防、能源、生物工程、军民两用、量子技术、卫星和太空技术、交通运输等。按照该法规定，外国企业或个人如果计划或已经行动，拟直接或间接控制英国上述领域内的实体、资产或权益（股权或投票权超过 25%），或取得对有关权益的影响力和控制权，都必须提前向英国政府有关部门申报，经批准方可并购，违法将受到民事或刑事处罚。2022 年 1 月 4 日，该法正式施行。

点评：

英国对外资设限的领域主要集中在航空、航天和国防等战略部门。投资限制主要体现在持股比例方面，即单个外国股东持股不得超过该公司股份总数的 15%。根据英国内阁办公室 2023 年 7

月11日发布的有关报告，截至2023年3月底，英国政府有关部门共对65宗投资并购案发起调查，最终对其中15宗采取干预措施，包括阻止交易或附条件批准等，涉及中国、英国和美国的交易分别为8宗、4宗和3宗。

（三）投资行业的规定

1. 投资农业相关规定

目前，英国暂无涉及农业领域的外商投资，或限制外资取得农业耕地所有权的法律，外国人与英国人在购买、持有、交易农业用地方面的权力基本相同。所有土地交易均需在土地注册处登记以明确产权。英国脱欧后，于2020年11月颁布了《农业法》，涉及包括补贴、环境问题、土地所有权和使用权、食品标准和责任等过渡期政策框架，目前确定为执行至2027年底。

2. 投资金融业相关规定

金融企业在英正式开展经营前，需要获得英国金融行为监管局和政府的批准。无外资股比限制。理论上，公司管理者应为英国公民，但实际操作中，外资公司可以通过为外籍管理人员办理工作许可证，并证明该外籍管理人员所掌握的技术水平或经验是英国公民无法替代的即可。

3. 投资文化产业相关规定

外商或外资控股公司可在英国从事文化领域的投资经营活动，但提供无线电广播、电视转播等服务需申请执照。英国2003年《通信法》对外资放开了媒体所有权，允许欧洲经济区以外的投资者拥有英国电视和广播企业。提供电视或广播服务的公司须从通信管理局取得执照，该执照一般会要求公司在股份持有或控制变更方面通知。外国投资如涉及与高新技术公司有关的交易，一般需要遵守数据保护方面的规定。英国对印刷媒体行业的外资所有权没有正式限制。

4. 投资矿产资源相关规定

英国主要矿产相关法规较为分散，监管体系根据具体矿产性质、项目类型以及项目地点不同有所差异。目前，采矿业对外资没有普遍限制，但矿产开采等活动根据种类不同可能涉及向不同管理机构申请许可证。1925 年《财产法》规定土地所有人拥有地下矿藏并可将开采权转让第三方。但是，煤矿归煤炭管理局管理，其职责包括授权开采、塌陷追损、水污染治理等。英国境内的金银矿、石油和天然气产权属王室所有，金银矿由皇室财产管理局管理，石油和天然气由北海转型管理局管理，负责油气开采、生产和分解。

5. 投资林业相关规定

目前，英国暂无涉及林业领域外商投资的全国性法律。根据英国土地法，土地所有权为永久。对于农、林业土地无特殊规定。英国不限制外资获得农、林业土地承包经营权，也不限制租赁经营期限，企业可与土地所有者自行商定。购买林地一般需要通过律师完成。

（四）投资方式的规定

1. 外商投资方式

英国对外商投资的具体方式没有特殊限制，可以设立代表处、分公司、子公司等，可采取合资、独资、并购等多种形式。

2. 兼并收购规定

英国投资并购的监管主体是成立于 2014 年 4 月的竞争与市场管理局，隶属于商业和贸易部。英国有并购自愿申报制度，该制度基于公共利益和反垄断依据对交易进行审查，而交易双方可就此自行评估是否需要在交易完成前申报交易，以获得批准。竞争与市场管理局如有合理依据，怀疑交易可能引起国家安全、英国金融体系稳定性或者媒体多元性方面的忧虑，则有权审查交易。2021 年 4 月 7 日，英国政府正式宣布在竞争与市场管理局内部成立数字市场部，以防止数字科技巨头利用其市场主导地位来扼杀竞争和创新。对外资并购进行国家安全专项审查的机构是 2021 年新成立的投资安全处，隶属于内阁办公室。

英国并购法律对内外资一视同仁，对在英国进行并购、重组和收购的外国实体通常没有额外的法律考虑。收购不受管制的私人公司的权益通常不受特定程序要求的约束，但英国上市公司（无论是国内还是国外）的收购要约通常都应遵守《收购准则》。《收购准则》规定了收购的时间、披露要求以及与向目标公司的股东进行文件披露和公告有关的各种义务。尤其是，投标人必须针对目标公司的收购计划作出具体的意向声明，包括有关公司的研发职能、养老金计划、目标员工的技能和职能与管理层以及所在地的平衡方面的任何重大变化等。除了受监管或涉及国家安全的行业外，外国投资者和国内投资者之间在股权收购或资产购买方面没有显著差异。

四、英国对外国投资的优惠

（一）外资优惠政策

英国没有免税期，也没有专门的外国投资激励措施。英国适用透明、内外一致的单一公司税（即企业所得税）。任何在英国的公司都必须就公司利润缴纳公司税。任何在英国设有分公司或办事处的海外公司都必须就在英国产生的公司利润缴纳公司税。英国公司向海外母公司支付的股息免征预扣税。

（二）特殊经济区域规定

1. 特殊经济区政策

英国政府为鼓励外国直接投资实施了一系列政策措施，其中包括设立经济特区。设立经济特区有两个目的：一是给予投资者政策优惠和商业便利；二是平衡本国区域经济发展，避免发展不平衡。

英国经济特区的主要形式有：企业区、自由港、投资区以及科技园等。外资企业一般会根据自身情况入驻合适园区。

（1）企业区。英国以特定的地理区域划分企业区，在企业区内设立的企业享有一揽子财务援助、简化审批程序和其他业务支持等优惠。主要优惠政策：一是房产折旧 5 年最高 27.5 万英镑；二是简化规划审批程序，例如符合企业区的计划项目无须单独报批；三是政府支持确保在工业区连接超高速带宽。

此外，某些企业区还享有以下优惠：第一，第一年 100%的厂房和设备资本免税；第二，低租金的业务孵化单位；第三，发展基金及与当地私营行业合伙人共同合作的软着陆优惠，包括开发人员、会计师或房地产经纪人。

英格兰由重要的社区和当地政府部门负责企业区。威尔士、苏格兰和北爱尔兰企业区分别由各地方政府负责。

（2）自由港。1984--2012 年，英国曾有 7 个自由港，但欧盟要求成员国采取共同关税和海关程序，同时要求设立自由港的成员国不得向港内企业提供税收优惠以避免不公平竞争，因此，英国自由港的优势逐渐消失。2012 年 7 月，关于设立利物浦、南安普顿等 6 个自由港的法案过期失效，仅剩马恩岛一个自由港。

2020 年 2 月，英国国际贸易部（现名为商业和贸易部）发布自由港公众咨询文件，表示将赋予自由港境内关外的定位，免除关税、进口增值税等税收，提供商业税折扣、资本投入免税、研发税抵免等税收优惠，同时，通过对自由港及周边地区基础设施的升级改造，推动围绕自由港形成制造、运输、科技等产业集聚，打造地区经济增长极。目前，英政府通过公开招投标，在英格兰确定了 8 个自由港：东米德兰机场、费利克斯托和哈维奇、亨伯、利物浦市区、普利茅斯、索伦特、泰晤士河、提赛德。2023 年 1 月，英国宣布将在苏格兰建立 2 个绿色自由港，即福斯湾绿色自由港和因弗内斯与克罗马蒂湾绿色自由港。2023 年 3 月，英国宣布将在威尔士建立 2 个自由港，分别为安格尔西自由港和凯尔特自由港。此外，北爱尔兰政府也在研究自由港提案。

（3）投资区。2022 年 11 月，英政府在秋季预算案中宣布将筹备全国范围内的投资区计划，旨在为一些发展不充分地区的高潜力集群提供激励措施，提高生产力和创新，推动经济增长和地区间平衡发展。2023 年 3 月，英政府公布《投资区政策说明》，表示将在全国范围内建立 12 个新的投资区，重点投资 5 个领域：数字科技、绿色产业、生命科学、先进制造和创意产业。

激励措施将包括：土地印花税和营业税减免，增强型资本津贴、增强建筑结构津贴、雇主国民保险缴款减免、研发补贴、技能训练、商业支持等，预计将在 5 年内向投资区提供总计 8000 万英镑的资金和税收优惠。目前英政府已与 8 个地方政府讨论投资区提案，包括东米德兰兹、曼彻斯特、利物浦、东北地区、南约克郡、提斯谷、西米德兰兹、西约克郡等，此外英政府还在与苏格兰、威尔士和北爱尔兰政府讨论至少各建立一个投资区。

英政府认为，投资区与自由港政策属于同一个政策系列，但区别在于自由港重点是利用英国世界一流的港口基础设施和特殊的海关程序来吸引以贸易为导向的投资，投资区重点培育五大领域产业集群，并以研究机构为中心促进研发和创新。

（4）科技园。英国地方政府和大学以及工商界联合开发了100多个科技园，旨在鼓励开展高科技研发活动，一般提供一些可以吸引中小企业进驻的优惠政策，如免费或优惠使用办公室及设施（含通信设施、停车场、实验室等），协助制订商业计划、寻找科技合作伙伴等。主要有剑桥科技园、曼彻斯特科技园、斯旺西科技孵化园、伦敦东区科技园等。

2. 经济特区介绍

（1）英格兰企业区。截至2022年，英格兰有48个企业区。

（2）威尔士企业区。截至2024年5月，威尔士有8个企业区，每个企业区定位一个特定工业行业。威尔士企业区提供与英格兰类似的优惠政策，包括商业利率折扣、简化规划审批程序和连接高速宽带。

五、英国关于贸易的法律规定

（一）贸易主管部门

英国外贸政策制定和管理部门主要有商业和贸易部、出口融资局、税务与海关总署。商业和贸易部为英国企业发展及出口提供建议、指导和支持；制定法规政策，促进企业发展、市场有序竞争，维护消费者权益；消除贸易壁垒，达成贸易协定，帮助企业开拓新市场；为企业和投资者提供投资保障；倡导自由贸易，保护企业免受不公平竞争，提升经济安全性和供应链弹性；利用脱欧自由支持增长和创新，废除非必要的欧盟法律并消除监管负担。出口融资局为企业出口和对外投资提供金融支持手段，包括为英国出口商提供出口保险、债券保险、卖方信贷、直接借贷等多种支持措施；为对外投资提供海外投资保险，为购买英国产品和服务者提供买方信贷。英国税务与海关总署负责征收直接税、间接税和海关管理。

（二）贸易相关法规

2021 年 4 月 29 日，《贸易法》获得批准正式成为法律。《贸易法》属于英国脱欧系列法案的组成部分，是贸易政策领域的常规框架性立法，意在使英国企业继续享受国际协定覆盖下的优惠外贸条件，明确市场环境，降低非关税壁垒，深化与第三方国家经济合作，建立健全贸易政策机构并推动贸易信息共享。

（三）贸易管理的相关规定

1. 出口管制

英国商业和贸易部下属的联合出口管制局负责对军品、核能和军民两用物项出口进行许可证管理，管制产品涉及武器、军火、警察和保安设备、部分化学品、金属和工程材料、核及放射性材料、机床、电子元件，激光和光学产品，成像、导航和通信设备、高规格电脑、宇航和海事设备、软件和技术等。

2. 进口管制

2023 年 4 月 5 日，英国政府宣布对进口到英国的货物实行“边境目标运营模式（TOM）”。从 2023 年 10 月 31 日起，对来自所有国家的货物进行包括海关程序和安全保障检查在内的一系列边境管制措施和机制。

自 2023 年 10 月 31 日起，英国从欧盟进口的动物和动物产品将适用新的进口风险类别清单。风险类别与每个类别的相应进口规则由“边境目标运营模式”系统选定。涉及产品包括活体动物、胚胎产品、动物源性产品与动物副产品，并被分为高、中、低三个风险类别。进口人须在“汇总表”或“商品编码搜索表”中找到自己进口货物的风险等级，并遵循相应具体要求。新的进口管制措施从 2023 年 11 月至 2024 年 11 月逐步实施，同时将推出新的英国单一贸易窗口，即一个单一的数字网关，用于提交所有与英国进出口相关的申报。2024 年 2 月 29 日，单一贸易窗口服务启动内部测试，允许受邀贸易商通过用户界面提交海关进口申报单，并成功传递至海关申报服务，未来数月将扩展功能，包括为代理商和运输商准备的早期功能，以迎接同年 10 月从欧盟进口的安全保障申报要求。此外，“可信贸易商身份”授权的设立将使获得认可的企业进一步在海关程序简化中受益。

3. **海关管理规章制度**

英国自 2021 年 1 月 1 日起实施“英国全球关税”这一新关税制度，取代原来一直实施的欧盟对外关税制度。“英国全球关税”为英国经济需求量身打造，比欧盟对外关税制度更简化、税率更低。按照世界贸易组织规则和其他现行最惠国待遇政策，英国 60%的进口商品在新税收制度下享受免关税待遇。对于未与英国签署贸易协议的国家，将取消所有税率低于 2%的关税。农业、渔业和汽车业等英国关键产业将受到保护，维持对牛羊肉、家禽等农产品和绝大多数陶瓷产品征收关税，汽车关税维持 10%不变。

4. **进出口商品检验检疫**

英国进口商品检验检疫在中央一级由英国环境、食品与农村事务部英国动植物卫生署负责政策制定，在地方由当地政府和港口健康部门负责在入境时进行相关检查。出口动物、动物制品和胚胎时，由英国环境、食品与农村事务部指定的兽医签发相关出口健康证书。

新《贸易法》授予了贸易和农业委员会合法地位，该委员会负责人类及动植物生命和健康、环境保护领域的英国标准、贸易法规与政策制定。

六、英国关于劳工雇佣的法律规定

（一）劳工雇佣主管部门及相关法律体系

英国的劳动主管部门是就业及养老金事务部，主要负责英国就业、社会福利、退休、子女抚养等政策的制定及执行。此外，它还受理有关国家退休金工作年龄、残疾和疾病保险方面的投诉。就业及养老金事务部是英国的内阁部门，下属 15 个机构和公共组织。

英国既有丰富完备的劳动法律体系保障劳工权利、规范雇主义务，又有成熟的劳资纠纷诉讼体制来保障法律的施行，整体来看，其劳工制度呈现出总体全面、相对均衡、责任严格的特点。从立法层面看，自 20 世纪以来，英国将有关劳动就业的法律加以修改和补充，出台了多部涉及劳动基本权利的法律，至今已经形成较为完善的劳动用工法律体系。具体而言，这一体系覆盖了 6 个方面的内容，包括雇佣合同、信息保护制度、工资制度、工时制度、解雇保护制度、反就业歧视制度；主要法律包括 1996 年《就业权利法》、1998 年《国家最低工资法》、1998 年《工作时间条例》以及 2008 年《养老金法》等。从司法层面看，英国的劳动争议审判制度因劳动纠纷的特殊性而被赋予了相对独立的特点。

（二）劳工法的核心内容

1. 雇佣合同

雇佣合同一般包括雇主和雇员的名称（姓名）、雇佣起始日期、薪酬（包括薪资金额与支付频率以及加班费）、职级或描述、工作地点、假期权利、有关病假和工资的规定、有关养老金的若干信息、有关申诉和纪律程序的信息、有关工时的任何条款和条件等。若对雇佣书面详细说明作出任何变更，则须在变更生效前4周内通知雇员。

2. 工时和加班

劳动者每周最长工时为平均48小时。在实践中，对于大多数劳动者而言，基本周工时为37~40小时。若初级员工工作超过该时数，尽管低于48小时法定最长工时，通常仍会向其支付加班费，员工有权选择退出48小时最长工时限制。

3. 薪酬

英国设有全国最低工资标准，雇主与雇员应约定适当的薪资水平。全国最低工资标准定期上调，通常在每年4月份进行调整。英国《全国最低工资法》还规定了6项刑事犯罪，涉及未支付全国最低工资、未保留（或伪造）全国最低工资记录以及不配合执法人员。若被定罪，则可能会被处以无上限罚款。

4. 病假和工资

对于员工因病或受伤而休息的病假天数并无法定限制。雇主须向连续生病至少4天且平均周收入至少为123英镑的雇员支付法定病假工资（SSP）。每年4月英国税务和海关总署会对SSP水平进行评审，2024年的法定病假工资标准（适用于大多数雇员）为116.75英镑/

周。员工任何缺勤期间的前 3 天均不享受病假工资（但通常会向其支付薪资）。病假工资仅针对全天病假支付。在实践中，许多雇主往往会在合同中规定优于病假工资计划水平的病假工资安排。

5. 国民保险

英国的社会保险称为国民保险，涵盖医疗保障、失业救助等各方面。通常情况下的雇佣关系应缴纳第一类国民保险，该类保险由员工和雇主共同缴纳，按照收入的固定比例累进征收。2024—2025 纳税年度，员工缴费比例为：周薪低于 242 英镑的部分缴费率为 0%，周薪 242~967 英镑的部分缴费率为 8%，超过 967 英镑的部分缴费率为 2%。特殊人群可享受其他缴费率，如已婚女性或寡妇、从事多项工作者均可按低费率缴纳国民保险。此外，公司董事、经营房地产业务的房东须遵守其他类别的保险规则。

6. 养老保险

英国实行多层次、多渠道、多形式的养老保险体制，把各个阶层、各种职业的人都组织和吸引到国家、企业、个人 3 方面结合的养老保险网络里。

（1）国家层面的“基本养老金”。从 1948 年实施，基本养老金主要来自个人缴纳的所得税，由财政划拨，国家统收统支。符合基本养老金领取标准的居民基本上都可享受，具体条件包括：英国居民个人从满 16 周岁起开始缴纳国民保险税且需至少缴满 10 个合格年度，符合条件的居民达到领取养老金年龄（2024 年为男、女均需满 66 岁）。养老金标准随物价波动与在职职工工资水平的提高而相应变动，其提高幅度视财政状况和通货膨胀程度而定。基本养老金的标准很低，一般只相当于退休前个人平均收入的 20%左右。此外，针对 2016 年 4 月 6 日以前退休的英国公民，可自动获得国家发放的“附加养老金”。基本养老金和附加养老金制度，基本上采取“现提现支、统收统付、略有结余”的原则。

（2）企业层面的“职业养老金”。英政府《养老金法》推出“自动登记”政策，职业养老金成为雇主单位的普遍做法；自 2012 年 10 月起，通过 5 年过渡期，将职业养老金覆盖范围从大企业或部门扩大至小微企业。实行“自动登记”后，员工自愿缴费，单位匹配缴费，国家提供税收减免，员工可主动申请退出。截至 2023 年初，英政府统计参加职业养老金计划的总人数为 1530 万。2023—2024 年度，针对收入超过 1 万英镑的 22 岁以上在英国工作的员工，需至少缴纳其相关收入的 8%（其中至少有 3%为雇主单位缴纳）。

（3）自愿储蓄型的私人养老金。主要类型有利益相关者养老金和自我投资私人养老金。参与私人养老金计划通常可以获得税收减免，参与前个人需对提供养老金服务的公司在金融行为监管局或养老金监管机构等处进行资格检查。英国鼓励私人向保险公司投保养老保险，平时缴纳保险费，年老时享受养老金。各种私人养老保险往往是投保人经过对各种养老保险办法权衡比较之后，认为对其最为有利才选择的一种形式，基本上属于一种储蓄养老，是由保险公司经营的特种保险。

（三）外国人在当地工作的规定

1. 工作许可

有权在英国工作的人群包括：英国或爱尔兰公民、获得欧盟永居计划的预先定居或已定居身份、有欧盟定居计划的家庭许可、有无限期的许可进入或留在英国、有英国居留权。其他人员需要申请工作签证。

为提升英国综合竞争力水平，英国政府特别鼓励受过良好教育、有特殊技能的高水平人士的流入，并对补充国内短缺职位的外国劳务提供工作方便。目前，英国对外来移民还是采取适度从紧的政策，尤其是通过工作许可制度控制经济移民的数量和质量。

2. 短缺工种

英国在 Tier 2 工作签证要求项下设立“短缺工种列表”，该列表中职位代表英国当地劳动力无法满足需求，英国雇主从海外招聘员工填补职位时，无须进行当地劳动力市场测试。

英国已经宣布自 2021 年 1 月 1 日起终止欧盟公民在英国的自由流动和就业，欧盟公民（爱尔兰公民除外）在英国工作和长期居留需办理“居留状态”相关证明。该规定对中国公民往来英国工作、居留和移民无变化。

3. 工作准证办理

（1）主管部门。英国内政部签证和移民局为外国人赴英国工作的政府主管部门。申请人须向签证和移民局申请相应资格，获得资格后方可办理工作许可。

（2）申请程序。申请工作签证需要雇主拥有雇佣海外劳工资格（雇主担保证），并且为员工申请工作许可（工签名额）。在工作开始日期前 3 个月内，雇主可以给申请人发工签名额，申请人会获得一个“参考号码”，这个唯一的号码会用于后续申请表的填写。申请人在确保自己满足有技能员工的积分要求，准备好所有材料的情况下，就可以开始进行在线申请了。

（3）提供资料。申请有技能员工签证必须提交的材料有：工签名额参考编号、申请人满足语言要求的证明、有效护照、职位和年薪、工作种类代码、雇主名字和雇主担保证编号。除了上述材料，其他材料也可以根据具体情况进行提交：证明自己满足财务条件的文件；若从某些国家/地区进行申请，需提交结核病检测结果；犯罪记录证书（如果工作有要求）；针对某些特定的职位，需要提供英国博士学位证书等。

［**案例** 4-1］

某跨国公司为使其英国子公司尽快运营，拟从国内聘请两名中国人员赴英进行公司管理，一名担任顾问，一名担任员工。对于顾问，该公司与其签订固定期限合同，并确保其未在其他公司担任职务。对于员工，该公司在雇佣合同中明确了包含试用期的全部信息，以及管辖雇佣关系的关键信息。该公司严格遵照有关劳动法律规定，保护雇员合法权利的同时，也对其工作义务及离职后劳动争议解决方式进行了规定。

点评：

对于在英投资的中国企业来说，大部分的企业会涉及从中国境内外派雇员或者招聘其他非英国籍的雇员。由于英国对于外来移民工作采取工作许可的管理方式，如果从中国境内外派雇员到英国工作，或者招聘其他需要取得工作许可的雇员，雇主需要对工作许可提供担保并承担其后的雇主责任。

企业在雇佣员工时需严格遵照英国劳动法有关规定，在雇佣合同中除明确雇佣关系、时间、薪酬等方面信息外，还需对日后可能引发的劳动争议纠纷解决渠道进行严格说明。母公司将其内部员工派驻到该企业的境外实体公司或分支机构工作时，境外公司仅代表境内企业对员工进行管理并支付工资，员工仍与境内企业保持劳动关系。

七、英国关于税收的法律规定

（一）税收管理机构及税收法律体系

1. 税收管理机构

税务与海关总署是英国政府负责征税以及实施其他监管制度（包括国家最低工资标准）的非部级部门，主要负责管理和征收直接税，包括所得税和公司税、资本税（如资本利得税和继承税）、间接税（包括增值税）、消费税和印花税。

英国税收收入高度集中于中央政府，国税占全部税收的90%左右，地方税仅占10%左右。地方财政的主要财源是中央对地方的财政拨款、市政税和商业收入等。中央政府最重要的税收依次为：个人所得税、资本利得税、国民保险税、增值税、企业所得税等。从税种分类看，英国中央政府征收的税收包括以下三类：一是对所得的课税，包括个人所得税、企业所得税和石油收益税、国民保险税等；二是对商品和劳务的课税，包括增值税、消费税、关税等；三是对资本的课税，包括资本利得税等。

2. 税收法律体系

英国没有独立的税收法典，但英国税制的法定结构必须经由成文法所制定。当涉及某一领域的税收法规数量太多时，则汇编为一部法案。英国主要成文法如下：1891 年《印花税法》、1970 年《税收管理法》、1975 年《石油税法》、1983 年《增值税法》、1984 年《遗产税法》、1988 年《所得税和公司税法》、1990 年《资本折扣条例》、2001 年《资本折扣条例》、2003 年《所得税法》、2003 年《所得税条例》、

2005 年《所得税法》、2007 年《所得税法》、2009 年《企业所得税法》、2010 年《企业所得税法》等。

英国脱欧后，英国政府对税法拥有更多的自主权，这主要体现在增值税方面，此前则主要受限于欧盟法律，特别是《欧盟条约》和《欧盟增值税指令》。

除上述法律外，法庭判决（案例）也有补充效力，但案例只是解释性而不是立法性的，而且法庭判决是以更高级法庭以往的判例作为依据。对税法规定不够清楚或存在疑问的地方，在实践中形成的特别解释或说明也可以提供司法指导，虽然它没有法律效力，但一般能得到采用。

（二）主要税种和税率

1. 企业所得税

企业所得税是按税收调整后的利润向永久性公司或子公司征收的税项。英国对非居民企业的所得采用属地原则进行征税。2024 年 4 月起，英国将年盈利低于 5 万英镑的企业所得税（即公司税）税率维持在 19%，年盈利在 5 万至 25 万英镑之间执行 26. 5%的边际税率，针对年盈利高于 25 万英镑的企业，按照 25%的比例征收企业所得税。此外，自 2021 年 10 月起，银行类企业在企业所得税基础上缴纳 3%的附加费。因此，银行应付的综合税率自 2023 年 4 月起为 28%。

2. 个人所得税

英国规定年满 18 周岁公民的个人收入均需按累进税率缴纳个人所得税。根据英国政府发布的关于 2024 年 4 月 6 日至 2025 年 4 月 5 日纳税年度的规定，个人所得税免税额为 12570 英镑。个人所得税起征点为 12571 英镑（年收入），12571～50270 英镑部分税率 20%，50271～

125140 英镑部分税率 40%，125140 英镑以上部分税率 45%。

3. **增值税**

增值税是在开展和推动业务过程中，向货物和服务供应的价值征收的税项。税率分为三种：标准税率 20%（大多数货物和服务）、减让税率 5%（家庭、慈善机构等燃料和电力）以及零税率（食品、书籍、药品、儿童服装等）。

点评：

2024 年 4 月 1 日起，英国增值税注册门槛将从 85000 英镑提高至 90000 英镑。提高注册门槛是为了减轻小企业税负。营业额略超过（或可能超过）当前门槛的企业将从中受益。

4. **土地印花税**

如果在英格兰和北爱尔兰以一定价格购买物业或土地，则必须支付印花税。需缴税情形包括：购买永久业权的财产；购买新的或现有的租赁权；通过共享所有权计划购买物业；被转让以换取付款的土地或财产，例如抵押或购买房屋的股份。

5. **数字服务税**

英国数字服务税的税率为 2%的单一税率，数字服务税是针对收入而非利润征税，因此按照较低税率征税。英国于 2020 年 4 月 1 日开始征收数字服务税。英国的数字服务税简单来说是一种过渡性税收政策，在全球未建立起统一的数字经济税收框架前，英国针对数字企业从英国用户的参与中获取的价值进行征税。征税范围包括：第一，提供社交媒体平台；第二，提供搜索引擎；第三，提供在线市场，主要用于实现个人与个人或实现第三方销售行为，并不包括销售企业自己的产品。适用征税的纳税人指：纳税人应税活动的全球收入超过 5 亿英镑、英国用户参与应税活动所带来的收入超过 2500 万英镑。英征收数字服务税主要影响到包括亚马逊、谷歌和脸书在内的多家美国科技巨头。

6. **碳排放税**

英国排放交易计划于 2021 年 1 月 1 日取代了英国原参与欧盟碳排放交易系统。英国排放交易计划管理局根据 2020 年《温室气体排放交易计划令》确定，2023 年 1 月 1 日起英国的碳税税率为每吨二氧化碳当量 83.03 英镑。每年排放少于 2500 吨的超小型排放者免于参加碳排放交易计划。

（三）税务申报

1. **报税时间**

英国有多种企业类型，承担各自不同的纳税义务。以最为常见的有限公司为例，在英国成立的新公司必须在开始营业的 3 个月内，向英国税务与海关总署通报纳税义务，通常会收到一份问卷，询问在英国业务详情。公司有责任在规定时间内呈交纳税申报表，否则面临罚款等处罚。

公司可根据自身会计年度向税务与海关总署报税；个人所得税需按税务与海关总署规定的会计年度报税，目前为每年 4 月 6 日至次年 4 月 5 日。

2. **报税渠道**

按照英国税务与海关总署规定，自 2011 年 4 月 1 日起，企业须使用在线系统进行税收申报，并通过电子化方式进行缴费。

3. **报税手续**

企业报税应首先填妥公司报税表（CT600），连同相关文件通过英国税务与海关总署在线系统提交，税务与海关总署的计算机系统将自动记录申报时间。

4. 报税资料

企业进行税收申报时除填具 CT600 表格外，一般要求提交如下相关资料：

（1）企业报表，包括公司董事签署的报表和审计报表；

（2）应纳税额的计算；

（3）税务与海关总署要求的其他资料。

八、英国关于用地的法律规定

（一）土地资源管理部门及相关法律法规

英国土地登记管理局是于 1862 年形成的非内阁政府执行机构，它的主要职责是负责统一管理英格兰和威尔士地区的土地登记，其中包括审查、确认、登记、发证以及办理过户换证等土地所有权的相关事务。苏格兰与之类似的办事机构为苏格兰土地登记处，北爱尔兰的为土地和财产服务处。

现代英国土地法来源于普通法和衡平法以及在 1925 年后颁布的法律，主要的规定包括 1925 年《财产法》、1925 年《限制授予土地法》、1947 年《城乡规划法》、1996 年《土地信托与受托人任命法》和 2002 年《土地登记法》。

英格兰、苏格兰、威尔士和北爱尔兰这 4 个地区分别有专门的关于土地管理的立法，很好地诠释了各个行政区域的独立性，但各行政区域土地法的核心概念是统一的，包括土地所有人的权利以及优先权归属。英国土地法根据普通法、衡平法以及登记制度赋予了土地所有人产权。土地产权的所有人具有比其他权利人更优先的权利。英国公私土地的交易必须按照相关法令进行土地登记，否则不受法律的保护。登记的土地权利包括土地的绝对产权、有限产权、占有产权或有效租赁保有产权。

点评：

虽然英国实行土地私有制，但因基础设施建设等公共利益需要，政府和公共机构可通过行使强制购买权来征用土地。享有这项权力的有政府和其他机构，包括中央政府各部门、地方政府、高速公路局、城市发展公司，以及自来水和电力公司等。而何种用地功能属于公共利益范畴则由议会决定，并以法律形式确定下来。征地机构在取得强制征用权后须经过一系列严格的步骤并对被征地人作出最合理的补偿。被征地人如对公开质询的结果仍有异议，还可向最高法院上诉，对于收入在一定范围内的被征地人，还可在法律费用方面获得经济资助。英国复杂的土地强制购买程序保证了强制购买权的慎重使用，土地征用中的平等协商和合理补偿保障了被征地人的合法权益，完善的争议解决机制有效地缓解了征地纠纷的升级和蔓延。

在英国，土地权利受法律保护且可以自由交易，然而，土地所有者并不能随意对土地进行开发，这一限制通过土地用途管制来实现。任何土地所有人或其他人如欲变更土地用途，必须申请规划许可。

（二）外资企业获得土地的规定

在英国购买土地手续简单，而且对于外国企业购买没有限制，一般可通过产权公司购买、合作投资或合资等形式获得。根据英国土地法，土地所有权为永久。对于农、林业土地无特殊规定。英国不限制外资获得农、林业土地承包经营权，也不限制租赁经营期限，企业可与土地所有者自行商定。外商进入英国林业与农业类似，政府原则上尊重市场原则，不会介入一般商业合作或非政府缔约合作。

英国的房地产购买者须缴纳印花税。印花税根据最终成交价格按不同比例由买方缴纳。英国印花税缴纳比例按最终成交价格递增。

点评：

英国的土地及不动产买卖都需通过律师或专业机构完成，购买方有责任充分了解目标地产的情况并提出疑问，卖方仅需针对买方的疑问进行解答，无责任承担其他义务，因此买方在购买土地前需充分做好尽职调查。另外，由于英格兰、威尔士地区与苏格兰地区、北爱尔兰地区法律不同，在不同地区购买或投资土地及不动产时须参照当地的法律标准和有关要求。

九、英国关于环境保护的法律规定

（一）环保管理部门及相关法律法规

英国环保政策主管部门是英国环境、食品和农村事务部，此外，英格兰环境署、威尔士自然资源署、苏格兰环保署、北爱尔兰环境署是重要的地方环保管理机构。这些部门在评估环境影响、气候变化协议、气候变化税、能源使用效率、环境许可标准、环境规划、环境风险管理以及污染垃圾、水资源、野生动物栖息地保护等方面进行管理、监督和决策。

环保部门根据不同的环境问题和监管对象制定和执行相应的管理政策，其中主要包括：

2019 年 10 月 15 日，英国政府颁布了脱欧后的《环境法》，并于英国正式脱欧日（2020 年 1 月 31 日）开始实施。根据该法，英国设立独立的环境保护办公室，负责审查环境立法和政府的环境改善计划，调查有关环境法的投诉，并负责环境执法。

除了综合性立法《环境法》外，英国政府分别针对污染防控、野生动植物保护、自然环境保护和应对气候变化出台环保法案。

（二）环保法律法规基本要点

1.《环境法》关于森林、动植物、大气、水体保护的相关规定

《环境法》有助于确保英国在离开欧盟后，维持并改善所实行的环境保护措施。《环境法》提出了全面和世界领先的愿景，体现了环境保护原则，将采取措施改善空气和水的质量、解决塑料污染、恢复栖息地，保护野生动植物繁衍。

（1）改善空气质量：通过减少污染，使儿童和年轻人可以更长寿、更健康。为此，将制定一个具有法律约束力的目标，以减少微细颗粒物 $PM_{2.5}$，并加强地方权力以解决空气污染源，使地方当局可以与家庭一起合作，使用清洁燃料，减少家庭燃烧产生的有害污染。政府还将有权强制制造商召回不符合相关环境标准的车辆。

（2）恢复和改善自然环境：通过“生物多样性净收益”，确保新房屋是以保护和改善自然环境，从而有助于为当地社区提供繁荣的自然空间的方式修建。通过制定地方自然恢复策略，并在保护地方树木方面赋予社区更大的发言权，在支持自然恢复网络的过程中改善对自然栖息地的保护。

（3）改变管理废弃物：通过使用权力来确保生产者对他们产生的废物负责，实行一致的回收方法，惩罚废弃物犯罪，实行塑料瓶押金退还计划，并更有效地实施垃圾处理。

（4）保护水资源：通过在面对气候变化的情况下，确保长期的、有弹性的水和废水处理服务，来提高可持续水管理。

2. 英国碳排放适用的相关法律和规定

2008 年《气候变化法案》是英国应对气候变化的基础性法案。2022 年，该法案被全面修订，修订内容已生效实施。根据修订，英国已将远期目标改为：到 2050 年将碳排放量在 1990 年的水平上降低至少 100%。

根据该法案，英国政府还制定了到 2050 年大幅减少温室气体排放量的具体目标以及实现这一目标的途径，并设立气候变化委员会，以确保排放目标是基于证据和独立评估制定的。

2019 年 6 月，英国新修订的《气候变化法案》正式生效，确立英国到 2050 年实现温室气体“净零排放”的目标。英国由此成为世界主要经济体中率先以法律形式确立这一目标的国家。

2021 年 4 月，英国承诺以比其他发达国家更快的速度减少碳排放，目标是到 2030 年相比 1990 年排放水平减少 68%；到 2035 年将减排目标提高到 78%，朝着零排放目标迈进。

[**案例 4-2**]

2019 年 10 月 8 日，比亚迪公司（BYD）与英国著名巴士制造商亚历山大·丹尼斯（ADL）宣布，双方联袂打造的 3 台纯电动单层大巴 BYD ADL Enviro200EV 正式交付英国苏格兰格拉斯哥机场作为摆渡车使用，以替换此前的柴油动力摆渡车。此举标志着格拉斯哥机场成为全英首个将纯电动大巴作为摆渡车投入地面客运的机场，这也意味着比亚迪公司致力于打造全球绿色零排放机场地面交通计划又前进了一步。

点评：

英国十分注意环境保护，是世界上环保标准最高的国家之一。环保部门根据不同的环境问题制定了相应的管理政策，包括空气质量战略、化学品战略、土壤战略、废物及废物再利用战略、噪声战略、水务战略、气候变化和能源战略、消费者产品和环境评估及农业与环境计划。因此，中国企业在进军英国市场时应严格遵守英国对于环保问题的要求，加强技术创新，坚持绿色发展。

（三）环保评估的相关规定

在英国进行投资或承包工程是否需要进行环境影响评估不取决于是否为外资，而是取决于具体项目是否可能会对环境造成重大影响。通常情况下，由地方规划部门确定相关项目是否需要进行环境影响评估。但是，主管部门国务大臣有权根据请求作出指示。指示可以由国务大臣个人决定，也可以根据项目开发商的请求作出。如果地方规划机构认为需要进行环境影响评估，或者地方规划机构在 3 周内（或与提出要求的人书面同意的延长期限内）未作出是否需要环评的意见，相关人员可以写信或发邮件给地方规划机构，要求作出指示（联系邮箱：pcu@ communities. gov. uk）。可就环境影响评估问题咨询以下机构：当地规划部门、乡村管理机构、英国自然署、英国环境署。

英国环境评估一般分为 5 个步骤：

（1）筛选，即决定所进行的项目是否需要申请环境评估；

（2）定域，即判定需要进行评估及填写在环境报告中的事项，这一阶段可向当地规划主管部门寻求意见；

（3）准备环境报告，即当决定所进行项目需要进行环境评估后，申请者需提供评估所需的详细信息，分析该项目可能带来的环境影响；

(4) 进行申请并公开征求意见，所填写的环境报告必须公开，征询法律规定的咨询机构和公众的意见；

(5) 作出决定，即当地规划主管部门和/或国务大臣根据所掌握的信息决定是否允许项目实施，具体结果及判定依据均需向公众公开。

从申请者提交环境报告到地方规划部门作出决定一般需要 16 周，但当地规划部门和申请者之间可以通过书面协议延长此期限。

十、英国反贿赂、反不正当竞争及反洗钱等方面的法律规定

(一) 反贿赂

1. 反贿赂监管机构

英国的反贿赂相关监管机构是分散而广泛的，主要包括严重欺诈办公室、审计机构、政府部门和司法部门。其中，严重欺诈办公室是负责对贿赂犯罪起诉的检察机关，审计机构是使用审计手段调查贿赂的机关，政府机构设立反腐败内部监督机制，司法部门负责贿赂罪的审判。

2. 反贿赂相关法律

2010 年 4 月，英国议会颁布了《反贿赂法》，于 2011 年 7 月 1 日正式生效实施，取代了此前所有特别法、普通法中关于贿赂罪的规定。

该法案规定，对在英国开展业务的公司等组织，一旦被发现有关联的任何个人为其获得某种业务或者为业务经营中获得某种优势而支付贿金，则该组织即构成“商业组织防止贿赂失职罪”。该法案约束在英国注册和“从事业务”的公司，同时覆盖了公司海外的业务活

动，包括与各供应商、中介机构、合资伙伴及其他业务往来机构或由其发起的业务活动。该法案被誉为“世界上最严厉的反腐败法”，不仅禁止企业向外国官员行贿，也禁止私人商业之间的行贿行为；既适用于英国全境，也具有域外管辖权，适用于所有在英国开展业务的公司。

3. 反贿赂法规要点

《反贿赂法》涵盖四大类违法行为，可归纳如下：

（1）行贿罪。在如下情形下向他人提出、许诺或给予某种“利益”，即构成犯罪：第一，意图诱使他人作出不正当行为；第二，作为对他人不当行为的回报；第三，知晓或相信他人如接受有关“利益”即构成不当行为。

（2）收受贿赂罪。任何人索要、同意接受或者接受不正当的好处或者不当行为的引诱或酬谢，即构成受贿罪。无论收受人是直接或通过第三方收受或接受利益，无论是收受人受惠还是他人受惠，均属违法。

在大多数情况下，无论收受人是否知晓其收受行为会构成贿赂，亦属违法。

（3）贿赂外国公职人员罪。对外国公职人员提供、许诺或者给予任何好处并具有不正当意图，适用于该公职人员的成文法如果既不允许又不要求该公职人员在其职权范围内受提供、许诺或者给予好处所影响，则该人员构成该项犯罪。其中，“外国公职人员”是指符合下列情况的任何个人：

一是在英国境外的一个国家或地区（或该国家或地区下属的任何地方）的立法、行政或司法机关担任任何职务（不论是通过委派或选举）；

二是代表英国境外的任何一个国家或地区行使公共职能，或者为该国家或地区的人和公共代理机构或公共企业行使公共职能，或者是公共国际机构的一名公职人员或代理人员。

（4）商业机构未能预防贿赂罪。是指公司等商业组织的“关联人员”为获取或保存该组织的业务或者为获取或保留该组织在商业活动中的优势而向他人行贿，除非该组织能够证明其已经制定了充分程序以预防“关联人员”从事贿赂行为。但是对于何种措施才能构成合规的“充分措施”，该法案并未涉及，仅在法案中要求英国政府应当为商业组织如何“反腐合规”提供指导意见。

2011 年 2 月 11 日，英国司法部就公司等商业组织如何采取“反腐合规”程序公布了正式的指导意见，为“反腐合规”程序提供了六大原则，即适当程序原则、高层承诺原则、风险评估原则、尽职调查原则、传达（包括培训）原则、监控和复查原则。由于不同类型的商业组织情况各异，所以上述六大原则只具有指导性，不具有强制性。

根据《反贿赂法》规定，只有“相关商业机构”才能构成法案第七条规定的商业机构未能预防贿赂罪的犯罪主体。“相关商业机构”是指根据英国任何地方的法律成立的合伙组织或者公司，或者无论于何处成立但在英国开展全部或部分业务的合伙组织或者公司。如果与该商业机构有关联的人在为该商业机构从事商业活动时，以取得或者保留业务或者好处为目的去贿赂他人，则触犯该罪名。在该罪名的条款中，“贿赂”仅指提供、许诺或者给予贿赂，即行贿罪（第一条）以及贿赂外国公职人员罪（第六条）。

违反法案项下任何罪名的个人将会被处以罚金或者最高达 10 年的有期徒刑。如果是法人而非个人构成犯罪，将会被处以罚金（在英格兰和威尔士，法定最低罚金为 5000 英镑）。一经公诉定罪，罚金没有上限。商业机构未能预防贿赂罪只能通过公诉审理。

（二）反不正当竞争

1. 反不正当竞争监管机构

英国的竞争执法机构是竞争和市场局。竞争和市场局在 2013 年 10 月 1 日由公平贸易办公室和竞争委员会合并后成立，于 2014 年 4 月 1 日开始正式履行职责。竞争和市场局在伦敦、爱丁堡、卡迪夫和贝尔法斯特设有办公室。

英国竞争和市场局是一个独立的非内阁政府部门，其主席和首席执行官都是由商业、能源和工业战略大臣提名。合并后的竞争和市场局的权力大大增强，其中包括：负责经营者集中反垄断案件的第一阶段和第二阶段调查，负责调查潜在的垄断协议，针对涉嫌卡特尔行为的个人提起刑事诉讼。除了上述跟反垄断执法相关的职能外，竞争和市场局还具有实施消费者保护法律的权力。竞争和市场局具有提起刑事诉讼的权力，这是很多其他竞争法机构，如欧盟委员会和中国国家市场监督管理总局所不具备的，这也是“走出去”的中国企业尤其需要注意的。

以下英国的行业监管部门同时拥有竞争法下的部分执法权：民航局、金融市场行为监管局、天然气电力市场办公室、铁路公路办公室等。该等行业监管部门的执法权限与竞争和市场局相似，但无权处理经营者集中方面的法律问题，且执法范围仅限于其管辖的行业涉及的反垄断问题。

2. 反不正当竞争相关法律

英国目前的竞争法体系主要由 2002 年《企业法》和 2015 年《竞争法》两部法律构成，主要规定企业达成垄断协议、滥用市场支配地位和经营者集中的行为。

《企业法》对以前的一些英国反垄断法的规定进行了修改，尤其是经营者集中的规定，并确立了新的竞争主管机构，修改了企业并购制度，完善了市场调查制度，引进了一种新的犯罪——卡特尔犯罪，对英国竞争法的发展起到了重大作用。

《竞争法》规定，所有企业都必须遵守《竞争法》，违规行为将对企业和个人（包括董事）产生严重后果。《竞争法》确保企业之间的正当竞争，并详细说明了在企业或竞争对手企业违反《竞争法》时的具体做法。

违反《竞争法》的企业可被处以高达其全球年营业额 10% 的罚款，并被勒令整改。从事卡特尔活动的个人可能会被起诉并处以最高 5 年的监禁或罚款。公司董事可被取消管理公司的资格长达 15 年。

（三）反洗钱

1. 反洗钱监管机构

在英国，反洗钱管理工作主要由多个部门综合负责，具体如下：财政部和内政部负责反洗钱的政策制定和国际合作；警察、税务部门、皇家检控署以及资产没收局则是执法部门；金融行为监管局行使监管职能；英格兰银行和税务局也在各自领域具有部分监管职能；反洗钱行业自律组织，即联合反洗钱指导小组，负责推广金融领域反洗钱的最佳经验、操作准则和业务规范。

2. 反洗钱相关法律

英国反洗钱法律规范包括 2002 年《犯罪收益法》，2000 年、2001 年、2005 年和 2008 年《反恐法》，2007 年《反洗钱条例》等。

2017 年 4 月，英国议会颁布《刑事金融法》，帮助打击洗钱和恐怖主义融资。该法是十年来对于英国反洗钱机制的最大改动之一，旨在修复英国法律体系中有关洗钱和恐怖主义融资方面的漏洞。最新立法修改包括：英国政府将有权提请民事诉讼，以收缴、没收非法所得的资金，并按照所谓的“财产来源不明”法令要求涉嫌腐败者解释财产来源。该法令有助于非法财产的收回，并阻止罪犯利用英国来存放贪污赃款。法案还给那些没能阻止员工逃税漏税的企业设立了刑事罪名，并将允许披露洗钱调查。

十一、英国对保护知识产权的规定

（一）英国知识产权保护机构及相关法律法规

英国知识产权局是英国政府官方机构，负责管理和保护专利、设计、商标等知识产权。

英国是世界知识产权组织成员，也是《伯尔尼保护文学和艺术作品公约》《巴黎保护工业产权公约》《世界版权公约》《录音制品日内瓦公约》《专利合作条约》等国际知识产权保护协议国之一。

英国签署了大多数主要国际知识产权条约和公约，相关组织和个人可以通过《专利合作条约》、《马德里议定书》和其他国际规则来申请知识产权。

英国涉及知识产权保护的法律非常复杂且相互重叠，主要包括1988年《版权、设计和专利法》、1994年《商标法》、2004年《专利法》、2010年《影像录制法》和2017年《知识产权（不合理威胁）法》等。

根据英国法律，大多数情况下，雇员开发的知识产权归雇主所有。

在有些情况下，公司不会自动获得知识产权（例如雇佣外部顾问时），所以应该用合同来保护公司对知识产权的所有权。

（二）知识产权规定

1. 专利

同在中国一样，在英国可以对具有新颖性、创造性和实用性的产品进行专利授权。在申请英国专利之前，申请人不得公开泄露发明。

在英国进行专利保护的一个途径是通过英国知识产权局直接申请英国国家专利。通常而言，在英国申请专利需在线或纸质填写表格提出申请，申请时支付费用为线上 60 英镑，纸质 90 英镑；申请后支付费用会相应增加 15 或 22.5 英镑。其后，英国知识产权局将按照申请人的要求对该专利申请进行专利检索和实质审查，英国知识产权局会在申请提交的 18 个月内对该专利申请进行公布。需要注意的是，申请人必须在申请提交后的 12 个月内请英国知识产权局进行专利检索，该专利检索通常在申请人提出请求后的 6 个月内进行；实质审查通常会在专利公布后的 6 个月内按照申请人要求开展。如公布期间无异议且该专利申请符合各类审查要求，英国知识产权局将最终颁发专利授予证书。为加速申请流程，建议申请时同步开展专利检索及实质审查表格并相应付费。在英国申请专利程序复杂、通常耗时较久，可咨询英国特许专利律师协会寻找专业律师协助办理。

英国是欧洲专利公约的 38 个成员国之一。另一种获得英国专利保护的途径是向欧洲专利局申请欧洲专利。该申请是一个单一的申请程序，但专利授予的结果会覆盖申请人在申请中指定保护的其他国家。

此外，自 2014 年 7 月 1 日起，中国国家知识产权局与英国知识产权局启动双边专利审查高速公路项目（PPH 项目）试点并于 2016 年 7

月 1 日起无限期延长。根据 PPH 项目，专利申请人如果拥有一方知识产权局认可的专利，可以请求另一方知识产权局加速处理其待审的专利申请。此举可显著减少知识产权局的重复工作并加快专利获取进程。

2. **外观设计**

英国有各种类型的外观设计权的保护。在英国知识产权局注册外观设计将提供在英国的独占权。外观设计必须具有新颖性，并且与其他现有设计相比具有独特性。英国知识产权局对外观设计新颖性没有实质性审查，但会在技术功能、道德性和是否属于受保护的标记等方面进行审查。如无异议或问题，申请人通常可在 4 个月内获得注册。英国知识产权局一个外观设计的申请费为：纸质申请 60 英镑，线上申请 50 英镑。在英国已注册的外观设计可享长达 25 年的保护，但须每 5 年进行续展（包括缴纳续展费用）。

此外，已注册的外观设计可通过欧洲内部市场协调局（OHIM）欧盟成员国的单一申请而获得保护，此规定对英国亦有效。OHIM 是欧盟的官方组织，负责包括整个欧盟的商标和外观设计的授权。OHIM 的收费包括 230 欧元的单一申请费和 120 欧元的公告费。经 OHIM 授权的欧盟外观设计同时也享有 25 年的保护，并每 5 年进行续展。

3. **商标**

英国的商标权可通过国家、欧盟和国际机制来获得。英国知识产权局仅对英国境内的申请进行审查和授权。一个类别的线上申请费为 170 英镑，纸质申请费为 200 英镑。

获得英国商标是一个相对快的过程。审查报告通常在 15 天内发至申请人，如果没有收到异议或者驳回通知，商标通常在 16 周内可获准注册。在英国知识产权局的商标申请自公布后有 2 个月的异议期。异议人在提交了正式的“异议通知”之后，英国商标异议程序会正式启动。英国商标异议程序中赢的一方可以要求败诉方赔偿相关费用，判偿的费用并不覆盖获胜方的全部支出，而只是部分。费用一般为 100~200 英镑，其费用取决于异议的理由，大多数的申请案件在 15 个月内可以审结。英国知识产权局 15%~20% 的异议案件会采用听证会的形式解决争议。类似的程序也适用于注册后的争议案件。异议和注册后的程序可采用“指定人”（当事人共同选定的经验丰富的法律执业者，在不采取进一步法律行动下解决争议）的形式，或通过法院解决。

商标权也可通过 OHIM 获得涵盖英国、欧盟其他成员国和整个欧盟的权利。OHIM 申请可在线提交，使用欧盟 23 种官方语言之一（包括英语也是 OHIM 官方工作语言）。OHIM 具有异议和注册后复审的机制，还可通过《马德里议定书》下的国际注册体系保护在英国的商标权。英国法律还对未注册商标进行保护，其中包括通过普通法的“仿冒”原则。即使申请人还未获得注册商标，也可阻止其他人在其商品或者服务上使用近似商标。胜诉仿冒案件有时比保护一个已注册商标更难。为了案件胜诉，申请人需要向法院证明：商标是申请人的，申请人已为该商标建立了声誉，并且其他人使用该商标的方式使申请人受到了损害。

4. 版权

中国和英国都已签署《伯尔尼保护文学和艺术作品公约》，这意味着一个符合条件的作品在一个国家创作完成后，在另一个国家将自动受到保护。与中国不同，英国对版权没有官方的登记机制。版权在英国的保护期限取决于版权作品的类型。英国的立法对版权规定了某些例外和限制，使在有限和特定的情况下可未经著作权人允许使用该作品。版权的保护将受制于这些限制和例外情况。然而，作品的商业使用通常要获得著作权人的允许，并且在很多情况下需向公司、个人或集体权利管理组织（收费团体）支付许可费。

（三）知识产权侵权的相关处罚规定

根据英国知识产权相关法律规定，对于情节较轻的，判处 6 个月以下徒刑和/或 5000 英镑以下罚款；对于情节较重的起诉案件，则可判处 10 年以下徒刑和/或不限数额的罚款。

英国知识产权侵权行为会受到民事或刑事制裁。英国境内知识产权执法有多种选择，包括以下几种。

1. 民事诉讼

民事案件可根据索赔数额的不同向不同法院提出申请。专门的知识产权企业法院受理大部分英格兰和威尔士的知识产权案件，并且为低价值赔偿请求提供小额索赔途径。高等法院审理金额较大或者更复杂的案件。法院可授予禁令和损害赔偿，并命令败诉方支付胜诉方合理的费用。

一审判决后没有自动上诉的权利。如果相关法官授予权限，可通过上诉法院和英国最高法院提出对一审判决的上诉。苏格兰有一个区别于英国其他地区的独立法院系统。

2. 贸易标准机构和刑事执法

各贸易标准机构隶属地方政府，如国家贸易标准机构、特许贸易标准协会、地方贸易标准团队等，用于执行英国的若干条例，包括对知识产权的侵权行为采取行动。贸易标准机构是刑事司法系统的一部分，并有权直接通过刑事法院起诉案件。其他负责知识产权犯罪执法的英国机构包括警察机关和国家罪案署（针对有组织的犯罪集团）。

大多数的刑事制裁针对的是获得了商业利益的侵犯商标及版权的行为。英国 2014 年《知识产权法》引入了故意复制注册外观设计权的刑事制裁。目前没有专利侵权的刑事制裁。刑事罪行可能会判处长达10年有期徒刑，以及损害赔偿和勒令没收。

3. 边境执法

英国边境检察署有权扣押涉嫌侵犯欧盟当局授权的并已进行商标海关备案的货物。英国边境检察署不能扣押由其他欧盟成员国进入英国的货物，只能扣押从欧盟以外的国家进入英国的货物。

4. 使用调解员

如果无法就知识产权争议达成协议，可以使用调解员，调解可用于大多数知识产权纠纷，包括商标、版权、设计和专利等。调解比采取法律行动更便宜快捷，结果通常对各方都有利。知识产权局可以提供调解服务。

十二、英国对外国公司承包当地工程的规定

（一）许可制度

英国工程承包市场实行自由竞争，没有资格许可制度。企业只要依法注册，即可承揽工程项目。企业在英开展承包工程业务，需要遵守1990年《合同法》、1984年《建筑法》、1974年《健康和工作安全法》、1990年《环境保护法》、1996年《雇佣权利法》、2010年《反贿赂法》等一系列法律法规。如果涉及土地开发项目，还需满足当地政府规划要求。

2022年4月28日，英国批准出台《建筑安全法》，就建筑物内的人员安全和建筑物标准作出规定。根据该法案，主要建筑设计师和总承包商等责任人需管理建筑安全风险，并在建筑的设计、施工和竣工

过程中明确责任界限；未能满足责任要求的责任人将可能面临刑事处罚。

（二）禁止领域

英国有资格参与合同额在 500 万英磅特别提款权以上的政府工程采购的外国公司，必须是参加世界贸易组织《政府采购协议》成员方的企业。合同额在 500 万英磅特别提款权以下的工程一般不对外国企业开放，以保护本国中小企业。

（三）基础设施承包模式的规定

1. 英国基础设施 PPP 模式的主要定义和模式

公共私营合作制（PPP）模式广泛应用于英国的医院、学校、道路、监狱、废物管理及废物能源设施、住房、军队宿舍及军事设备等领域的基础设施项目融资。广义的 PPP 模式包括 BOT（建造 - 运营 - 移交）与 PFI（私人融资计划）模式。

英国自 20 世纪七八十年代开始将国有企业和公共设施私营化，BOT 方式得到推广，并作为建设和投资基础设施与工业项目的一种选择。迄今为止，在英国最有影响力的 BOT 项目是英吉利海峡海底隧道工程。此外，在伦敦东部、英格兰、苏格兰及威尔士都有用 BOT 方式建设的桥梁项目。

PFI 是一种私人融资活动，起源于英国，是在 BOT 之后又一优化和创新的公共项目融资模式。在（PFI）模式下，公共部门在合同期限内因使用承包商提供的设施而向其付款。在合同结束时，有关资产的所有权或者留给私人投融资者，或者交回公共部门，取决于原始合同条款规定。PFI 在推出之后经历了近 20 年的繁荣期，被大量采用并长期作为发展基础设施与公共服务的首要模式和手段。

2. 英国负责基础设施 PPP 模式的主要政府部门及其职责

英国 PPP（含 PFI）工作由财政部牵头，下设工作组，负责研究制定相关政策。2016 年 1 月，英国将基础设施局和原隶属于内阁的重大项目局合并重组，成立基础设施和项目管理局，成为英国政府最权威的 PPP 管理机构，具体负责大型基础设施项目和重大转型项目的规划、审批、竞标、监管、融资、交付和保障工作等。在地方政府层面，英国财政部成立了专门的机构来辅导帮助 PFI 项目的立项和实施。

3. 英国基础设施 PPP 模式领域主要的政策法规文件

截至 2024 年 9 月，英国对 PPP 没有专门的立法，而是通过财政部不断颁布各种规范性文件进行管理，如 2003 年《应对投资风险》、2006 年《强化长期伙伴关系》和 2008 年《基础设施采购：实现长期价值》等。

财政部 2021 年《预算案》中提出英国设立基础设施银行。新的英国基础设施银行将提供融资支持整个英国的私营部门和地方政府基础设施项目，以帮助满足政府关于气候变化和区域经济增长的目标，还将发布《英国基础设施银行政策设计》文件。2021 年 6 月，基础设施银行正式成立，为私人领域和地方政府进行绿色工业革命、拉动经济增长提供规模总计 220 亿英镑的融资支持。

十三、英国对中国企业投资合作的保护政策

1. 英国对中资企业投资合作的保护协定

（1）中英签署的双边投资保护协定。1986 年，中英两国政府在伦敦签署《中华人民共和国政府和大不列颠及北爱尔兰联合王国政府关于促进和相互保护投资协定》。

（2）中英签署的避免双重征税协定。1984 年，两国签署《中华人民共和国政府和大不列颠及北爱尔兰联合王国政府关于对所得和财产收益避免双重征税和防止偷漏税的协定》。1996 年，两国签署《关于修订中华人民共和国政府和大不列颠及北爱尔兰联合王国政府关于对所得和财产收益相互避免双重征税和防止漏税的协定的议定书》。2011 年 6 月 27 日，中英两国政府签署了新的《中华人民共和国政府和大不列颠及北爱尔兰联合王国政府对所得和财产收益避免双重征税和防止偷漏税的协定》。此后，两国又于 2013 年 2 月签署了《关于修订〈中华人民共和国政府和大不列颠及北爱尔兰联合王国政府对所得和财产收益避免双重征税和防止偷漏税的协定〉的议定书》。根据国家税务总局的公告，该协定和议定书自 2013 年 12 月 13 日起生效，并已于 2014 年 1 月 1 日起在中国执行。

（3）本币互换协议。2013 年 6 月，中国人民银行与英格兰银行签署规模为 2000 亿元人民币/200 亿英镑的中英双边本币互换协议。2015 年 10 月，中国人民银行与英格兰银行决定将双边本币互换规模扩大至 3500 亿元人民币/350 亿英镑。2018 年，中国人民银行与英格兰银行续签了中英双边本币互换协议，协议规模为 3500 亿元人民币/400 亿英镑，协议有效期 3 年。2021 年，中国人民银行与英格兰银行续签了双边本币互换协议，互换规模为 3500 亿元人民币/400 亿英镑，协议有效期 5 年，经双方同意可以展期。

2. 其他协定及发布的声明

1979 年，两国签署《中英经济合作协议》。

1988 年，两国签署《中英关于优惠贷款安排的备忘录》。

1996 年，两国签署《中国证券监督管理委员会与英国财政部、英国证券与投资委员会关于证券期货监管合作谅解备忘录》。

1998 年，两国签署《中英联合声明》《中英关于环境保护合作备忘录》《中英财金对话机制联合声明》。

2000 年，两国签署《中国进出口银行与英国出口信贷担保局合作协议》等。

2005 年和 2006 年，中国商务部与英国卫生部分别签署《关于招聘护理专业人员合作意向书》和《关于招聘护理专业人员合作议定书》。

2008 年，中国商务部与英国商业部签署《可持续城市合作倡议谅解备忘录》，并于 2010 年续签。

2010 年，中英卫生部门签署《卫生合作备忘录》。

2011 年，中英签署《关于加强在中国区域城市发展贸易和投资合作谅解备忘录》《关于加强基础设施领域合作的谅解备忘录》《关于加强投资促进合作的谅解备忘录》《关于服务贸易合作的谅解备忘录》《关于推动全球发展、消除贫困和实现千年发展目标的伙伴关系谅解备忘录》。

2013 年 12 月，双方签署《中英研究创新合作谅解备忘录》，决定设立总额 2 亿英镑的联合科学创新基金。

2015 年 10 月，中英建立创新合作伙伴关系。2017 年 12 月，两国科技部在中英高级别人文交流机制第五次会议期间签署《科技创新合作谅解备忘录》。

2019 年 6 月第十次中英经济财金对话期间，中英签署《关于开展第三方市场合作的谅解备忘录》，至此，英国成为继法国、意大利、奥地利等国后，与中国正式开展第三方市场合作的又一重要欧洲国家。根据该备忘录，双方将积极推动中英两国企业、机构按照企业主体、市场原则在第三方市场开展务实合作。

合作领域上，双方将重点推动基础设施领域的投融资合作项目。在基础设施建设领域中，英国在工程设计、法律、咨询、管理等方面具有优势，中国在施工效率、工程技术创新、成本管控、供应链管理、性价比等方面拥有特长，两国合作互补性强，能够共同满足第三方市场国家的发展需求。

十四、在英国解决纠纷的主要途径及适用法律

中国企业在英国开展投资经营活动，需要严格遵守当地法律法规，并根据签订的商业合同履行义务、维护自身合法权益。在英国，关于外国投资者与本地企业在当地投资合作中发生的纠纷，主要解决方式包括诉讼、仲裁和可替代性争议解决办法。

（一）诉讼

1. 诉讼体系

在1999年《民事诉讼规则》生效前，英国的诉讼制度不仅会耗费当事人大量的金钱，而且诉讼效果不佳，程序推进十分缓慢，甚至连最终下达的判决内容都不易于理解。即便一些案件的案情并不复杂，仍然需要当事人花费几年的时间走完整个诉讼程序，极大地消耗了双方当事人的精力和财力，在一定程度上使当事人不愿意采取诉讼的方式来解决争议。

《民事诉讼规则》的颁布对改善这些问题起到了关键作用。民众可以在新的诉讼规则下得到迅速而公正的审判，而且节省很多成本开支。新诉讼规则的实施，构建出法院审理案件的3种方式，分别是小额索赔审理程序、快捷审理程序和多轨审理程序。为了能让当事人更

好地预估整个诉讼可能花费的成本，不再像过去一样任由其他当事人或律师延长诉讼，占用过多的司法资源，法院引入了案件管理的理念，令法官在整个诉讼程序中有了更多的控制权，使案件的分类、审理变得更有效率，从而更好地促进审判公平的实现。

管辖权是一个非常重要的程序事项，英国存在 3 个司法管辖区，不同司法管辖区适用的法律规则是不同的。考虑到中国企业在英国投资一般优先考虑英格兰地区，所以本节所提及的有关争议解决的相关内容，主要是以英格兰及威尔士地区的规定为主。

英格兰的民事案件交由郡法院或高等法院管辖，其中普通案件由郡法院处理，相对复杂的案件由高等法院处理。高等法院下辖 3 个法庭，分别为皇座法庭、商业和财产法庭、家事法庭。其中，皇座法庭处理有关合同及侵权的索赔案件，商业和财产法庭处理与知识产权、信托及土地有关的案件，家事法庭则主要处理婚姻、遗嘱、收养、家庭暴力等类型的案件。除此之外，英格兰还建立了许多专门的法院来处理特定类型的案件，例如商事法院、海事法院、专利法院等。在上述法院或法庭中，商事法院一直以来被认为是最适合处理国际商事纠纷的法院。

企业一旦涉讼，应当首先制作一份详细的日期记录文件，并标明各个诉讼程序的时间及期限，以免因错过法律所规定的强制性时效造成更大的损失。在英国的法律制度下，时效的限制属于程序问题。成文法中有许多关于时效的规定，例如 1980 年《时效法案》。根据规定，与合同契约及侵权索赔有关的案件诉讼时效为 6 年，自违约之日或发现侵权之日起算。

英国法院处理民事案件的平均时间为 1~2 年，如果当事人不服一审判决提起上诉，特别是向最高法院上诉，则诉讼时间将会相应地延长。在英国，复杂程度不同的案件需要的诉讼费用数额差别很大，这与律师或大律师收取的费用有关。一般情况下，与国内的情况相同，案件的诉讼费用由败诉的一方承担绝大部分，但也存在一些例外的情况，如果双方当事人对诉讼费用的承担另有协议或条款约定，则可以按照协议的内容判定，否则，法院会视案件情况裁定费用的分摊。

2. 诉讼程序

（1）提起诉讼。起诉方通过提交一份含有起诉方诉讼请求简要说明的诉状提起诉讼。提交诉讼请求时，应根据诉讼请求价值缴纳费用，对于价值超过200000英镑的诉讼请求，最高费用为10000英镑。诉状需在4个月（若送达司法管辖区外，则为6个月）内送达被诉方。起诉方还需准备诉讼请求的细节，详细说明诉讼请求依据的事实和起诉方寻求获得的救济。

（2）答辩。若被诉方希望对诉讼请求提出异议，则通常需在收到诉讼请求后28天内呈交答辩书。答辩书是被诉方对该事件陈述的被诉方版本并对起诉方在诉讼请求中指称的任何事实作出评论。

（3）案件管理会议。一旦呈交答辩书，法院可能会举行一次听证会（称为案件管理会议），以确定法院对案件将采用的程序。包括案件其余程序步骤的时间表，例如书证材料开示、证人陈述、专家证据，并确定审判日期。在确定审判日期时，法院通常会考虑律师、证人和专家可出庭的时间。法院通常都有待审案件清单，商事争议在诉讼程序开始后平均需等待18~24个月方能进入审判程序。对于简单事项，该时间表可能需要6~12个月。若涉及复杂事项，该等待时间可能长达数年。

（4）书证材料开示。法院有权根据当事方提交的材料，颁布对案件情况适用的开示令。法院有权选择不颁布任何开示令，直至颁布

“标准开示令”。

（5）事实证人。各当事方将被要求在指定时间内准备并向另一方开示证人陈述。证人陈述包括各当事方希望其证人在审理过程中口头作出陈述的证据。尽管陈述采用书面形式，但证人通常仍需亲自出庭提供证据并接受对方律师讯问（交叉询问）。

（6）专家证人。若诉讼涉及专业问题（例如，若争议涉及复杂机器是否运转或会计问题），各当事方也被允许依赖一名或多名专家证人的证据。专家证据通常在专家报告（而非证人陈述）中阐述。

（7）审理。审理将从起诉方案件开始，起诉方证人将确认其书面陈述的内容。随后，被诉方律师有机会对该等证人进行交叉询问，并传唤被诉方证人以陈述己方案情。起诉方律师亦可对证人进行交叉询问。随后，双方律师进行案情总结。法官可立即作出判决，若案情复杂，亦可在稍后日期作出判决。

（二）仲裁

1. 仲裁相关法律

伦敦一直是主要的国际仲裁中心，仲裁法律主要受1996年《仲裁法》管辖，适用于英格兰、威尔士和北爱尔兰。《仲裁法》部分以《联合国国际贸易法委员会国际商事仲裁示范法》为蓝本，旨在尊重当事方自主权，尽量减少法院干预，同时保留法院在必要时协助仲裁的权力。英国同时是《纽约公约》的无保留缔约国。苏格兰实行独立仲裁，适用2010年《仲裁（苏格兰）法案》。

2. 仲裁组织

英格兰和威尔士存在许多仲裁组织，尤其以下列组织最具代表性。

（1）国际商会：无论是一般的合同纠纷，还是涉及知识产权、合资企业、股权交易的争议都可以提交国际商会仲裁，前提是当事人在纠纷发生之前或之后存在有效的仲裁协议。总的来说，国际商会在仲裁领域具有丰富的知识积累及实务经验，属于国际领先的仲裁机构。国际商会在仲裁时会依照国际领先的判断标准及规则行事，并不定期更新标准规则、制作简要版，以方便阅读及更好地适用。

（2）伦敦国际仲裁院：全球领先的商业纠纷解决机构之一。伦敦国际仲裁院具有很明显的国际属性，其仲裁规则普遍适用于所有类型的仲裁争议。费用上，伦敦国际仲裁院会在申请人申请时要求其缴纳注册费，随后仲裁员和伦敦国际仲裁院会将按照花费的小时数来收取费用。具体费用可以参照伦敦国际仲裁院官网公布的明细表。

英格兰还有众多其他仲裁机构，但其中许多机构主要负责国内争议或高度专业化执业领域。若当事方愿意，也可自由使用任何国际仲裁机构。其他司法管辖机构主持下进行的仲裁也定期在英格兰进行。

3. **仲裁提出异议**

仲裁裁决具有终局性，对当事方均具有约束力，仅可在非常有限的情况下对其提出异议。法院可撤销或更改裁决的理由如下：

（1）实体管辖权。该项理由是指当事方声称仲裁员不具有管辖权作出裁决的情况（例如，不存在具有约束力的仲裁协议）。

（2）严重不规范行为。该项理由包括通过欺诈或违反公共政策或仲裁员越权而获得裁决的事项。通常情况下，基于严重不规范行为提出的异议仅有不到5%的机会取得成功。

（3）对法律问题提出上诉。当事方仅可在其他当事方同意或获得法院许可的情况下对法律问题提出上诉，而法院仅在确信仲裁员的决定明显错误或该问题具有普遍公共重要性且仲裁员的决定至少存在重大疑问的情况下才会授予许可。

（三）替代性争议解决办法

1. 调解

在争议发生后，当事人更容易想到通过诉讼的手段来明确争议各方的权利义务关系，解决现有纠纷。然而，随着时代的发展，为了达成当事人和解的目的，民事调解变得越来越重要。调解已成为英格兰地区最常见的替代性纠纷解决机制。

调解是通过引入一个公正的第三人作为居中者，促使纠纷当事人展开积极对话，具有许多优点。调解一般是不公开的，仅当事人及中间人对纠纷发生的前因后果有充分的了解，所以具有较好的保密性，能够防止商业秘密泄露。英国调解程序的无偏见原则要求，未经当事人的明确同意，调解过程中的所有讨论，都不得对外披露。如果各方当事人对调解的内容满意，便可达成调解协议，该协议可以交法院认定并赋予强制执行力。整体来看，调解相较于其他争议解决方式更为灵活，不受特定法律的约束。欧洲调解指令在英国也有所适用，可以对跨境的争议解决进行规范，目的在于保护调解程序的私密性，并对调解所涉及的时效问题进行调整，例如暂停有关时效的计算。

英国有效争议解决中心是英国民事调解的主要机构，成立于 1989 年，可以提供独立的替代性解决方案，无论是小额索赔还是价值数十亿的大型商业争议，都具有非常丰富的调解经验。在受理之前，有效争议解决中心会将不同类型的事件进行分类，其官网显示，申请人可以选择所需调解案件的专业领域，包括不动产、航空、电信、会计、汽车、可再生能源在内的 16 个领域。

除有效争议解决中心之外，独立调解员组织也是有效的调解机构，由全国各地的调解员组成。

2. **专家裁决**

专家裁决常用在租金审查、股份公司的股价评估、相关行业的价格调整、技术类合同纠纷解决中，因为解决该类纠纷需要专业的意见来作支撑。在英国，专家的决定具有终局的效力，有强制约束力，仅在有限的情况下才能向法院提起上诉。

3. **监察者制度**

监察者制度一般被应用于处理金融服务机构或公共事务机关所发生的投诉事件中。监察者的权利由法律赋予，旨在促进投诉者与服务提供者之间达成和解或在和解失败的情况下作出最终决定。

十五、在英国投资注意事项

企业在进入英国投资市场之前，需要进行市场调查，了解当地的市场需求和商机；在投资过程中需要确保所签订的合同和协议符合英国的法律和监管制度；在招募和管理当地的员工时，需要考虑当地的就业法律和规定。总之，在英国投资可以获得很多商业机会，但是需要进行充分的研究和准备，以确保投资合法有效，并获得更高的回报。

（一）境外投资

1. **安全审查风险**

中国企业投资英国，首先应了解相关法律法规和行业规则，并认真做好投资项目的可行性研究和尽职调查，重视合规工作。

近年来，英国不断收紧对外资并购的安全审查政策。2018 年 6 月 11 日，英国议会批准修订 2002 年《企业法》，扩大了政府审查的主动权。一是降低政府介入审查门槛，并购公司营业额从 7000 万英镑降到

100 万英镑。二是新标准适用于军用、军民两用领域企业和部分高科技领域企业。2018 年 7 月，商业、能源和产业战略部发布《国家安全与投资白皮书》，建议改革外资国家安全审查体系。2021 年 4 月 29 日，英国政府公布了《国家安全和投资法》，已于 2022 年 1 月 4 日正式实施。该法确立了一项全新且独立的审查制度，以便英国政府对特定法律实体、资产和知识产权的收购进行审查，并在发现国家安全问题时阻止交易或施加救济措施。该审查制度下的强制申报义务将适用于 17 个敏感领域内的符合审查标准的交易。

2. **合规风险**

2022 年 3 月，英国通过《经济犯罪（透明性和实施）法》。该法的主要目的是公开外国人在英拥有的土地和房产的最终受益人，提高财产所有权的透明度，打击洗钱等金融犯罪；为实施金融制裁提供法律依据。《经济犯罪（透明性和实施）法》要求，在英国拥有或希望拥有土地或房产的海外公司或个人明确该土地或房产的实际受益人，并在公司注册处进行登记；如违反规定，将被处以罚款，涉事律师可被判处最高 5 年的监禁。另外，按该法规定，有关企业即使在不知道或没有合理理由怀疑他们参与的交易违反了有关制裁措施的情况下，也可能“被”承担民事责任，并被处以最高 100 万英镑或涉案金额 50%的罚款（两者取高）。中资企业在开展经营活动中，需格外注意合规工作和尽职调查，避免因不懂法知法、工作疏漏等原因造成被动和人员、财产、声誉等损失。

此外，包括英国在内的部分西方国家对俄罗斯采取制裁手段，对在英中资企业的合规合法经营提出了更具挑战性的要求。英监管机构加大涉俄业务的监控力度，办理涉俄业务或因涉俄因素拒绝提供相关业务在英国当地均可能面临声誉风险。

（二）风险防范措施

1. 企业自身采取的措施

一是规范企业经营，妥善处理突发事件。进一步加强企业合规体系建设和各项制度贯彻落实，可考虑引入熟悉当地法律法规的专业合规人才。坚持诚信经营、质量至上，积极履行社会责任，切实保障员工合法权益，避免发生劳资纠纷，树立中国企业良好形象。

二是落实主体责任，防范安全风险。企业负责人要坚持底线思维，严格落实企业安全主体责任，抓早抓实抓好抓细各项安全工作。力争防患于未然，及时组织开展安全生产大排查，发现问题，立即整改，不留隐患，确保安全。

三是履行社会责任，树立良好形象。企业社会责任是英国社会和企业文化的重要组成部分。中资企业在英国开展投资合作，不仅要努力发展业务，还要承担必要的社会责任，树立良好的商业伦理和道德价值观。目前在英国，企业社会责任方面的意识得到显著提高，更多企业认为将企业社会责任整合到企业经营中可改善企业绩效，并以全新的视野来看待环境、医疗保健、工资、社区等社会责任。中资企业应加强与政府、非政府组织及其他机构的联系，积极参与并推动落实企业社会责任。

四是加强公共关系，畅通对话渠道。中资企业要在英国建立积极和谐的公共关系，不仅要与英国政府相关部门建立良好关系，而且要积极发展与议会和地方政府、工会、当地居民的关系，保持良好的沟通渠道。此外，企业应学会如何更好地与媒体打交道，提高企业在英国的形象。

2. 企业寻求外界保护

一是寻求法律保护。英国是法治社会，找律师打官司是英国社会比较常见的权利诉求手段。在英中资企业和人员可以在平时有意识地与几家在当地有影响和有实力的律师事务所保持联系。一旦企业和人员发生问题，应及时向律师寻求法律支援。有条件的中资企业还可以聘请常年法律顾问。在获得律师的专业意见之前，不要轻易对外表态，以避免因表述不严谨而承担不必要的责任。

二是寻求当地政府帮助。企业如果在经营过程中遇到困难，一方面可以向英国当地政府、招商机构和企业所在地区的议员反映情况，另一方面也可以向英国商业和贸易部寻求帮助。如果遇到的是涉及工作许可和居留许可方面的问题，企业还可以联系英国内政部了解情况，在必要的时候还可以通过律师出面协调。如果发生安全问题，中资企业应在第一时间拨打紧急电话，向英国警方报警和要求帮助。

三是取得中国驻当地使（领）馆保护。中国目前在英国设有 4 个外交机构，分别是中国驻英国大使馆（伦敦）、中国驻曼彻斯特总领馆、中国驻爱丁堡总领馆、中国驻贝尔法斯特总领馆。上述 4 个机构的管辖区域不同，但职能一致，都有义务向中资企业和公民提供领事保护。如果中资企业和员工发生意外，应及时向所在地区的使馆或领馆报告情况。同时，企业也应及时将有关情况报告国内公司总部。

Chapter 5

第五章

工程项目投建营全生命周期中的合规要求

作为企业风险管理重要组成部分的项目合规管理，首先要识别合规义务，即合哪些规。企业应以适合其规模、复杂性、结构和运行的方式记录其合规义务。合规义务的来源包括合规要求和合规承诺。

1. **合规要求**

合规要求指企业必须遵守的外部各项法律法规、监管规定。

（1）境内经营：境内工程建设相关的法律、法规、部门规章。

（2）境外经营：强调所在国的法律法规、国际条约、规则等。强调对外承包工程相关的投标管理、合同管理、项目履约、劳工权利保护、环境保护、连带风险管理、债务管理、捐赠与赞助、反腐败、反贿赂等方面的要求。

2. **合规承诺**

合规承诺指企业自愿遵守的指引、合约、协议、内部章程、规定等。

按内容划分，合规义务又可以分为以下四类：

（1）法律、法规、规章、政策；

（2）行业协会等自律性组织的规范、标准、惯例等；

（3）公司章程及企业内部规章制度；

（4）诚实守信的职业道德。

我们按工程项目投建营全生命周期，梳理了各个阶段的合规要求。

一、第一阶段：项目前期论证

在英国开展工程项目的投资、建设和运营既要严格遵守英国关于投资、工程建设、环保、税务、劳动用工等方面的要求和规定，也要尊重当地的文化习俗，这是企业在英国正常经营的前提，也是企业在该国获得长期稳定发展的必要条件。

（一）中国境内合规要求

中资企业开展境外投资活动前，应当完成中国境内的核准、备案程序，避免出现境外工作完成后因境内合规问题导致投资失败的风险。

1. 中国境内相关政策法规

中资企业境外投资需要遵守的国内相关政策法规主要包括：国家发展改革委、商务部、国家外汇管理局、国务院国资委等部门制定的相关政策法规等，具体内容见表5-1。

表5-1　中资企业境外投资需要遵守的国内相关政策法规

序号	部门规章	发文机构	发布时间
1	《境外投资管理办法》	商务部	2014年
2	《企业境外投资管理办法》	国家发展改革委	2017年
3	《境内机构境外直接投资外汇管理规定》	国家外汇管理局	2009年
4	《关于境内居民通过特殊目的公司境外投融资及返程投资外汇管理有关问题的通知》	国家外汇管理局	2014年
5	《关于进一步改进和调整资本项目外汇管理政策的通知》	国家外汇管理局	2014年
6	《关于进一步简化和改进直接投资外汇管理政策的通知》	国家外汇管理局	2015年
7	《关于驻外经商机构为企业办理对外承包工程项目投标（议标）核准意见的暂行规定》	商务部办公厅	2015年

续 表

序号	部门规章	发文机构	发布时间
8	《关于进一步推进外汇管理改革完善真实合规性审核的通知》	国家外汇管理局	2017 年
9	《中央企业境外投资监督管理办法》	国务院国资委	2017 年
10	《关于进一步引导和规范境外投资方向的指导意见》	国家发展改革委、商务部、人民银行、外交部	2017 年
11	《对外承包工程管理条例（2017 年修订）》	国务院	2017 年
12	《境外投资敏感行业目录（2018 年版）》	国家发展改革委	2018 年
13	《对外投资备案（核准）报告暂行办法》	商务部、人民银行、国务院国资委、银监会、证监会、保监会、国家外汇管理局	2018 年
14	《关于做好国内企业在境外投资开办企业（金融企业除外）核准初审取消后相关工作的通知》	商务部办公厅	2018 年
15	《对外投资备案（核准）报告实施规程》	商务部办公厅	2019 年
16	《关于加强疫情期间境外工程项目和在外人员统计的通知》	商务部办公厅	2020 年
17	《关于促进对外设计咨询高质量发展有关工作的通知》	商务部等 19 部门	2021 年
18	《对外投资合作绿色发展工作指引》	商务部、生态环境部	2021 年

续 表

序号	部门规章	发文机构	发布时间
19	《数字经济对外投资合作工作指引》	商务部、中央网信办、工业和信息化部	2021年
20	《对外承包工程业务统计调查制度》与《对外承包工程业务统计调查制度》(修订)	商务部	2022年
21	《关于推进共建“一带一路”绿色发展的意见》	国家发展改革委、外交部、生态环境部、商务部	2022年
22	《关于继续做好境外企业和对外投资联络服务平台相关工作的通知》	商务部	2023年
23	《境外中资企业机构和人员安全管理指南》	商务部	2023年
24	《对外承包工程项目备案和立项管理办法》	商务部	2024年

点评：

法律法规动态更新，可查询我国商务部“走出去”公共服务平台（fec. mofcom. gov. cn）查看最新的政策法规。

2. 境内核准/备案流程及主要规定

（1）国家发展改革委相关规定。对敏感类项目实行核准管理，对非敏感类项目实行备案管理。具体见表5-2。

表 5-2　国家发展改革委相关规定

项目分类	境内企业直接开展投资	境内企业通过其控制的境外企业开展投资	具体内容
敏感类项目	核准（国家发展改革委）	核准（国家发展改革委）	实行核准管理的，投资主体向核准机关提交项目申请报告并附具有关文件，项目申请报告应当包括以下内容：投资主体情况；项目情况，包括项目名称、投资目的地、主要内容和规模、中方投资额等；项目对我国国家利益和国家安全的影响分析；投资主体关于项目真实性的声明。 核准机关应当在收到项目申请报告之日起5个工作日内一次性告知投资主体需要补正的内容。核准机关应当在受理项目申请报告后20个工作日内作出是否予以核准的决定。项目情况复杂或需要征求有关单位意见的，经核准机关负责人批准，可以延长核准时限，但延长的核准时限不得超过10个工作日，并应当将延长时限的理由告知投资主体。符合核准条件的项目，核准机关应当予以核准，并向投资主体出具书面核准文件。
非敏感类项目	央企、大额：备案（国家发展改革委） 央企、非大额：备案（国家发展改革委）	央企、大额：报告（国家发展改革委） 央企、非大额：无须履行手续	实行备案管理的，投资主体通过网络系统向备案机关提交项目申请报告并附具有关文件。项目备案表或附件不齐全、项目备案表或附件不符合法定形式、项目不属于备案管理范围、项目不属于备案机关管理权限的，备案机关应当在收到项目备案表之日起5个工作日内一次性告知投资主体。备案机关在受理项目备案表之日起7个工作日内向投资主体出具备案通知书。

续　表

项目分类	境内企业直接开展投资	境内企业通过其控制的境外企业开展投资	具体内容
非敏感类项目	非央企、大额：备案（国家发展改革委） 非央企、非大额：备案（省级发展改革委）	非央企、大额：报告（国家发展改革委） 非央企、非大额：无须履行手续	投资主体通过其控制的境外企业开展大额非敏感类项目的，投资主体应当在项目实施前通过网络系统提交大额非敏感类项目情况报告表，将有关信息告知国家发展改革委。投资主体提交的大额非敏感类项目情况报告表内容不完整的，国家发展改革委应当在收到之日起 5 个工作日内一次性告知投资主体需要补正的内容。

表 5-2 中的“敏感类项目”指涉及敏感国家和地区的项目和涉及敏感行业的项目。

“敏感国家和地区”指未与我国建交的国家和地区；发生战争、内乱的国家和地区；根据我国缔结或参加的国际条约、协定等，需要限制企业对其投资的国家和地区；其他敏感国家和地区。

“敏感行业”指由国家发展改革委发布的敏感行业目录（2018 年 1 月 31 日发布）中所涉及的行业，例如武器装备的研制生产维修、跨境水资源开发利用、新闻传媒、房地产业，根据我国法律法规和有关调控政策需要限制企业境外投资的行业等。

“大额”指中方投资额 3 亿美元及以上。

（2）商务部相关规定。2018 年 1 月 25 日，商务部、人民银行、国务院国资委、银监会、证监会、保监会、国家外汇管理局共同发布了《对外投资备案（核准）报告暂行办法》（商合发〔2018〕24 号），规定由商务部牵头对外投资备案（核准）报告信息统一汇总，各部门定期将备案（核准）信息和报告信息通报商务部，实行“备案为主、核准为辅”的管理方式。

2018 年 8 月和 2019 年 7 月，商务部分别出台《关于做好国内企业在境外投资开办企业（金融企业除外）核准初审取消后相关工作的通知》《对外投资备案（核准）报告实施规程》，明确了相关工作细则。

2024 年 5 月，商务部发布《对外承包工程项目备案和立项管理办法》（以下简称《办法》），于 2024 年 7 月 1 日起施行。《办法》旨在通过规范化管理，促进对外承包工程行业的健康发展，同时保障国家利益和企业权益。《办法》的核心内容包括：

①一般项目备案管理。在外交关系良好、安全风险低的国家承包的非多国利益项目，企业需在商务主管部门备案，并对信息负责。

②特定项目立项批准。在外交关系不良或风险高的国家的项目，以及涉及多国利益的项目，需商务部批准。

③项目信息报告。企业需定期向相关部门报告项目进展，并在突发事件发生时立即报告。

④业务分级管理。商务部负责全国管理，省级商务部门负责地方企业备案和监督。商务主管部门提供服务保障，支持合规经营，并对违规企业进行处罚。

企业境外投资涉及敏感国家和地区、敏感行业的，实行核准管理。企业其他情形的境外投资，实行备案管理。实行核准管理的国家主要是未与中华人民共和国建交的国家、受联合国制裁的国家。必要时，商务部可另行公布其他实行核准管理的国家和地区的名单。实行核准管理的行业主要是涉及中华人民共和国限制出口的产品和技术的行业、影响一国（地区）以上利益的行业。

（3）国家外汇管理局相关规定。银行按照国家外汇管理局《直接投资外汇业务操作指引》直接审核办理境外直接投资项下外汇登记，国家外汇管理局及其分支机构通过银行对直接投资外汇登记实施间接监管。具体见表 5-3。

表 5-3 国家外汇管理局相关规定

分类	规定内容
境外直接投资前期费用登记	(1) 境内机构（含境内企业、银行及非银行金融机构，下同）汇出境外的前期费用，累计汇出额原则上不超过 300 万美元且不超过中方投资总额的 15%。 (2) 境内机构汇出境外的前期费用，应列入其境外直接投资总额。 (3) 银行通过资本项目信息系统为境内机构办理前期费用登记手续后，境内机构凭《业务登记凭证》直接到银行办理后续资金购付汇手续。 申请材料： (1)《境外直接投资外汇登记业务申请表》。 (2) 营业资质许可（尚未办理“五证合一”的企业，还需提供组织机构代码证）。 (3) 境外投资资金来源证明、资金使用计划和董事会决议（或合伙人决议）、合同或其他真实性证明材料。 注意： 境内机构为其境外分支、代表机构等非独立核算机构购买境外办公用房的，需提交以下材料： (1)《境外直接投资外汇登记业务申请表》。 (2) 境外设立分支、代表机构等非独立核算机构的批准/备案文件或注册证明文件。 (3) 境外购买办公用房合同或协议。 (4) 其他真实性证明材料。

续 表

分类	规定内容
境内机构境外直接投资资金汇出	银行要求的审核材料主要有： (1)《境外直接投资外汇登记业务申请表》。 (2) 营业资质许可或注册登记证明及组织机构代码证（多个境内机构共同实施一项境外直接投资的，应提交各境内机构的营业资质许可或注册登记证明及组织机构代码证）。 (3) 非金融企业境外投资提供商务主管部门颁发的《企业境外投资证书》，金融机构境外投资提供相关金融主管部门对该项投资的批准文件或无异议函。 (4) 境外投资资金来源证明、资金使用计划和董事会决议（或合伙人决议）、合同或其他真实性证明材料。 (5) 外国投资者以境外股权并购境内公司导致境内公司或其股东持有境外公司股权的，另需提供加注的外商投资企业批准证书和加注的外商投资企业营业资质许可。 (6) 其他真实性证明材料。

点评：

企业开展对外投资之前，应针对具体投资项目向各部门确认具体流程及要求。同时，国家对于境外投资行业的政策可能随时变化，因此，投资者应当关注我国针对具体行业的境外投资政策，特别是敏感行业或国家战略不支持的行业的政策变动，及时向相关部门咨询、核实。

（二）英国工程建设行业相关法律法规

由于工程领域的专业性和复杂性，判例法（法院、仲裁机构等的司法判例）为英国法主要的法律渊源，合同法、侵权法、财产法、民事诉讼法、仲裁法等通用法律则属于制定法，工程领域技术法律法规也是制定法为主。自 1667 年英国国会通过了第一部有关建筑工程的法律，在其后的300多年中，经过不断地修改、补充和完善，已逐步形成了比较完整的技术法规和标准体系。

在工程建设领域，英国已逐步形成了基础立法、第二层级立法、技术准则和标准四大层级组成的法律法规体系，以下就涉及面最广的英格兰和威尔士体系加以介绍。

1. 基础立法

第一层级，由国会审查并通过，具备强制性，包括法律和枢密令两种形式。工程建设领域的法律以1984年出台的《建筑法》影响最大。此外，还有《建筑师法》《新城镇法》《新城镇开发公司法》《消防法》《环境保护法》《可持续和安全建筑法》《住房和改造法》《地方民主、经济发展和建筑法》《房屋批准、施工和重建法》《规划法》《地方法》等一系列工程建设领域的法律。这些法律有效期一般能维持20~50年，中间也会根据需要发布修正补丁、补充条款或部分条款的废止说明。

2. 第二层级立法

第二层级，多为委托立法，是议会将特定事项的立法权委托给本不享有立法权的政府部门。按照法律的授权与要求制定，多数由议会授权各主管部门国务大臣签发，具有强制性，由各类法定文件组成，包括条例、规定和法令等形式。以下提到的技术条例即为该层级。法令主要是对法律条款的补充说明和修正调整，条例则是对法律规定内容的细化和展开。条例为第二层级最主要的形式。

工程建设相关的条例主要有《公共合同条例》《公共设施合同条例》《建筑条例》《建筑产品条例》《建筑能效条例》《建筑工程合同条例》《工程设计和管理条例》《工程健康、安全与福利条例》等。英国工程第二层级立法一般有具体的指标，技术要求和管理要求明确，还有逻辑完整的抽象描述，其有效期一般超过10年。

以现行的《建筑条例》为例，《建筑条例》包括10章54条，分别是总则、建筑工程的控制、告示、方案与认证、非地方机构管辖的建筑工程的监管、自认证制度、能效、节水、工程执行人员提供的信息、测试与调试等。相比之下，《建筑条例》的内容并没有《建筑法》丰富，但却对如何执行法律要求在管理和技术两方面作了更细致的规定。其技术方面的附录A包括了15部分内容：结构，防火，场地准备与防污染、防潮，防毒，隔声，通风，给水卫生和安全，排水与排污，燃烧设备和燃料储存系统，人员保护，节能，无障碍通勤，玻璃，电气安全，材料和工艺。

《建筑条例》发布以后，几乎每年都会有对其的修正案或局部修订稿陆续发布。修正案的法律地位、制定发布程序等均与条例完全一样。对此，社区与地方政府部门也会同步准备通告文件和函件，分别用于向相关部门、经核准检查员等告知相关法律和条例的变更情况。

3. **技术准则**

第三层级，为技术法规提供操作指导的文件，是在满足法规要求下具有操作性和技术性的指南，实施力度很高，但不具唯一性。其起草工作的承担部门不受严格限制，但必须由政府主管部门或其授权机构发布。在具体实践中，如有优于技术准则款项的方法或情况，并经地方政府许可，确保能够符合法律与法规的相关规定，可不执行。技术准则包括批准文件（Approved Document）、技术手册（Technical Handbooks）、技术小册子（Technical Booklets）等形式，技术准则的撤销，应以注明具体问题和实施时间的失效通知为准。但并非每项技术法规都有配套的技术准则。以与《建筑条例》相配套的技术准则为例，英国四大地区皆有所不同，发布机构也有所区分。以英格兰为例，其技术准则由国家建筑规程研究所发布。随着2010年新版《建筑条例》的颁布，各技术规定部分对应的技术准则也作了相应修订。现有技术准则涉及15个部分，共有20册，各部分内容与《建筑条例》附录A中建筑工程必须满足的技术规定一一对应。

4. **标准**

第四层级，即技术标准，包括英国国家标准（BS）、团体标准和企业标准，标准本身都没有强制性，属自愿采用的文件，当被法律法规引用或是引入合同中，就有法治约束性，必须强制执行。若被技术准则引用，则被引用的部分或条款即具有与技术准则相同的法律地位。标准的有效期一般在3~5年。

综上，第二层级立法是按基础立法要求制定，是具有强制性的法定文件，但其更多是概述性和逻辑性的要求罗列，没有给出具体的操作方法和实施路径，为保证其贯彻实施，针对第二层级立法的要求制定了具有操作性和指导性的技术准则，而标准是由标准化组织颁布的具有明确要求和方法性的文件，不具有唯一性，一旦被引入技术准则和合同中，就必须执行。基础立法是根本，基础立法是基本要求，而技术准则和标准是推动以上法律法规落地的桥梁。

（三）前期论证各子阶段

1. **投资机会研究**

（1）投资机会研究方法。

第一步：制定对外投资战略。企业必须明确对外投资应实现的战略目标，首先需初步确定投资地与投资行业。

第二步：投资环境分析。企业必须去研究目标投资地的政治、经济、法律体系和税制、行业发展情况、劳动力市场与重大风险因素等内容。

第三步：制定市场进入战略。企业需要确定投资的方式，例如参股、合资投资等，并且制定市场进入战略与行动计划。

（2）英国承包工程市场分析。英国承包工程市场在经历2020年新冠疫情的冲击后，随着经济逐步复苏，显示出稳定增长的迹象。政府对基础设施的投资计划，包括道路、铁路、住房、能源和数字基础设施的升级，是推动市场增长的关键因素。

近年，英国政府推出了一系列激励措施和投资计划，旨在加速基础设施建设和推动绿色经济转型，为承包工程市场提供了大量项目机会。2021年，英国财政部表示，在2025年之前，将投资2000亿英镑（约合2770亿美元）资金来推进全国基础设施项目，其中将包括公共和私人资金。这些资金中，有约700亿英镑将投入交通领域，500亿英镑将投入能源领域，400亿英镑将投入公用事业。英国财政部宣布的这笔投资是未来十年基础设施投资计划中的一部分。

英国正计划在自2021年起的未来十年间，投入6500亿英镑公共和私人领域资金来推进基础设施项目建设。该基建投资计划是20世纪70年代末以来公共部门净投资占国内生产总值比最高的，涉及公路、铁路、宽带、住房等领域。据这一计划，未来几年，互联互通重大投资项目主要在伦敦和英格兰东南部以外地区进行，比如“北方引擎铁路项目”将连接利兹和曼彻斯特。外国企业，特别是中国、美国和欧洲其他国家的承包商，积极参与英国的大型基础设施项目，促进了技术和资本的流入。

点评：

由于国际政治、经济等多重因素的制约，中国承包商在欧洲，特别是西欧国家持续获取项目变得极为困难。英国的工程承包市场则呈现出一些独特的态势，如高昂的人工成本、严格的政府要求、工会活动的频繁性，以及区域承包商之间激烈的竞争。此外，域外国家想要进入英国市场也面临着较高的门槛。

然而，这些困难和挑战也在某种程度上塑造了一个相对健康的市场环境。在英国的基建领域，恶性同质化竞争相对较少，承包商和分包商之间往往能够建立起较为稳定的合作关系。因此，一旦中国承包商成功进入英国市场，他们面临的整体竞争环境和风险相较于亚非拉市场而言，可能会更为可控和有利。

[**案例** 5-1]

2011 年，中英签订《关于加强基础设施合作谅解备忘录》。紧接着，2012 年北京建工就介入英国曼彻斯特机场项目，年底签订合同，成为中国承包商在备忘录签署后首个落地实施的项目。

北京建工英国公司认为，北京建工的优势在于超大型建设项目的运作经验、国产设备和材料等“中国元素”、整合国际资源的能力以及国际化的视野。北京建工在英国的承包项目走的是“本地化”道路，项目的运营团队中大多数是当地英国雇员。这样的项目，一方面使中方从投资和运营中收益，并能将英国先进的经验、技术和管理等带回国内或其他国家的项目中，另一方面通过增加就业、基础设施建设、招商引资等方式促进当地经济发展，达到中英合作双赢的目的。

多年来北京建工耐心深耕英国市场，早在 2016 年 11 月，凭借签约米德伍德洛克项目一期，北京建工成功进入英国承包商前 10 强，并进入业主优选承包商名录。英国米德伍德洛克项目总建筑面积 24 万平方米，总投资约 7 亿英镑，分 5 期建设。投资方包括英国思嘉伯集团、FairBrair 集团、新加坡地产商美罗和中国企业新疆华凌等。

2. **可行性研究**

确定拟投资项目后，企业需要开展可行性研究。除财务可行性调研外，境外投资前期调研还应包括投资必要性、技术可行性、组织可行性、经济可行性、社会可行性、风险因素及对策等调研。

一是投资必要性。根据市场调查及预测的结果、有关产业政策等因素，论证项目投资建设的必要性。在投资必要性的论证上，既要做好投资环境分析，对构成投资环境的各种要素进行全面的分析论证；又要做好市场研究，包括市场供求预测、竞争力分析、价格分析、市场细分、定位及营销策略论证等。

二是技术可行性。应从项目实施角度，合理设计技术方案，并进行比选和评价。各行业不同项目技术可行性的研究内容及深度差别较大。工业项目可行性研究的技术论证应达到能明确列出设备清单的深度；非工业项目可行性研究的技术论证应达到工程方案初步设计的标准，以便与国际惯例接轨。

三是组织可行性。制订合理的项目实施进度计划，设计合理的组织架构，选择经验丰富的管理人员，构建良好的协作关系，制订合适的培训计划等，以确保项目顺利执行。

四是经济可行性。从资源配置的角度，衡量项目的价值，评价项目在实现区域经济发展、有效配置资源、增加供应、创造就业、改善环境等方面的效益。

五是社会可行性。分析项目对当地社会的影响，包括经济发展、就业增加、法律道德、宗教民族、妇女儿童及社会稳定性等。

六是风险因素及对策。对项目的市场风险、技术风险、财务风险、组织风险、法律风险、经济及社会风险等进行全面评价，制定能规避风险的对策。在英国开展投资、贸易、承包工程和劳务合作过程中，需特别注意在事前调查、分析、评估相关风险，事中做好风险防控等工作。境外投资项目可行性评估报告框架可参考表 5-4。

表 5-4 境外投资项目可行性评估报告框架（参考）

1. 总论	5. 项目经济效益估算
2. 项目实施必要性分析	5.1 投资估算依据
2.1 项目宏观背景	5.2 项目总投资估算
2.1.1 宏观政经概况	5.3 项目收益估算
2.1.2 宏观政经形势判断	5.4 财务评价
2.2 项目必要性	6. 项目组织机构与运作模式
2.3 项目必要性结论	7. 项目实施进度方案
3. 项目实施可行性分析	8. 风险与规避措施
3.1 宏观政治经济条件对项目形成有力支撑	8.1 风险因素识别
3.2 地区产业经济环境有利于项目实施开展	8.2 风险影响程度评价
3.3 项目拟选址已初步具备项目实施条件	8.3 风险规避措施
3.4 结论	9. 结论与建议
4. 项目实施方案	9.1 可行性研究结论
4.1 建设规模与内容	9.2 项目实施关键建议
4.2 产品方案与产值预测	9.3 专家意见
4.3 项目技术方案	—

二、第二阶段：建设准备

（一）工程项目招投标

1. 公共项目

英国对政府和公用事业招标采购项目的管理相对严格，其对政府和公用事业项目的界定是：政府各部门投资建设的项目，地方各级政府投资建设的项目，执行特定任务的机构，如高等公路局、高等院校等部门投资建设的项目，以及各类发展商投资建设的公用项目等。

英国政府公共采购管理机构为皇家商业服务机构，设在内阁办公室。其主要职能有：制定采购标准和规范，监管采购活动及效能；培养有能力的政府采购专业骨干；通过协作提高资金的利用率；在重大项目中充当领导角色；改善政府资产的管理和使用水平。英国高等法院对实施公共项目的主体具有监督权限。

对于政府工程采购，英国财政部于 2006 年颁布了一系列相关文件和操作规程，既有法规性的，也有一般指导性文件，作为政府机构发包工程时的参考依据。主要有：《政府项目承包条例》（英格兰、威尔士、北爱尔兰）、《公用事业工程承包条例》（英格兰、威尔士、北爱尔兰）、《政府项目承包条例》（苏格兰）、《公用事业工程承包条例》（苏格兰）。

在英国承包政府工程项目须按照世界贸易组织《政府采购协议》、欧盟以及英国相关法律规定进行操作。2016 年 2 月 5 日，英国政府发布了新的《公共合同法规》，于 2016 年 1 月 31 日起正式实施。2016 年 4 月 18 日，英国政府发布了新的《公共设施合同条例》，明确了水、电、能源、公路、港口、机场等公共设施领域工程建设的各项要求。

2. 私人项目

私人工程由政府和公用事业部门以外的企业投资兴建，对于其采用何种方式实施工程，只要遵守英国法规，招标方式自定。

3. 招标信息获取

英国建立了多个公共服务采购渠道，为企业介入国家公共服务提供机会及便利。

（1）公共采购门户。该平台是英国最大的公共采购组织——皇家商业服务机构的采购平台，自2023年6月起全面取代原有数字市场功能，提供包括数字服务在内的多种服务和实物产品采购。

（2）合同搜索器。合同搜索器是英政府网站的服务合同搜索系统，可以查询与政府及其机构签订的总价超1.2万英镑（不含增值税）的合同信息；通过搜索关键词快速查看及浏览政府公共服务招标情况，包括已经结束招标的公共服务合同的详细情况，从而方便公共服务供应商快速了解政府公共服务需求，并参与未来竞标。此外，可使用英政府网站的“寻找投标”功能，通过输入关键词搜索总价超1.2万英镑（不含增值税）的合同信息。

（3）建筑战线平台。建筑战线是一个针对建筑服务的采购平台，该平台系统且标准化地记录了建筑供应商的资质等各类信息。目前，该平台有超过5.5万家建筑供应商、超过2800个政府部门等各类机构的8000多个服务需求方。

（4）小企业研究计划等公共服务支援类项目。英国研究与创新署推出的小企业研究计划项目特别为企业提供参与公共服务的机会，企业通过自有创新解决方案及技术等帮助政府等公共机构解决各类问题，或直接参与公共服务供给，从而推动实现公共服务质量提升及企业成长发展双赢。

（5）其他方式。可通过公共部门网站、报纸和各类型行业商协会组织等发布的信息找寻竞标机会。

4. 招投标程序

在英国开展工程承包业务，一般需要经过如下程序：编制招标文件、资格预审、发出招标文件、现场勘察、编制投标书、标前答疑、提交标书及接受标书、开标、评标、签订合同。

（1）编制招标文件。招标文件一般由业主委托具有相应资质的咨询工程师编制，一般情况下，招标文件应包括下列内容：投标邀请书、投标者须知、合同条件、标书格式及附件、技术说明书、工程量清单、图纸、基础资料以及附加资料一览表。

（2）资格预审。一般情况下，在发出招标文件之前，业主和工程师都希望事先选择一些合适的承包商参加投标，这一过程就是资格预审。资格预审一方面能够保证所得到的标书都由业主和工程师事先审查过，是由适合承担该项工程的承包商提交的；另一方面，能鼓励那些最有资格承建该工程的承包商参加投标。

资格预审一般由业主和工程师在报纸、杂志上登载广告，简要介绍工程概况，邀请对该工程感兴趣的承包商提出资格预审申请。当收到承包商的申请书之后，业主和工程师即向他们发出预审文件；承包商收到文件后，按照日期要求提交资格证明材料；业主和工程师对这些文件进行分析比较之后，列出一份获选的投标者名单，一般包含 6~7 家投标者，并将此名单发送给全部意向投标者。

（3）发出招标文件。招标文件向经过资格预审的承包商发出，文件中应包括一份招标文件一览表，此表经由投标者签字后作为回执寄给业主和工程师。招标文件除了邮寄以外，也可以在规定的发出日期向业主和工程师领取文件。但应事先签署其要求。

（4）现场勘察。业主和工程师应依照投标者须知中的规定安排现场勘察。现场勘察的主要目的是使每个投标者都能够同业主和工程师一起检查现场和其他有关资料及特征。当现场勘察中发现了招标文件之中没有包括的内容，业主和工程师须用招标修正书通知所有投标者。

招标文件修正书必须是书面的，应该由业主和工程师发给投标者。修正书应当有一定格式，格式带有序号，以便查阅。每份修正书发出时都包含一张回执，此回执由投标者签字后，立即返还业主和工程师。投标期间如果需要对招标文件进行解释、修正、补充或删改，均应按上述步骤进行。这些修正书将成为招标文件的一部分，以后也将作为合同文件的一部分。

根据工程的地点和性质，业主和工程师应当根据实际情况，权衡组织投标者单独勘察还是集体勘察的利弊，以选择最适合的勘察方式。需要注意的是，现场勘察的所有费用应由投标者自行承担。

（5）标前答疑。投标者必须以书面形式提交问题单。对于问题单有两种处理方法：通信方式或投标者会议方式。业主通过书面答复，答复结果通知所有的投标人以确保公平性。

（6）提交标书和接受标书。投标者要保证在预定的时间和地点向业主和工程师提交投标文件，并由指定的签署人签字。业主和工程师要在全部投标文件上注明收到的日期和时间，并保证在规定的正式开标日期以前保持原来密封状态；迟到的投标书应该尽快原封退回，除非投标者因为不得已推迟提交标书，并在预定的提交日期之前通知了业主和工程师，则业主和工程师可以推迟正式开标的时间，直到收到迟到的标书为止。

（7）开标。根据情况，正式开标可采用下列 3 种方式之一：

一是当众开标，将开标的日期、时间和地点登报公布，也应同时通知投标者。

二是有限开标，将开标的日期、时间和地点通知全部投标者，有意出席者参加。

三是秘密开标，仅业主和工程师出席。当打开每份标书封套时，业主和工程师应宣布：投标者的姓名、收到的日期和时间、投标价格以及替代标书的价格。

此后，业主和工程师应宣布迟到或未收到的标书的投标者姓名，并取消其投标资格。开标过程中应检查投标文件的完整性。上述情况均应记载在适当的表格上，并由开标人及旁证人签字。开标时的旁证人一般应是业主和工程师方面的高级成员或其他当局人士，通常要由两位旁证人签字。

（8）评标。评标活动自正式开标的时间起，一直到业主和工程师决定中标合同，并通知有关投标者为止，或者一直到投标有效期满为止。在评标过程中，应审查标书中的计算是否正确、有无错误和遗漏之处，业主和工程师有权对明显的调价或低价标书作适当调整。应事先确定评标的主要因素和方法，以使投标书的评价和比较工作能够得出客观的结论。一般来说，评标工作应考虑财务、技术、合同及人员等事宜，经过综合全面的分析得出评价意见。

（9）签订合同。业主根据评标报告最后决定中标者，并发出中标通知书。承包商接到通知书之后，双方开展合同谈判，谈判后签订工程承包合同。此时，中标人应根据招标文件的要求，向业主提供履约担保。业主应向所有投标人退还投标保证金。

（二）工程合同

1. 工程合同的作用与意义

合同是交易参与方之间权利、义务和责任及风险分配载体，是当事人之间的“法律”，境外商事主体都十分重视交易文件，特别是合同文件的起草和谈判工作，做到交易文件的严谨、规范，保护已方利益。相对来说，我国企业对于交易文件的设计和管理较为粗放，对合理利益的争取力度不够，所面临的合同风险更大。

在签订合同的时候，如招标文件中没有相关约定，中资企业特别需要慎重考虑所签合同模板的选择。在国外签订工程合同，合同示范文本一般来自三个方面：第一，国际上的通用合同示范文本，如国际咨询工程师联合会（FIDIC）公布的合同；第二，中国自己的工程合同示范文本；第三，所在国，包括业主方的工程合同示范文本。

点评：

中资企业赴英国承包工程必须全面了解相关的法律法规，并严格遵守。在实际操作过程中重视合同签订，明确双方的权利义务，工程建设的工作范围及标准、质量、工期、合同形式及货币、支付方式及付款条件、保函要求、误期罚款、性能指标罚款、税收、保险、设备材料的交货方式、劳务国籍限制、产品标准认证等重要条款，严格按合同条款办事。如对方违反合同条款，应利用相关法律法规维护自身合法利益。

在进行国际合同评审时，须组建专业的合同评审小组，从头到尾仔细审核合同所有的相关条款及所有附件，避免遗漏任何潜在的风险。尤其是大多数国际合同签订所使用的语言为业主所在国家的语言，尽可能地用原合同版本语言进行逐条解析和评审，确认无误后再进行合同的翻译。在聘请专业翻译公司或者专业翻译人员进行翻译时，必须配备懂专业的技术、法律等相关人员进行配合，不仅要避免在翻译过程中由于懂语言不懂技术产生较大的歧义，也要避免由于不同语种语言对于专业词语定义范围的不同产生纠纷。

针对合同金额较大的国际 EPC 项目，各经营单位应合理评估自身管理水平，必要时可外聘具备充足海外经验的国内律所或项目所在国的当地律所，协助参与合同文本的评审，以提高评审效果。

中国对外承包工程商会为规范国际承包工程项目中国企业间分包合同，合理分配风险，维护当事人的合法权益，于 2019 年制定了《国际工程分包合同示范文本（2019 年第 1 版）》，供中国总承包工程企业与中国分包工程施工企业、设计咨询公司、安装工程企业、设备和材料供货商在国际承包工程项目中使用。具体包括：

· 《施工分包合同条件（适用于单价分包合同）》；

· 《施工分包合同条件（适用于总价分包合同）》；

· 《安装分包合同条件》；

· 《设计分包合同条件》；

· 《采购合同条件》。

2. **英国承包工程合同**

在英国，多个合同提供商为投资者和承包商们设计和提供了全套的建筑工程标准格式合同，投资者们可以与合作方协商，选择使用适合具体情况的标准格式合同。

（1）JCT（联合合同委员会）合同。JCT 合同是 JCT 在英国提供的建筑标准合同，包括建造合同、设计-建造合同及其附属合同和分包合同。目前的最新版本为2024年版，比较常用的有标准建造合同、中型建造合同、小型建造合同、设计-建造合同。

JCT合同还有针对建造管理、测量、维修等方面的标准格式合同，具体可查询官网并购买相关合同表格。

（2）新工程合同（NEC）。新工程合同近年来在英国广受欢迎，特别是在大型工程项目中，如伦敦奥运会的工程建设中，就得到了成功的应用。该合同由英国土木工程师学会（ICE）编制，旨在适应各种规模的工程项目。目前，最新的NEC版本是2017年修订的NEC 4合同，尽管如此，之前的NEC 3版本由于其稳定性和广泛适用性，仍然在许多领域被广泛采用。这些合同为工程项目提供了标准化的管理框架，确保了项目的顺利进行和高效管理。

新工程合同最大的优点在于其能够促使原本在合同中处于对立地位的各方转向合作，通过一系列机制鼓励各方协作以实现利益最大化。例如，它引入了早期警告条款，使得承包商或工程管理人员一旦发现合约总价可能增加、完工时间可能推迟或需要进行修复工作时，能够迅速出具早期报告，并召集相关方参与警告会议。这种做法有效增强了合同各方之间的沟通与合作，提高了解决问题的效率，减少了潜在矛盾。然而，新工程合同在用词、语法和条款顺序等方面尝试与其他标准合同有所区别，虽然这样的设计可能使得合同更简洁易懂，但也因此遭到了一些法律从业者的批评。

（3）FIDIC合同。FIDIC合同由国际咨询工程师联合会制定。国际咨询工程师联合会是国际上最有权威且被世界银行认可的咨询工程师组织，其高质量的工程合同范本在国际上被广泛接纳，并被一些国际金融机构指定使用。其中，《施工合同条件》（1999年第1版、2017年第 2 版)，又称“新红皮书”，适用于各类大型或较复杂的工程项目，尤其适用于传统的 DBB 模式，即“设计-招标-建造”模式，承包商按照业主提供的设计进行施工，采用工程量清单计价，业主委托工程师管理合同，由工程师监管施工并签证支付。《设计-采购-施工（EPC）/交钥匙工程合同条件》(1999 年第 1 版、2017 年第 2 版)，又称“银皮书”，适用于设计、采购和施工（EPC）总承包的合同条件，采用总价合同计价方式。

值得一提的是，FIDIC 合同允许使用者对标准合同进行个性化的修改以适应特殊需求，而所有的修改都必须通过专用条件来实现。在专用条件中合同方可以补充填写某些模板条款，比如加入项目特定的细节、适用的法律、项目开始的时间等，也可以通过专用条件对通用条件中的一些条款进行修改（需要事先获得 FIDIC 的许可)。通用条款和专用条款将共同构成建设工程合同，共同规定了合同各方需要遵守的权利和义务。

除此之外，还有一些其他的标准格式合同范本也在英国通用，如 ACA（咨询顾问建筑师协会）合同等。

(三) 承包工程资质及工程许可

1. 中国对外承包工程资质

目前，我国对外承包工程的相关国家规定是《对外承包工程管理条例》(2017 年修订版)。修订版将原来《对外承包工程管理条例》第二章“对外承包工程资格”全部删除。这意味着民营建筑企业与央企一样，不再受对外承包工程资质的限制。

根据 2017 年修订的《对外承包工程管理条例》第十六条规定，对外承包工程的单位与境外工程项目发包人订立合同后，应当及时向中国驻该工程项目所在国使馆（领馆）报告。

根据对外承包工程项目备案管理规定，在境外工程项目投（议）标前，中资企业需要向国内商务主管部门办理项目备案手续；在订立合同后，及时向中国驻英国大使馆经商处报告。报告须书面提交项目具体信息，包括但不限于项目名称、金额、资金来源、业主、地点、签约日期、开工日期、工期、项目内容、中外员工数量等，并附《对外承包工程项目备案表》，对于未按规定进行报告的，记入负面清单。

2. 英国承包工程资质

英国政府对承包商的资质评价和注册没有统一的规定，普通项目由业主审核承包商的实力，但是近年英国政府开始采用承包商注册体系，要求登记注册的承包商资质达到一定的标准，以简化业主选择已注册承包商的手续，但是选择承包商的方式由业主决定。注册体系主要包括建筑战线体系和特许建筑公司体系。

建筑战线体系是英国商业、创新和技术部的下属机构。截至2024年6月，它拥有超过3500个工作类别、55000家注册工程承包商，超过93%的经过验证的承包商每年都会更新其会员资格。所谓的注册体系就是建立庞大的工程承包商和业主数据库，并通过建筑战线体系将这两大数据库对接起来，节约业主对承包商的遴选和审查时间，简化程序，节约成本，从而提高英国政府和私人项目的实施效率。英国商务部及地方政府都推荐适用该体系里的注册承包商。建筑战线体系主要负责对承包商的财务资料进行审核，并考察公司的风险程度，注册信息实行动态管理，每年更新一次。

特许建筑公司体系是由英国皇家特许建造学会建立的，该学会专注于工程管理的各个领域，在行政管理上与政府没有直接的关系，主要是作为专业的第三方为社会提供专业的服务。特许建造学会对承包商的选择主要是根据承包商内部的从业人员的资质考核。在英国，政府对建筑业的许多微观管理职能，实际上是由各类行业协会来承担和实施的，这种模式被形象地称为“小政府、大协会”。

3. 英国工程许可要求

在英国进行工程项目时，需要获取的许可证类型因项目的性质和规模而异。一些常见的许可类型包括规划许可、建筑控制批准、环境许可和公路许可等。每种许可都有特定的要求和必须遵循的申请流程。

对于工程承包商和工程专业人员在英国开展工程承包时须取得的执照和其他许可，适用下列规定：对于使用“建筑师”名义的个体，必须在建筑师登记委员会负责的建筑师登记册中登记，否则将被视为违法；涉及石棉制品的承包商须向卫生与安全执行局取得执照；安装和更改煤气用具的承包商须在煤气安全登记册中登记；生产、运输或接收受控垃圾和危险垃圾的企业需向环境署取得执照。对于国际承包商和建筑专业人员并无特别的执照要求。

（四）工程规范和设计标准

1. 英国标准行业团体

英国行业协会和专业学会繁多，它们从事着标准的组织制定、宣贯培训和实施推广工作，是推动法规和标准实施的高度市场化的组织管理机构。其中也有相当一部分有实力的团体是经政府授权或认可的第三方机构，如英国标准协会（BSI）。

（1）英国标准协会。英国标准协会是一家商业标准公司，提供标准、培训、测试、评估和认证服务，包括制定和贯彻统一的英国标准，开展“风筝”标志认证、安全认证、企业质量认证，以及建设活动从业人员的认证等。

英国标准协会成立于1901年，是世界上首家国家级标准机构，同时也是国际标准化组织（ISO）创始成员之一，1942年政府宣布英国标准协会是发布英国国家标准（BS）的唯一组织，统一领导英国技术标准的编制和监督工作。英国标准协会还代表国家，作为正式成员参加ISO、IEC（国际电工委员会）的活动。

（2）其他各类行业团体。各类行业团体也是制定和实施团体标准最重要的组织机构，如英国皇家建筑师学会、土木工程师学会、建造师学会、结构工程师学会、建筑业委员会、英国国家房屋建筑委员会等，它们直接或间接从事着法规的实施监督、标准的制定推广等活动。

2. 英国工程建设标准体系

英国的工程建设标准体系根据优先层级可划分为国家标准、公共可用规范（PAS）、行业标准三大类，其种类多且覆盖面广（见表5-5）。标准本身不具有强制性，属于自愿采用的文件。当标准被法律或合同引用时，标准会产生法律效力，合同双方必须强制执行；当标准被技术准则引用时，被引用条款与技术准则具有相同的法律地位。

（1）英国国家标准。英国国家标准分为外部标准和英国标准两类。外部标准主要是指将欧洲标准化组织（ESO）和国际标准化组织（ISO）发布的标准文本直接引用或自动引入成为国家标准的一部分，如BS-EN标准、BS-ISO标准等。英国标准主要是指英国标准协会基于BS0中规定的标准生产方式制定和发布的相应国家标准，其主要涵盖国际标准未囊括的相关内容。

（2）公共可用规范。公共可用规范是可公开提供的技术规范，它是英国标准协会提供专业咨询服务的成果。另外，公共可用规范为产品、服务和生产过程提供了实践标准。作为一种介于国家标准和行业标准之间的规范，公共可用规范不得与现有的、正在起草的标准发生冲突或矛盾。公共可用规范的制定过程与英国标准的制定过程主要区别在于：在制定公共可用规范时，英国的相关部门必须征询公众意见，只有在英国标准协会和专家小组解决所有问题后，才能正式发布公共可用规范；而英国标准仅需专家小组中尽可能多数的成员达成共识即可制定并发布，且不以多数投票制作为表决原则。

（3）行业标准。英国建筑业的行业标准区别于国家标准和公共可用规范。英国大部分行业标准是作为一种加分项而存在的，即获得该项认证标志意味着能获得行业认可。

表 5-5　英国工程建设标准体系层级划分及种类介绍表

<table>
<tr><th>第一层级</th><th>第二层级</th><th>第三层级</th><th>简介</th></tr>
<tr><td rowspan="4">国家标准</td><td rowspan="3">外部标准</td><td>欧洲标准（EN）</td><td>欧洲标准（EN）生效后，它在欧洲电工标准化委员会成员国中自动成为国家标准。</td></tr>
<tr><td>CE、ETA 安全认证</td><td>CE、ETA 是强制性认证标志，它也是产品进入欧洲经济区（EEA）的市场通行证。</td></tr>
<tr><td>ISO 标准</td><td>ISO 标准由国际标准化组织按照规范的流程制定，代表英国的成员组织为英国标准协会。</td></tr>
<tr><td>英国标准</td><td>英国国家标准（BS）</td><td>BS 以 BS0 和 BS1 标准化指南为依据，由英国标准协会制定并发布。</td></tr>
<tr><td colspan="3">公共可用规范（PAS）</td><td>介于国家标准和行业标准之间的标准范畴。</td></tr>
</table>

续 表

第一层级	第二层级	第三层级	简介
行业标准	钥匙标志		钥匙标志是欧洲电工标准化委员会授权运营的自愿性认证标志，专为太阳能热利用产品所设。
	风筝标志		风筝标志是英国标准协会运营的自愿性认证标志，是公认的、质量和安全等级最高的标志之一。
	“英国认证委员会标志”或“BBA 认证”（Agrément 标志）		Agrément（核准）标志是英国认证委员会（BBA）运营的自愿性认证标志。

资料来源：《浅析英国建设工程监管机构、法律与标准体系》。

点评：

英国标准在国际上具有一定的影响力，“一带一路”沿线国家工程建设中很多都采用英国标准。及时了解、掌握英国建设工程行业重要设计标准的最新动态，可以为参与国际工程的设计、咨询、管理者提供参考。

（五）工程造价

1. 英国的工程造价管理机构

英国中央政府的工程建设管理由运输地方政府区域部负责。另外，还有许多政府的代理机构及社会团体组织参与工程建设管理，其中与工程造价直接相关的是皇家特许测量师学会。

皇家特许测量师学会始建于 1868 年，是经英国皇室批准成立的半官方的社团组织，其中最大的一个分会叫工料测量师分会，工料测量就是对工程建设中的用工与材料进行测算和计量，并进行监控，工料测量师与我国造价工程师的工作内容基本一致。

在地方上，英国分为郡级和市镇级两级政府，均设有工程建设主管部门。其中最主要的是市镇级，主要依据法规对工程建设活动实施具体的管理，郡级的工程建设主管部门仅对该地区建设活动进行宏观控制。

2. 英国的政府投资项目造价管理

英国的政府投资项目采用集中管理的办法。政府环境部地产服务中心负责组织提出项目建议或计划，由财政部审查核定投资额，并列入年度国家财政预算。地产服务中心在项目建议阶段发挥作用，一是要考虑项目建设的必要性、可行性；二是要依据政府公布的各类建筑面积标准和已完成类似工程的造价估算指标，确定项目建设预算。英国政府投资项目必须执行统一的设计标准和投资指标，实行严格的目标控制，核定的投资目标在一般情况下不能突破。

对于私人投资项目，在不违反法律的前提下，政府一般不作干预，由私营部门组织实施。投资者利用类似工程的数据资料和近期的价格指数确定投资目标，通过市场竞争确定价格。

3. 英国的工程计价方式

英国 19 世纪开始出现工料测量师，19 世纪 30 年代，在英国产生了工程量清单计价方式，经过数十年不断发展完善，其已经成为包括澳大利亚、加拿大、南非、中国香港等许多原英联邦体系下的国家和地区的主要计价方法。

英国工程量清单计价方法的最核心要素是统一的项目分解编码和工程量计算规则。1905 年，皇家特许测量师学会编制出版了《建筑工程工程量标准计算规则》（SMM），成为英国统一的建筑工程量计算规则，规范参与建设各方的行为（目前使用的是 1988 年颁布的第 7 版，即 SMM 7)。统一规则为工程量的计算、计价及造价管理提供了同样的话语体系，由于 SMM 7 的普遍应用，不同地区不同工程的分项工程的划分、独立费用项目的划分在不同的招标文件中表现形式完全相同，规范统一。

在招投标过程中，业主的工料测量师根据图纸和技术说明书，按照 SMM 7 确定的规则计算工程量，列出招标工程量清单。承包商的工料测量师参照招标工程量清单进行成本要素分析，收集市场价格信息，进行分包询价，对每一分项工程填入单价，所有分项工程价格之和再加上开办费等项目共同构成工程总报价。在施工期间，每个分项工程都要计算实际完成的工程量，并按承包商报价计费。增加的工程需要根据实际情况，并参考之前的报价，由发承包双方重新约定单价。

具体来说，按照工程造价的形成过程，主要有以下阶段。

(1) 前期阶段：在项目的任务设计阶段，业主的工料测量师通常采用近似估价技术来确定预算。近似估价技术是基于已建类似工程造价的历史数据，通过考虑诸如地区差别、现场条件、市场情况等因素而作出调整，得到临时估算值。主要方法有功能单元法、建筑面积法、要素成本计划法。

进入初步设计阶段后，工料测量师将会根据初步设计文件提出的工程目标，借助于之前的造价资料制订一个测量计划，该计划旨在为各分部分项工程或关键部分设定初期的造价参考指标。进入施工图阶段后，工料测量师将依据施工图纸及工程量清单计价规范来计算工程量。其后，参照近期同类工程的分项工程价格，或在市场上询价，编制施工图预算。之后，工料测量师还须认真地进行造价校核。

(2) 招标投标阶段：这一阶段主要是由参加招标的承包商工料测量师起主导作用。承包商在从业主处获得招标文件（标书）后，首先，对项目进行估算，作出投标决策。其次，工料测量师对项目进行初步与详细的研究，同时完成材料与分包询价的工作，确定各项工作的工程量清单项目单价。最后，承包商对招标文件中业主工料测量师编制的工程量清单中的所有项目进行标价。在确定清单项目单价的过程中，工料测量师需要经历三个阶段。首先，确定关键工作的综合单价。其次，根据承包商的数据库或其他渠道选择方法和生产标准，并结合前一阶段确定的综合单价得到工程量清单中各项工作的净单价。最后，将各专业分包商的单价加进去构成全部单价或部分单价的组成内容。

（3）施工阶段：在施工阶段，双方对工程的造价进行合理有效的控制，对工程变更等重新报价或者参考类似工程结算。业主的工料测量师在施工过程中，要根据工程进度确认工程结算款项和控制拨款，并根据情况随时更新预算。承包商的工料测量师除了要在中标后按照合同约定的要求开展资金分配和履约合同外，还要在施工过程中随时参与因工程变更进行的造价调整和申报，并同时参与施工人、材、机的使用计划和计量计价，提出工程结算款项，竣工验收后提出竣工决算等各项业务，保证预期利润的实现。

4. 英国的工程计价依据

英国采用的是工程量清单计价方式，其核心思路是“量价分离”，其中工程量计算的依据主要包括全国统一的项目划分及编码、统一的工程量计算规则、工程量清单；与量相对的价格来源主要包括官方发布的工程造价信息，有关专业学会/协会、大专院校和研究部分发布的造价资料，工料测量师行的历史资料等。

（1）全国统一工程项目划分及编码。全国统一工程项目划分及编码由国家有关部门负责编制，并通过计算机实现联网。在英国，几乎所有政府部门、设计、施工、咨询、金融、学校等与建设的各个方面都通过统一的项目划分及编码，实现对项目的工程造价管理、建成后的后评估、资料的积累等统一口径，使得数据交换和共享十分方便。

（2）工程量计量规则。对于建筑工程，皇家特许测量师学会组织制定的《建筑工程工程量标准计算规则》应用最为广泛。近年来，又制定了新的工程量计算规则。对于土木工程，英国土木工程师学会编制了《土木工程工程量标准计算规则》。工程量计算规则是编制工程量清单、确定报价的基础，同时也适用于工程结算。

（3）工程量清单（工程量表）。工程量清单系统地提供了拟建工程的所有工程量，以及对工程项目的说明。工程量清单的主要作用是为参加竞标者提供一个平等的报价基础。工程量清单能为单价调整和变更提供依据，是业主中期付款和竣工结算的基础，也为承包商项目管理提供依据。英国工程量清单的费用组成包括：①总价项目费用，一般包括工程保险、担保、监理设施、承包商的驻地建设、测量放样、临时工程等。多数费用项目支付时间在开工前或在施工早期，故又称为开办项目费用。②工程量清单中各分部分项工程的费用，包括直接费、间接费、利润等。③计日工费用，按日计工，一般有劳务、材料和施工机械三种计日工，用于处理一些小型变更工程、零星工程。④用于施工、供应货物与材料、意外情况，及暂定数量的费用，这些项目的费用将按业主工程师的指示与决定，或全部使用，或部分使用，或全部不予动用。

（4）官方发布的工程造价信息。包括各类价格指数、成本指数等，如有关部门定期发布的劳务、材料、机械等价格信息及工程造价的综合性指标，国家或有关权威部门统一规定的物价指数、税费标准等，是社会各界必须共同遵守执行的标准。

(5) 数据库。皇家特许测量师学会控制下的经营性事业建筑成本信息服务数据库，成立于 1962 年，是英国建筑业最权威的信息中心。经营性事业建筑成本信息服务数据库涵盖将近 18000 个工程，面向建筑各方提供成本信息服务。学会每一个会员都会将自己完成的工程造价资料按照规定格式填报，收入数据库，来交换其提供的建筑成本信息。经营性事业建筑成本信息服务数据库所提供的服务核心内容是对造价数据的专业建模分析，并提供建模分析后的产品，包括 300 多种建筑形式的平均建筑价格、建筑价格季度报告、指数、劳动力工时和工资、材料和设备等。通过面向政府及私营部门定向服务，经营性事业建筑成本信息服务数据库实现了很好的盈利，使得其服务愈发专业和优质，影响力也越来越大，形成了造价数据库生存和发展的良好机制。

(六) 工程项目设计与项目计划

工程设计成果直接决定着项目约 80%的成本，而且设计又位于项目执行的最前沿，其重要意义不言而喻。伴随着我国企业逐步走向海外，企业自身设计管理存在的问题日益凸显，设计图审批往往会遇到技术标准不统一、设计理念不一致、计算参数选择理解不一样等诸多问题，必然会导致设计进度大大延误。设计管理在整个工程建设环节中起着至关重要的作用。

在英国承包工程，在开展设计时需要：

第一，事前了解英国的相关设计规定和标准，明确设计规范，在合同谈判阶段尽可能争取中方熟悉的设计标准。拟采用的设计标准和规范，应在合同文件中明确规定，并且要就标准的版本、技术清单与业主方进行沟通确认。如果合同文件中没有相应的标准、规范清单，则应在设计正式启动前，由项目公司/项目部组织编制一份设计采用的标准、规范清单，并送业主确认后发布执行。

第二，业主方明确的要求和翔实的现场资料是开展设计的基础。开展设计前，务必做好设计前的调查，确保相关资料的准确、完整，并注意对业主所提供的资料进行审核，确认现场条件勘探的时效，避免后期索赔。

第三，调查英国当地的物资供应条件。在满足规范及使用要求的情况下，尽可能使用当地能便利采购的材料和施工机械。

第四，考虑当地的使用环境。英国当地的使用环境和我们国内常规项目有很大的区别，在考察时充分掌握当地情况，设计过程中要充分了解工程所在地的各种条件，使设计和当地自然条件、风土人情融为一体。

第五，加强与业主的设计沟通。重视语言学习以更好地与业主沟通，准确理解业主意图，加快设计图报批。

第六，遵循设计审查程序。英国的设计文件审查是“建设控制服务体系”中的一部分，并有两种服务类型供业主选择。一种是选择地方政府部门“全套设计方案”程序，政府向业主收取一定的服务费用，为业主提供的设计文件进行审查服务；另一种是选择经核准检查员（即监理）的“初始通告”程序，业主只需要将工程基本信息告知地方政府即可，无须递交设计图纸；监理将重点进行工地现场检查。一旦发生问题且不能妥善处理时，地方政府有权采取强制性措施。因此业主需要承受一定的风险。

点评：

英国设计审查制度的最大特色是政府主管部门与社会专业机构或个人的竞争、合作模式，突出了设计审查的服务性质，而非行政审批性质。这种模式的有效运行依赖于完善的竞争机制，包括行为规则、行为激励与约束、法律责任等。

（七）建设设备及材料的采购及运输

国际项目的物资管理包括采购、集港发运（报关）、国际物流及项目所在国清关、内陆运输、现场储管等一系列事务，是工程管理的重要组成部分，与工程项目建设全过程有着密切的联系。根据国内外工程项目合同价款构成分析，设备、材料在总合同价款中所占比例一般都将达到50%~60%。国际项目施工物资种类繁多、质量标准规范复杂，对成本和到场时间要求严格，且由于工程周期长、运输路途远，更见其物资管控的重要性。

1. **设备及材料采购**

工程中的采购策划是整个项目的关键环节，构成项目执行的物质基础和关键。规范的项目采购要兼顾经济性和有效性，从而达到有效降低项目成本、促进项目顺利实施和按期完成的目的。

采购工作要与设计紧密结合，确保选购产品的制造标准、材料标准符合设计要求，采购部门根据初步设计出具的图纸和技术资料等，可先咨询各类供应商、厂商，在满足物资技术质量安全可靠的同时，从经济角度对其进行优选，尤其是涉及定制的机械设备、电仪控制成套设备等，在其功能实现、品牌以及材料的选用上，提出合理化的建议，并将性价比高的物资的技术和验收等条件反馈给设计，进行深化融合，达到降本增效的目的。

英国是老牌工业国家，工业基础发达。建设工程所需材料、设备大多可以在当地采购。但近年来，英国建设工程行业深受材料供应短缺及成本飙升的困扰，这一系列挑战已显著影响了该行业的运作效率与项目进展。根据英国皇家建筑师协会 2022 年 11 月发布的《未来趋势》报告，2021 年有 74%的建筑公司报告称，因材料获取困难而导致施工延期，突显出供应链紧张的严峻现状。项目延期不仅损害了企业利益，还可能导致项目取消，进一步加剧行业困境。

尽管通货膨胀是推高建材价格的因素之一，材料短缺才是核心问题。材料短缺的背后，首要因素是新冠疫情的长期影响。新冠疫情期间，生产活动受限，同时居家隔离政策促使家居改造需求激增，导致供需严重失衡，供应链承受巨大压力，直接推动价格上扬。

此外，英国脱欧所带来的不确定性及新的贸易规则也加剧了材料短缺。国际运输延迟和进口材料面临的更严格限制减少了市场上的产品供给，成为价格上涨的又一推手。

至 2024 年 4 月，英国建筑业领导委员会列出的短缺物资清单中，包括了水泥、骨料、塑料制品以及木材、钢材、绝缘材料、屋顶瓦片、砖块和螺丝等关键建筑材料，凸显了当前英国工程行业所面临的广泛而深刻的材料危机。

英国政府的工程设备和材料采购遵循《公共合同条例》和其他相关法规，这些规定确保采购过程的公平、透明和非歧视性。政府工程项目的采购通常需要通过竞争性招标过程，包括公开招标、限制性招标或竞争性对话等不同形式，取决于项目的复杂性和预算大小。英国广泛使用电子采购系统，如合同搜索器。

采购工程设备和材料时，英国采购方通常会对供应商进行详细的评估，包括财务稳定性、过往业绩、质量控制体系（如 ISO 认证）、环保标准以及健康与安全记录等。

英国工程行业高度重视设备和材料的标准与认证，如 CE 标志［在脱欧过渡期结束后，逐渐被 UKCA（英国合格认定）标志取代］是确保产品符合英国安全和性能标准的关键标识。此外，特定行业可能还有额外的认证要求，如建筑产品需符合建筑法规批准的合格认证。

随着环保意识的提升，英国政府及私营部门在采购决策中越来越重视可持续性因素，倾向于选择那些能证明环保性能和低碳足迹的设备和材料。

英国作为国际贸易的重要参与者，其工程设备和材料的采购不仅限于国内供应商，也广泛涉及国际市场。因此，进口关税、贸易协议和国际物流也是采购决策中的重要因素。

2. **物流管理**

境外投资建设项目采购和物流管理尤为重要，尤其是投资体量大的项目，物资需求量巨大，货物运输过程涉及制造、加工、验收、适运包装、长短途交货运输、装卸、集港、订舱、装卸船、海运、理货、检验、出口报关、保险、出口退税、贸易单证、目的地国清关等诸多环节，时间跨度大、跨境距离远、影响因素多，加之台风、海外政商环境、人文环境、国际政治环境、流行疾病等多项不可控因素影响，发生风险的概率非常大，物流成本比国内项目高很多。为此，项目需要成立专业化物流管理团队，制定采购、物流总体方案，统筹规划、统一协调管理项目所有相关方物资采购与物流工作，形成制造、催交、包装、物流、仓储、现场、接卸等环节一体化管控。

建议物流方案包括国内外物资集散方案、海陆空运输方案、大件设备运输方案、物流操作流程和应急预案，统一组织项目集港、船舶安排、码头、装卸、清报关等物流环节工作，根据工程建设进度计划组织发运，并在物流管理上采取以下措施。

（1）选择有经验的物流代理商。对超大物流量的项目应选择两家或以上有广泛的全球货运网络、丰富的国际工程物流人力和设备资源、成熟的工程物流管理经验、雄厚的财力支持等软、硬实力的物流供应商，与多家外贸港口建立伙伴关系，为工程高峰期大量物资发运奠定基础，降低物流风险。

（2）在采购合同中明确交货条件。一是确定多个有效装运港，以便交货时根据物资生产和货量情况、港口和船期等因素来选择最终装运港，避免实际发运时由于港口、船期等衔接问题而产生争议或额外费用，影响物资发运。二是在采购和物流合同中明确大件吊装、自卸鞍座的匹配、船型选择、大件设备本体绑扎等特殊运输要求。三是划分因设备出厂延误、船期延误导致的滞港、亏舱或者滞期等问题时的责任。四是对无外贸出口经验的设备材料供应商提前指导货物出口准备和手续办理。

（3）动态管理物资发运计划。重点关注大件物资发运计划执行，建立物流问题反馈和纠错整改机制，及时调整计划。

（4）统一项目物流管理体系。明确发运申请、集港、订舱、装卸船和交货流程、紧急物资申请和发运流程和责任界面，统一调配物流资源和运力匹配。

（5）采取灵活、便捷的运输方式。对于精密仪器或贵重设备、危险品，可根据重量、危险级别、紧急程度，优先考虑航空运输或集装箱海运，以确保安全；材料、设备采用搭配组合散杂货船发运方式，对不便配载散杂货船的物资采用集装箱或拼箱、中转等多种方式发运，合理安排船舶运力。

（6）超大件设备发运专门制定发运方案。超大、超重、超长、超高等大型设备应根据大件设备的具体情况专门编制物流发运方案，并确保每个节点按照方案实施，确保发运安全。

（7）明确跨境物资物流包装要求。由于跨境海运需要多次装卸，同时受到同船物资堆码积压、台风等恶劣天气影响，包装是物资安全的重要保证，需要制定统一的物资包装规定。针对特殊物资或大件设备，需要制定专门物流包装方案。

（8）制定物流应急预案。海外项目工程物资跨境物流具有相当大的不可控风险，极易发生突发情况。应基于各种不确定风险，对物流各流程环节进行风险评估，包括供货中断风险、运力不足风险、经济环境风险、政治环境风险、恶劣天气风险、货差货损风险等，针对各类风险问题制定物流应急预案和规避措施，同时完善供应链全程的保险方案、保险索赔方案。

英国的物流业自 20 世纪 90 年代以来持续发展，已成为全球领先的物流中心之一。英国拥有先进完善的物流基础设施，包括港口、机场、铁路和公路等。伦敦希思罗机场是欧洲最大的货运机场，货运吞吐量居欧洲之首。英国拥有许多港口，包括多佛港口、南安普顿港口、伦敦港口、利物浦港口和格拉斯哥港口等。这些港口发挥重要作用，推动全球贸易的繁荣与发展。此外，英国的铁路和公路网络也十分完善，便于货物的运输和分配。

英国物流运输方式多样化，包括航空运输、海运、铁路运输和公路运输等。航空运输主要通过希思罗机场进行，海运则通过英国的港口将货物运往全球各大洲。铁路运输主要是连接英国与欧洲的重要通道，公路运输是英国物流运输的主要方式。

2023 年 4 月 21 日，世界银行发布了最新版物流绩效指数报告，即《连接竞争：全球经济中的贸易物流》（第七版），英国的物流绩效指数得分为 3. 7，在 139 个国家中排名第 19 位，具体指标海关绩效排名 22 位，基础设施质量排名 25 位，国际出货量排名 22 位，物流服务质量排名 28 位，跟踪和追踪能力排名 16 位，运输的及时性排名 30 位。

从物流绩效指数及其相关指标排名来看，英国物流绩效在全球范围内处于较高水平，尤其在跟踪技术方面表现突出，但在运输及时性、基础设施和物流服务质量上仍有提升空间。针对这些领域进行针对性的改进，可以进一步提升英国物流行业的全球竞争力和效率。

英国国际物流业在科技创新方面一直处于领先地位。许多英国物流公司已经采用物联网、大数据、人工智能等先进技术来优化供应链管理，提高物流效率和准确性。英国的第三方物流市场非常发达，拥有许多全球知名的物流公司，如马士基、联合包裹等。这些公司在国际物流市场中具有很强的竞争力，为英国的国际贸易提供了重要支持。

（八）英国工程成本

1. 电价

英国电力市场开放，发电公司与电力供应商在竞争性市场上进行交易，而生产企业从电力公司购电的市场是完全竞争性的。根据天然气和电力市场办公室数据，目前在英国有 30 余家公司能够提供电力服务。用电居民和企业可以通过与不同的公司谈判或向专业比价公司购买服务方式，制定最优用电方案。方案一般可根据用户需求量身定制，包括 1~3 年期固定价格方案、可再生能源方案、可变价格方案等。为鼓励节约用电，英国采用阶梯电价，且电价根据地区及房屋能源标准等因素变化。英国电力市场竞争激烈，居民和企业可以根据所在区域选择不同的电力供应商，入户线路不变，但根据供应商及所选方案的调整，可获得更优惠价格。通常情况下，电力供应商对于同时使用其电力及燃气服务的用户给予优惠，例如英国天然气公司（British Gas）可同时提供电力及天然气服务，对于同时选择的客户给予优惠。

商业电价取决于多种因素，包括位置和用电量。这意味着可用的每千瓦·时商业电价每天都在变化。根据商业电价网站2024年6月17日数据，在2年期固定价格方案情况下，2024年商业用电平均价格如下：年用电量5000千瓦·时以下，电价24.7便士/千瓦·时；年用电量0.5万~1.5万千瓦·时，电价25.7便士/千瓦·时；年用电量1.5万~2.5万千瓦·时，电价25.7便士/千瓦·时；年用电量2.5万~5万千瓦·时，电价26.3便士/千瓦·时；年用电量5万~10万千瓦·时，电价25.7便士/千瓦·时。除以上基本价格之外，还需附加按天数计算的固定费用，为75.5~119.5便士/天。

2. **水价**

英国水务市场实行有监管的竞争，用户可以根据各提供商的服务水平和价格，在其所在地区选择合适的提供商。在英国工业用水的价格因地区和供应商而异。供应商信息可从相关主管部门的网站获得，英格兰与威尔士的监管机构为英国水务办公室，苏格兰的监管机构是苏格兰水务委员会，北爱尔兰的监管机构为北爱尔兰水务局。

根据英国水务办公室数据，其在英格兰和威尔士地区两地共监管32家供水和污水处理公司，其中包括18家区域性垄断企业，可提供自来水供水服务或可同时提供自来水和污水处理服务。

需要注意的是，企业用水的成本主要取决于用水量和排污量。以英格兰地区较大规模的泰晤士水务公司2024—2025年价格表（2024年4月1日起实施）为例，该公司非居民水费包括固定费（根据管道口径及长度收费，目前统一为0镑/年）、随用水量计算的水费及补充大用户年费三部分（未含增值税及其他可能涉及税费）。非居民污水费包括排污年费、随排污量计算的排污费及补充大用户年费三部分。其中，排污年费包含公路排水收费及地表水排水收费两类，根据管道口径尺寸及长度不同，收费标准不一。未向该公司排污管道排放地表水可享受优惠价格（见表 5-6）。此外，根据非居民用户所在行业不同，部分行业（如洗衣店、商业洗车行、食品和饮料加工等）还可能涉及缴纳贸易污水费。

表 5-6 非居民用水成本（工业）

项目	用水				排污	
数量（立方米）	0~2 万	2 万~5 万	5 万~25 万	25 万以上	0~10 万	10 万以上
费用（便士/立方米）	191.45	175.18	143.59	114.87	121.44	97.16
补充大用户年费（英镑）	—	3254	19049	90849	—	23074

资料来源：泰晤士水务公司 2024—2025 年收费文件。

非居民用户每年还需要根据排污水管直径缴纳排污年费，有关费用见表 5-7。

表 5-7 排污年费

管径（毫米）	排污费（英镑）	优惠价（英镑）
100	3769.60	1377.28
125	5890.00	2152.00
150	8481.60	3098.88
200	15078.40	5509.12
250	23560.00	8608.00
300	33926.40	12395.52

资料来源：泰晤士水务公司 2024—2025 年收费文件。

居民用水价格为 191.45 便士/立方米，排污费为 115.37 便士/立方米，同时也要缴纳水费固定费 51. 92 英镑/年以及排污费 82. 93 英镑/年(优惠价 45. 55 英镑/年)。

3. **油气价格**

（1）燃油价格。英国燃油市场与国际市场接轨，油价随国际供求关系甚至英镑走势波动。燃油价格依据地区、油品、供应公司的不同稍有差异，最高差价幅度在每升 20 便士以内。较大的油品公司包括英国石油、壳牌、埃索、道达尔等。根据英国汽车协会 2024 年 3 月采集的数据，英国汽油平均价格为 145. 3 便士/升，柴油平均价格为 153. 9 便士/升。

（2）气价。根据天然气和电力市场办公室发布的数据，英国市场上有大约 15 家大型公司和部分小型公司供应天然气，价格不完全一致，地区之间也有差异，而且随市场供求关系发生波动。

根据商业电价网站数据，在 2 年期固定价格合同方案情况下，2024 年商业天然气平均价格如下：年用气量 5000k · Wh 以下，天然气价格 9. 4 便士/k · Wh；年用气量 0. 5 万~1. 5 万 k · Wh，天然气价格 8. 0 便士/k · Wh；年用气量 1. 5 万~2. 5 万 k · Wh，天然气价格 7. 8 便士/k · Wh；年用气量 2. 5 万~5 万 k · Wh，天然气价格 7. 8 便士/k · Wh；年用气量 5 万~10 万 k · Wh，天然气价格 6. 8 便士/k · Wh。除以上基本价格外，还需附加按天数计算的固定费用，37. 3~179. 9 便士/天。

4. **劳动力价格**

英国统计局最新公布的数据显示，2024 年 3 月，英国全职人员平均周薪（含奖金）水平为 682 英镑，同比增长 5. 7%；考虑到通胀影响，实际工资水平上涨 2%；其中私营部门平均周薪 687 英镑，公共部门平均周薪 664 英镑。分行业来看，服务业（不含金融和专业商业服务）为 675 英镑，金融和专业商业服务业为 945 英镑，公共部门（不含金融服务业）为661英镑，制造业为759英镑，建筑业为739英镑，批发零售餐饮业为439英镑。

5. **土地及房屋价格**

企业在英国可以有多种获得商业房地产的方式，包括租赁、购买、自建商业建筑。

（1）租赁办公室。根据城市和城市内地区的不同，办公室租赁费用有较大差别。除基本房租外，租赁办公场所时还可能涉及服务费、印花税、土地注册费等费用。其中，服务费按照面积收取，涵盖建筑物的运营成本，如电梯保养费和清洁费。在主要城市中，伦敦办公室房租最高，布里斯托、伯明翰、曼彻斯特的房租也较高。相比而言，威尔士地区房租最低。根据最新统计数据，2023年一季度，伦敦西区租金约125英镑/平方英尺[1]·月，伦敦金融城租金约73.5英镑/平方英尺·月。英国还有一种租赁服务型办公室。此类办公室的优势在于所有的费用都含在每月缴纳的房租中，最短租赁期可以是1个月。公司在一周内就可以入驻新的服务型办公室。在全英所有主要的城镇都有服务型办公室，规模小到一张办公桌，大到整栋楼。租金成本计算需要考虑工作台的数量，每个工作台每月的租金则依据不同位置和所包含服务，从200英镑到1000英镑不等。

（2）租赁住宅。英国住宅的租赁价格根据租户类型、租住地点的不同，差异也比较大。根据英国国家统计局2024年4月发布的调查数据，英格兰所有房屋类型月租金平均数是1293英镑。从地区来看，平均月租金最高的是伦敦肯辛顿和切尔西（3356英镑），最低的是苏格兰邓弗里斯和加洛韦（477英镑）。以租住的房屋类型划分，一居室月租金平均为

[1] 1平方英尺≈0.093平方米。

731 英镑，两居室 936 英镑，三居室 1133 英镑，四居室及以上 1642 英镑。

（3）工业用地。根据高力国际发布的数据，2022 年 12 月，英国平均工业地价为每公顷 150 万英镑，但不同地区的工业用地价格差距较大。表 5-8 所示为 2022 年 1 月英国各地平均工业用地价格。

表 5-8　英国工业用地价格

单位：百万英镑/公顷

位置		土地价格	位置		土地价格
伦敦地区	北伦敦	7. 75	英格兰南部	布里斯托	0. 73
	西伦敦	7. 75		朴次茅斯	1. 75
	东伦敦	6		斯文顿	0. 75
	南伦敦	5	英格兰中部	伯明翰	1. 2
英格兰北部	利兹	0. 75		考文垂	1. 3
	利物浦	0. 7		北安普顿	1. 3
	曼彻斯特	2		莱斯特	0. 9
苏格兰	爱丁堡	0. 5	威尔士	卡地夫	0. 65

6. 建筑成本

英国商业和贸易部按月发布建材价格指数，2024 年 2 月建筑材料价格指数与 2023 年 2 月相比下降了 1. 9%。价格涨幅最大的品类包括：管道和配件等价格上涨 20. 3%，金属门窗价格上涨 17%，预制混凝土价格上涨 11. 1%。价格跌幅最大的品类包括：砾石、沙子、黏土和高岭土等价格下跌 11. 5%，混凝土钢筋价格下跌 18. 2%，结构型钢结构价格下跌 15. 8%。

三、第三阶段：建设实施

（一）劳动用工

2021 年 1 月，英国开始实施新的积分移民制度，对欧盟与非欧盟公民采取同等待遇。新制度从劳动技能、资质、薪资水平、语言能力、工作机会等方面对申请者打分，申请者只有获得足够积分，才能获准在英国工作。包括科学家、工程师和学者在内的高技能人士成为英国吸引移民的重点目标人群。

当前，英国劳动力市场呈现出一种复杂的、混乱的、好坏杂陈的状态，反映了其劳动力结构性矛盾。一方面，英国企业的招聘意愿较疫情前加强；另一方面，由于医疗、健康、劳动力技能等方面的原因，英国的劳动者离开就业市场，加大了市场的紧张程度，导致雇员工资的上涨。总体而言，英国劳动力市场仍比疫情前更为紧张，面临的长期结构性问题尚未得到解决，企业招聘人员的前景仍然充满挑战。

英国在用工方面应注意以下内容。

（1）外国人赴英国工作，必须获得相关部门签发的工作许可证，并确保相关证件在有效期内。详见本书第四章第六节“英国关于劳工雇佣的法律规定”。

（2）严格遵守英国相关劳动法律规定，依法用工，依法纳税。派出劳务人员前，应全面、详细、如实地向其介绍英国相关情况、工作和生活条件以及工资待遇，签订劳务派遣合同，并建立劳务纠纷和突发事件应急预案。

（3）在某些行业，工会力量强大，可能会通过集体谈判影响企业的用工成本和条件。了解并妥善处理与工会的关系，对于避免潜在的罢工或其他劳动争议至关重要。因此，中企应主动与工会建立积极的沟通渠道，通过对话与合作来预先化解可能引发的风险。

（4）英国某些行业面临严重的用工短缺，这可能导致招聘困难和员工满意度下降，企业需制定有效的人才吸引和保留策略。

（5）中国赴英国的劳务人员应尊重当地的文化、宗教、风俗和生活习惯，本着和谐相处、互利共赢的理念，与当地民众和谐相处。同时，要增强安全和防范风险意识，注意规范言行、避免激化矛盾，以免给自身工作和生活带来安全隐患。遇到问题时，务必依法维权，切勿采取过激行为，以免因违法而陷于被动。

（二）工程质量

围绕着技术法规和标准体系，英国已逐步形成了自己特有的工程质量监管体系，包括工程质量控制体系、评价体系和保障体系。以建筑工程为例，建筑工程质量控制体系由建设主管部门主导，地方政府负责落实，同时借助各类公立机构、私立机构、咨询公司等组织开展建设过程的质量控制；工程质量评价体系由社会第三方机构主导，通过各类建设产品、建筑性能和职业资格人员的认证认可，实现对工程质量的监管和评价；工程质量保障体系则由合同、保险、担保等约束机制组成，用以约束各方责任并保障工程项目的质量。苏格兰、北爱尔兰、英格兰和威尔士虽各有一套立法体系，但工程质量的监管体系非常相似。以下以英格兰地区建筑工程质量管理体系为例进行说明。

1. 建筑工程质量控制体系

在英国，对建筑工程质量安全的监督也可称之为建筑控制，包括对建筑工程的设计方案、工程施工方案、施工过程、竣工验收等阶段的检查监督。以下分别从建筑控制机构、建筑控制申请等方面，来介绍英国的建筑工程质量控制体系。

（1）建筑控制机构。建筑控制的监督管理部门为社区和地方政府部，在具体操作层面，即进行建筑工程质量安全的监督，则依赖建筑控制机构。建筑控制机构分为公立和私立两种：公立建筑控制机构即地方当局建筑控制机构；私立建筑控制机构也称为监理，即上文所述之“经核准检查员”，由社区和地方政府部或其指定的第三方机构认可。随着政府职能的进一步解放，2014 年 3 月 31 日开始，所有监理均由建筑业委员会组织资格认可和执业监管。监理自 1984 年《建筑法》发布时引入，在这之前主要是政府机构开展建筑控制活动，为提高工程项目监管效率，引入社会化的监理，为业主提供了可供选择的渠道——地方建筑控制机构服务和监理服务。

监理可以是个人，也可以是法人团体。个人需通过提供个人资质和经验等证明材料向建筑业委员会申请认可；法人团体除提供从业人员的资质和经验证明外，还需要提供公司规模、人员数量等材料。英国国家房屋建筑委员会的全资子公司——建筑控制服务有限公司是英国首家被授权的建筑控制机构。

按《建筑法》要求，建筑业委员会应建立监理名单，并附上监理人员的有效日期；一旦有监理人员被撤销，应尽快告知地方当局。目前，监理人员的名单、保险、认可时间、地址和联系方式等信息，都在建筑业委员会网站上公开。

在监理工作的过程中，若与建设方就工作方案同法规一致性产生矛盾时，建设方可将其决议和方案提交至建设主管部门，即社区和地方政府部。当监理人员触犯法律规定时，其职业资格认可将被撤销，且自定罪日起 5 年内不能获得监理批准认可。监理人员及其认可机构都会被主管部门评估，一旦得到任命，需要通过审计以确保其行为能力并能熟悉相关法规和标准。地方当局也要对监理人员进行监督，为辖区内符合法案规定的建筑授予证明。同时应保证：监理人员工作公正透明；监理人员需具备专业能力并与法律法规保持一致性；监理人员需为自己的行为负责。

（2）建筑控制申请。英国绝大多数的新建、改建、扩建项目都要进行建筑控制申请，取得建筑法规许可才能开工。建筑控制申请可以向公立或私立建筑控制机构提出：通过公立建筑控制机构申请时，需要向所在地的议会提出申请；通过私立机构则需要向监理申请。两种机构皆会收取一定的费用。前者根据工程施工复杂情况进行收费；后者则可自行制定收费规则，并可协商定价。

①需要建筑控制申请的情况。新建、扩建以及很多改建工程必须获得建筑法规许可。常规维修，则不需要许可。通常情况下，以下改建工程都需要获得许可：更换保险丝盒和电气连接、涉及管道的浴室安装、靠近浴缸或淋浴设备的电路改换、安装空调系统、更换门窗、更换屋顶遮盖物、安装或更换加热装置、加热系统额外添加散热器等。

②无须建筑控制申请的情况。一是豁免工程。包括：大多数修理、更新与维修（加热系统、油库、保险丝盒和玻璃幕墙系统除外）；新的电源和照明，或改变现有的电路（浴缸和淋浴设备附近除外）；浴缸、马桶、洗手盆和水槽的更换。二是雇佣资质人员。专业资质人员在执行某项工作时能满足相应工程质量和安全标准的要求，因此聘请他们不需要进行建筑控制申请。即便如此，工程项目也必须满足工程质量安全和能效标准。

③建筑控制申请类型。建筑控制申请有两种类型。一种是“初始通告”申请，另一种是“全套设计方案”申请。

建筑通告申请适用于小型工程。业主若选择“初始通告”申请，只需将工程基本信息告知地方政府即可，无须递交设计图纸；监理将重点进行工地现场检查。一旦发生问题且不能妥善处理时，地方政府有权采取强制性措施。因此业主需要承受一定的风险。

“全套设计方案”申请适用于任何工程。大型复审工程为避免强制整改风险，通常会采用全套设计方案申请。全套设计方案被批准后，将收到建筑法规许可文件。文件中指定了委派监理（包括姓名、联系方式），列出了工程施工中必须遵守的条款，如工作时间及噪声限制等。

各环节的具体操作由建筑控制机构聘用的监理进行。监理将按照建筑法规进行检查，递交规划证书，签署验收证书等。通过全套设计方案申请，可以获得两项益处：一是可避免被采取强制性行为，二是建筑可以获得较好的品质保障。

当没有获得建筑法规许可但工程已经实施时，可以申请阶段验收，但只能向地方当局建筑控制机构申请；由建筑控制机构判定工程是否符合建筑规范中工程质量安全的要求，并签署阶段验收证书。该项许可方式于 1985 年 12 月 11 日生效并执行。

④违规惩罚。如果没有遵守与工程质量相关的建筑法规的要求，工程项目和相关人员将被起诉，并处以最高达 5000 英镑的罚款；如果没有进行建筑控制申请或没有获得建筑法规许可，地方当局将处以罚款，建筑项目也无法获得完工证明及销售时的许可证。

2. 建筑工程质量评价体系

英国的建筑工程质量评价体系由庞大的认证体系及其衍生的一系列约束和监管机制组成，通过认证评价，实现对建筑工程质量的直接或间接监管。

政府通常授权第三方机构（多为行业协会或学会一类）进行产品符合性认证、建筑性能和质量认证以及各类专业资格人员的认证。政府或第三方机构出具的认证要求、职业资格人员要求等，由机构来评估认可。同时，政府对这些第三方机构行使监管职责。

（1）产品符合性认证。建设工程产品为了达到《建筑产品条例》要求、满足欧盟市场准入条件，可以通过各种认证和张贴认证标志来实现。建设工程产品的评价认证受法律约束、执法部门监管、市场机制等综合因素的影响。

（2）建筑性能和质量认证。有政府强制性要求的认证，如 EPC 能效认证；也有市场驱动的自愿性认证，如英国建筑研究院绿色建筑评估认证（BREEAM）等。获得认证的建筑工程被认为性能更优越、建筑质量更有保障。

（3）专业资格人员的认证。专业资格人员认证包括资质人员、注册建筑师、裁判员、监理、能效测评人员等的认证认可。职业资格人员受到法律约束及各层面监管、行业自律、诚信机制、职业责任险等多重因素的制约，受到政府、认可机构和社会公众等多层面的监管。第三方认可机构在行使人员认证职能的同时，还要承担人员的监督职责。资质人员认可机构要对旗下注册的资质人员进行管理监督，定期检查、抽查其工程项目，确保能满足最新法规标准的要求；对违反工程质量安全的行为进行制裁。通过对人的监管实现对工程质量的监管和保障。

3. 建筑工程质量保障体系

建筑工程质量保障体系由合同、保险和担保等约束机制组成。为了约束工程项目各参建方的责任和义务，保障项目质量和进展，英国已形成了完善的合同制度。针对传统的工程模式、设计和建设、工程管理以及中小型工程，英国完善的保险业务能有效应对工程项目的风险管控问题，在保障工程质量和进度的同时，也能保护项目各参建方以及消费者的利益。如英国 10 年住房质量保证险能无条件地在 10 年有效期内保障购房者利益。保险公司为了确保自己的利益不受损，对投保方的资质和能力也有极高的要求，如：投保的施工方必须通过保险公司评估并执行保险公司要求的施工标准，同时接受保险公司委派的监管机构进行工程质量监督。此外，还有质量缺陷险、职业责任险、完工险、建筑法规险等险种也能保障工程质量；重要的保险体系还需经过社区和地方政府部的认可审批方才有效。丰富的保险和完善的保险制度提高了建设企业资质门槛的要求，约束了建设各参与方的行为，从而控制了项目各阶段可能出现的质量风险。工程质量担保也是如此，通过法律、责任、契约等方式对工程项目各参与方进行约束和制约，从而保障建筑工程的质量。

点评：

英国工程质量监管体系最大的特点是引入市场竞争机制，充分发挥社会资源，避免政府过多干预，如在工程质量控制体系中也引入了社会化的监理和资质人员制度；在工程质量评价体系和保障体系方面，则完全依靠市场机制。

（三）工程变更和索赔

工程变更与索赔在本质上都属于法律救济程序，在合同架构安排上主要有两种模式：一是分立模式，即将变更程序和索赔程序分别规定在不同的合同条款中。绝大多数工程合同都采用此种正式的合同安排方式，例如，2017 版 FIDIC 合同变更规定在第 13 条“变更和调整”，而索赔规定在第 20 条“业主和承包商的索赔”。二是合并模式，即将变更程序与索赔程序融合到同一合同条款之下。例如，英国土木工程师学会的新工程合同（NEC），即将变更和索赔都统一放进了第60条“补偿事件”中。

在分立模式下，变更程序和索赔程序可能会存在重叠使用的情形。例如，在2017版FIDIC合同中，当承包商遇到不可预见的地质条件时，既可经由变更程序获得补偿（第4.12.3款），也可通过索赔程序获得救济（第4.12.4款）。当发生法律改变时，承包商既可依据变更程序调整合同价格或延长工期（第13.6款第4、5段），也可按照索赔程序要求调整合同价格或延长工期（第13.6款第2段）。

因此，承包商应仔细审阅特定合同的总体架构和具体细节，找出对自己最有利的救济途径，如合同条款是否设置了诸如“不在规定的期限内发出通知将丧失权利”的前提条件。

实践中，几乎所有的工程项目都会出现变更。要解决工程变更所带来的合同价格和工期调整等问题，双方可以通过协商签订书面变更协议，但通常会耗时很长，并且有陷入僵局的可能性，甚至会严重影响项目的顺利推进，况且2017版FIDIC合同第3.2款第2段明确规定，工程师无权修改合同。因此，通过修改合同的方式解决工程变更问题，只有理论上的可行性。为了及时解决因工程变更而导致的合同价格和工期调整问题，保障工程项目的顺利完工，有必要在合同变更条款之外创设一个新的程序机制，这就是工程变更条款。英国工程的合同变更条款的关键点包括以下几个方面。

1. **明确约定业主享有工程变更的最终决定权**

英国法并没有赋予工程合同任何一方享有单方变更权。考虑到工程项目需要满足业主需求的根本属性，应当在合同中明确赋予业主享有工程变更的最终决定权。

2. 对业主单方变更权的限制

业主享有单方工程变更权，但这个权利并不是绝对的。从承包商的角度而言，可以从以下 4 个方面对业主的变更权作出限制。

（1）工程变更不包括删减某项工作之后转而由业主自己实施或者交由其他承包商实施。这是英国法下的一个法律默示条款，业主如果想把某项工作从合同中拿出来交给其他承包商实施，则必须征得承包商的同意，除非承包商没有能力或者明确拒绝实施该项工作（如一直未能成功修补试验过程中发现的缺陷）。因为将工作删减之后交由其他承包商实施，属于合同修改的范畴，应遵循协商一致原则并签订书面补充协议的合同修改要求。否则，业主将构成故意违约（甚至是毁约），承包商有权索赔因此而遭受的利润损失和其他损失。

（2）对某项工作的变更超过一定比例时，应当对该项工作的单价进行调整。这是因为每项工作的单价包括管理费，而管理费的数额与该项工作的数量成反比，即某项工作的数量越多，则平均到该项工作单价中的管理费就越低。如果某项工作的实际实施数量低于预期数量一定比例（如 15%），则应将该项工作的单价适当提高，从而补偿承包商因此而多支出的管理费。反之，如果某项工作的实际实施数量大于预期数量一定比例（如 15%），则应将该项工作的单价适当降低，从而扣掉承包商因此而多赚取的管理费。

（3）工程变更只能发生在业主接收工程之前。2017 版 FIDIC 合同第 13.1 款第 1 段明确规定，工程师可“在出具接收证书之前”的任何时间发出变更令。从工程进度的角度来看，JCT 合同中的“实际完工”之日，与 FIDIC 合同中的“工程接收证书”出具之日的内涵是相同的，即工程完工移交之日。

（4）承包商对特殊的变更享有拒绝执行的权利。根据第 13.1 款第

3段的规定，承包商有权依据以下理由拒绝业主的变更请求：一是综合考虑业主要求中所描述工作的范围和性质，要求的变更工作具有不可预见性。二是承包商无法便利地获得变更工作所需要的货物。例如，业主要求承包商将清淤船提前调遣至项目现场，承包商最有可能拒绝的理由之一是清淤船是一种特殊的施工设备，短时间内很难在市场上租赁到。三是执行变更将给承包商遵守安全健康和环保义务带来不利影响。四是执行变更将给承包商实现性能担保带来不利影响。五是可能对承包商所负的工程应“满足使用目的”义务产生不利影响。

3. 明确约定因变更而导致的合同价格调整机制

针对合同价格调整，包括FIDIC、英国土木工程师学会（ICE）合同和NEC在内的权威标准工程合同范本都对变更估价问题作出了详细规定，尽管在细节上存在一定的差异，但处理思路基本相同。

4. 变更可能构成英国法下的“阻碍原则”

由于法律制度的差异，我国的业主或承包商很容易忽视英国法下的阻碍原则。如果业主忽视的话，就给承包商索赔提供了机会；如果承包商忽视的话，则可能错过了应有的索赔机会。英国法下的阻碍原则，是指在合同履行过程中，任何一方都有一项法律默示义务，即不得因为自己的行为而阻碍另一方履行其合同义务。这一法律原则适用于任何类型的商业合同，其背后的逻辑是任何一方都不得从自己的违约行为中获益。在工程合同履行过程中，如果业主的行为对承包商的正常履约行为构成阻碍（如未能按时交付现场、过于频繁地发出变更令等），并且合同没有专门条款解决这一问题，则可能引发阻碍原则的适用。

阻碍原则在工程合同中的法律效果主要表现在四个方面：一是承包商不再受合同中约定的完工日期的约束；二是承包商无须再承担因

延误产生的损害赔偿责任，其起算点失效；三是工程的工期变为自由工期，承包商只需在一个合理期限内完工；四是如果承包商不能在合理期限内完工，业主虽然不能按照原合同的约定索赔误期损害赔偿金，但有权索赔实际损失。

从工程变更的角度来看，业主有两种行为有可能会被认定为构成“阻碍”：一是业主过于频繁地发出变更令，严重影响了承包商的正常施工作业；二是业主（或工程师）根据合同应当发出变更令，但以各种借口延误或者拒绝发出变更令。

5. 特殊的变更将在双方之间形成新合同

如果业主提出的变更完全超出了原合同的预期范围，则承包商既可以拒绝执行这类变更，也可以主张这类变更不应按照合同中规定的变更条款进行处理，而是在双方之间形成新合同。尤其是在原合同条款明显不利于承包商的情况下，承包商更希望这类变更应当按照新合同处理，从而借机重新与业主谈一个在价格和工期等方面都有利于自己的新合同。

6. 有效的工程变更通常采用变更令的形式

包括 FIDIC 合同在内的标准工程合同一般都明确规定，工程变更应当采用变更令的形式。这个要求对双方都是有利的，业主可以据此提前知悉项目的额外投入并进行相应的资金安排，承包商可以确保自己实施了变更工作之后能够得到业主的相应付款。变更令通常会被英国法院或国际仲裁机构定性为成立有效变更的前提条件。如果违反这一形式要求，即没有符合合同要求的变更令，承包商对相关变更的索赔将得不到法院或仲裁机构的支持。

在实践中，当需要对工程进行变更时，有经验的业主往往不愿或拖延出具正式的变更令，而是通过发出非正式的信函、出具修改的图纸或给出口头指示等方式，让变更具有极强的隐蔽性，从而达到既变更工程又不用按照变更调价方法支付额外费用和延长工期的目的。对此，2017 版 FIDIC 合同第 3.5 款的规定能够很好地保护承包商的利益。第 3.5 款第 4 段规定："当承包商认为工程师的某个指示构成工程变更时，应在开始实施与该指示相关的工作之前，立即通知工程师该指示构成工程变更，并详细说明理由。工程师应在收到通知后的 7 天之内给予答复，确认、撤销或修改该指示。如果工程师没有在此规定的期限内给予任何答复，则推定为撤销了该指示；如果工程师答复确认该指示不构成工程变更，但承包商仍然认为其构成工程变更，则承包商应先执行该指示（否则可能构成违约），之后可以按照合同规定的索赔和争议解决程序处理。"第 13.1 款最后一段所规定的承包商拒绝执行工程师变更令的处理程序，与第 3.5 款的规定类似。相反，如果承包商对业主的任何指示都毫无保留地遵照执行，试图等工程完工后再以某些指示构成变更为由进行索赔，难度将会大增，因为在工程完工后，无论是证据的搜集整理，还是合同对变更形式的要求遵守，抑或索赔的时间和金钱投入，对承包商都是十分不利的。

（四）争议纠纷的解决

建设工程行业的争议具有自身的特殊性，除了传统的诉讼和仲裁以外，还需要其他各种争议解决方式，因此各种替代性争议解决方式就发挥了作用，具体包括协商、斡旋、调解、工程师决定、小型审判、争议评审等制度。

在英国法中，最具代表性和示范性意义的替代性争议解决方式方式是评审制度，英国对其予以专门立法，在世界范围内具有领先性。建设工程评审制度源于专家意见。最初，在建筑、房地产、保险等领域发生争端，当事人求助于专家，根据专家意见来处理争议。但是专家意见仅是建议，对当事人没有约束力。后来为使专家意见更具有权威性，专家意见慢慢发展为具有约束力的专家评审，在专家评审的基础上逐渐发展为法定的评审制度。

英国法中规定了建设工程评审制度是建设工程行业中适用的强制性争议解决机制，在英国工程行业中得到了广泛采纳，已经是工程界争议解决的首选方式，尤其适用于小额争议。英国是普通法国家，在英国第一例关于工程评审制度的判例中，对建设工程评审制度予以了赞同，这就使得建设工程评审制度在司法层面得到了积极支持，确保了其生命力。

建设工程评审制度成功的关键除了司法体制的支持外，更重要的是工程合同当事人的支持。在英国，通过仲裁和诉讼解决工程合同争议往往耗资巨大、耗时长，这对资金要求大的建设工程行业是难以忍受的，因此评审制度对工程合同当事人具有很大的吸引力。

（五）境外 HSE[1] 管理规范

1. 英国职业健康与安全法律规范

（1）组织机构和职责。英国健康与安全执行局是依据英国《职业健康与安全法》设立的非政府部门的公共机构。健康与安全执行局的主要职能是：政策制定、健康与安全监察、事故调查、提出改善健康安全条件的建议、提升健康安全工作的影响力、执行健康安全相关法律法规、提供健康安全技术支持与法医鉴定的能力，提供健康与安全方面的支撑，包括法律、金融、房地产、人力资源等。

健康与安全执行局的监管对象是：建筑业、农业、制造业、食品、

[1] 指健康、安全和环境。

塑料、家具等行业以及存在重大危险行业（领域），如核工业、石油与天然气勘探和存储、陆上化学品生产、采矿以及规划土地使用的职能等；政府机关办公场所、商店、娱乐场所等低风险行业领域则由地方政府监管。

（2）法律法规修订程序。英国法律法规修订程序为提案、评估、确定和协商批准等四个阶段。法律法规的制修订提案一般由健康与安全执行局提出，政府、雇主和雇员三方就提案中法律法规制修订内容的合理性进行评估。根据评估结果，由健康与安全执行局编写法律法规制修订报告，最后报告提交两院并协商确定是否通过批准。

（3）现行的健康安全法律法规。目前，英国已经形成了一套完善的健康安全法律法规体系，包括法案、条例和行政指导文件三个层面。英国第一部重要的健康安全方面的法案是1974年颁布的《职业健康与安全法》，它是英国健康安全方面的基本法律。1974年之后，英国先后颁布了200多部健康安全方面的法案和条例，以及170余项健康安全行政指导文件，内容涵盖了防火安全、建筑施工安全、机械安全、高空作业安全和核安全等，如1994年《建筑、设计和管理条例》、1981年《卫生安全（急救）条例》、1998年《起重操作与起重设备条例》和1989年《工作噪声条例》等。

（4）健康安全立法执法及监察经验。

①法律的原则性确定。对于英国立法来说，1974年的《职业健康与安全法》是一个转折点，立法的观念和依据都发生了巨大的变化。1974年之前旧法的每一个条款都规定得很细、很明确。1974年之后的新法则是根据风险评估的结果来立法，法规条款只作原则性规定，雇主可根据企业自身风险特点采取措施以符合法规要求。

②落实法律法规与道德约束并举。为了保证企业落实健康安全法

律法规，英国主要采取如下措施：一是依靠法律法规约束。制定完善的健康安全法律法规，使企业生产中的健康和安全有法可依、有据可查。二是道德约束。完善的法律法规固然重要，但企业雇主和雇员做到自觉守法除了法律规定之外，还应依靠职业道德来自觉约束行为。三是倒闭处罚。英国对于健康安全违法行为的处罚力度很大，也就是说企业的安全违法成本很高。健康与安全执行局在监察中发现企业违法行为危及雇员的安全和健康又没有停业整顿的，有权提供证据并要求法院对企业执行关闭的处罚。

③监察人员的责任追究。英国明确规定企业是健康安全的责任主体，发生健康安全事故后主要追究企业的责任，只有监察人员发生确凿的失职或渎职时才追究其责任。

2. 英国环境监管法律及要点要求

建设工程项目首先应满足英国的环境监管法律法规要求，该国具有一套完善的环境保护法规，主要涵盖的内容包括：环境许可规定，污染物预防和控制规定，废弃物管理许可证和工业排放规定，水、废弃物、污染土地等问题的处理规定，自然环境、野生动物和栖息地保护规定，环境影响评估规定，气候变化等问题规定。

其中环境许可规定包括针对广泛的工业及能源产业，以及综合污染预防及控制规定所涵盖的设备安装；中型燃烧工厂、矿业废物、地下水、具有洪水风险的活动等内容。监管程度根据不同的类型有所不同，例如污染较轻的产业可只监管空气排放。受管制的活动必须在获得环境许可证下进行，在遵守注册和通知义务的前提下，某些低水平废物管理操作完全豁免持有环境许可证。另外，若有关当局授予规划许可或开发许可时，并未适当考虑环境影响评估，则颁发的环境许可可能会被认定为非法的；而针对大型海工项目和某些特定活动，按规定则必须有专门的环境影响评估。

2021 年，英国退出欧盟后通过了新的《环境法》，包含了旨在保护环境的各项改革措施：对长期环境改善计划的要求，设定各项环保目标，将环境保护准则纳入英国法律，成立一个新的环境保护办公室，以取代原欧盟的监督职能等方面的内容。

一方面，英国环境监管局等政府监管机构可依据法规采取包括罚款、停业等在内的民事制裁；另一方面，如地球客户、绿色和平和地球之友等非政府组织非常活跃，对环保法规和政策方面的影响非常大。非政府组织和地方团体经常挑战公共当局的决策（通过司法审查），改变企业所提出的议案。

[**案例** 5-2]

2015 年中国港湾工程有限责任公司中标了总建设预算 10 亿英镑（约合 94.92 亿元人民币）的斯旺西湾潮汐发电项目，负责海上工程建设，合同金额 3 亿英镑。项目开发商为斯旺西湾潮汐潟湖发电公司。

项目位于景色优美的天然海湾，吸引了大量鸟类、鱼类以及海生动物在此栖息，工程的建设无疑会影响甚至破坏其栖息地，因此，在向政府部门提交的申请文件中，业主还做了对海域生态的影响分析。其中对设计及施工影响明显的一项降低生态影响措施，就是需要对牡蛎和 Sabelleria（一种类似珊瑚虫的海生生物）等主要生活在潮间带的岩石上的生物进行分类和迁移。该项目的设计方案须考虑减少对潮间带的使用，并考虑在项目的设计中增加这些海生物栖息的面积，如使用天然多孔的围堤护面材料或在护面块石上钻孔为海生物提供栖身环境等因素。

3. 我国商务部和生态环境部对境外投资合作有关环保的指引

目前，规范我国海外投资环境保护的主要政策是《对外投资合作建设项目生态环境保护指南》，是由生态环境部、商务部在2022年1月联合发布的指导性文件，是对原有《对外投资合作环境保护指南》（商合函〔2013〕74号）进行的修订。目的是进一步做好对外投资建设项目生态环境保护工作，高质量推动对外投资项目建设。

《对外投资合作建设项目生态环境保护指南》（简称《指南》）在以下几方面进一步优化对外投资合作建设项目环境管理：一是进一步明确适用范围。《指南》适用于中国企业在境外开展投资建设的新建（含改建、扩建）类项目、收购并购类项目以及承包工程项目。上述类型的项目在开展生态环境管理工作时，均可参考《指南》。二是进一步丰富内涵。《指南》针对污染防治、应对气候变化、生态系统和生物多样性保护等多个领域提出对外投资合作建设项目工作指引。三是理顺项目全生命周期管理流程。根据项目投资建设前、施工期、运营期、关闭退出等主要环节，《指南》调整并补充完善了相关规定。四是进一步提高境外项目环境管理水平，《指南》鼓励项目采用国际通行标准或中国更严标准开展生态环境保护相关工作，并对企业提出完善内部环境管理体系、鼓励开展清洁生产、加强信息发布等要求，强调企业环境管理主体责任。

4. 我国商务部对境外投资合作有关安全管理的指引

中国商务部合作司与中国对外承包工程商会共同发布的《境外中资企业机构和人员安全管理指南》（第三版）为境外企业和对外投资的安全保护工作提供了全面的指导。

四、第四阶段：竣工验收

（一）竣工验收准备

验收准备包括以下几个方面：

（1）准备相关的文件和资料，包括项目的设计文件、施工图纸、验收标准、质量检测报告、安全检查报告、环保检查报告等。

（2）相关的证明材料，包括建筑质量证明、安全证明、环保证明等。这些证明材料需要由当地的相关部门进行审核和认证。

（3）进行内部验收，对项目进行全面检查和评估，确保项目的质量、安全和环保符合要求。

（4）需要邀请当地的相关部门进行外部验收，对项目进行全面检查和评估，确保项目的质量、安全和环保符合当地的标准和规定。

（5）如果项目存在质量、安全和环保方面的问题，承包方需要进行整改，确保项目符合要求。

验收前，项目公司/项目部应与业主进行充分的沟通，明确项目验收要求，包括需要业主参与的验收项（如隐蔽工程等）及最终的移交标准等，并将相关要求准确反馈至各分包单位。项目公司/项目部须严格依据设计图纸和有关国家规范标准的要求执行分项、分部和单位工程验收。对于工程隐蔽部分和其他需要中间验收的部位，项目公司/项目部应通知监理在施工过程中进行验收。要注意验收前通知时限，提前通知监理，避开周末、节假日等不利因素。

（二）竣工验收程序

英国将建设工程设计审查、施工监管和竣工验收统称为建筑控制。

工程业主可根据需求自主选择建筑控制机构，由建筑控制主体全权负责设计审查、施工监督、竣工验收和证书颁发等一系列质量安全监管工作。监理建筑控制程序如下所述。

1. 初始通告

监理向地方当局出具初始通告，并按规定格式附上施工设计、工作内容、认可申请、保险等工程相关信息。列入初始通告中的工作项目都要强制执行，通常包括碳排放、能效、水耗、隔声测试、通风、压力测试、试运行、工程测试、材料抽样等内容。初始通告被地方当局接受就开始生效，意味着：监理开始替代地方当局进行工程项目的质量安全监督工作；监理要对施工方案、工程进行监督，对出具的证书承担法定责任。

2. 规划证书

监理检查设计方案。当方案无误也没有触犯法规规定，且符合与消防局、污物处理部门等各方的协议时，监理应向地方当局出具规划证书；证书被地方当局接受后才开始生效。若自生效之日起 3 年内没有开工，地方当局可以撤销规划证书，并将撤销通告反馈给提交规划证书的监理和业主方。

3. 现场检查

根据工程性质、工程规模和复杂程度确定检查频率，有必查和抽查两种方式。对于必查内容，包括关键部位和重要施工阶段，必须提前 48 小时通知监理到现场检查，重点检查隐蔽工程如防水、防潮、管道掩埋等。其他部位和环节采用抽查的方式，主要检查技术档案资料。企业必须提供足够的资料、样本和材料，以证明自己的施工质量。对涉及结构安全和使用功能的构件、消防设施、机电水管安装，都要进行独立测试。

4. **修正通告**

当初始通告上的工程发生改变调整时，监理和业主方要向地方当局提交修正通告。该通告附有变动方案和工程保险等资料。

5. **完工证书**

当初始通告上的工作都完成且获得监理通过后，监理应向地方当局提交关于工作完成和其履行职责的完工证明。完工证明被地方当局接受，工程即可投入使用，与此同时初始通告就失效了。

五、第五阶段：投产运营

（一）项目运营

如果合同中约定由中方公司负责运维，则在验收合格进入投产后，中方公司应立即组织人员开始项目运维工作。而在验收前期，中方公司就应做好相应的运营前期准备工作，如提前招募并培训当地运维人员，管理人员提前进场，提前购置办公和生活家具，做好技术交接等工作。

运维的工作一般包括以下几方面。

1. **日常运维管理**

定期对工程设施进行巡检，包括但不限于建筑物、道路、桥梁、水利设施、输变电线路、轨道交通、污水处理厂、风电站等基础设施的外观、结构稳定性、设备运行状况检查。

执行预防性维护，按照设备制造商建议或国家标准进行定期保养，如更换磨损部件、润滑、清洁、紧固等，以延长设施使用寿命。

2. **故障排除与维修**

快速响应并处理突发故障，对出现故障的设备或系统进行诊断、维修或更换损坏部件。对大型复杂系统的故障采取科学的方法进行分析，记录并报告故障情况，提出改进建议。

3. **性能监控与优化**

利用现代信息技术进行远程监控和数据分析，对设施的运行效率、能耗、产出进行实时监测，优化运行参数，提高整体效能。

对于能源设施，如风电站、水电站、输电线路等，进行发电量统计、电能质量监测和调度管理。

4. **安全与环境管理**

落实安全规章制度，进行定期安全培训和应急演练，确保运维人员安全作业，防范安全事故的发生。

对环境保护设施进行有效运维，确保污染物排放达标，同时关注生态恢复和环境影响监测。

5. **文档记录与报告**

认真记录运维过程中的各项工作内容、设备运行数据、维护检修记录、故障处理情况等，形成完整的技术档案。

定期向业主或上级管理部门提交运维报告，包括设施运行状态、维护成本、预期寿命评估、存在问题及解决方案等内容。

在运维的过程中，应注意以下几个方面：

（1）合规性。确保所有的运维活动符合当地法律、法规、行业标准以及合同规定。

（2）人力资源。培训和配备合格的运维人员，具备相应的专业技术能力和资质证书。

（3）备品备件。提前储备充足的备品备件，确保能在设备故障时及时替换，减少停机时间。

（4）合作与沟通。与设计方、施工方、设备供应商保持良好的合作关系，获取技术支持和信息共享。

(5) 风险管理。识别潜在的运维风险，如自然灾害、人为破坏、设备老化等，制定应对策略和应急预案。

(6) 跨文化沟通。在国际合作项目中，注意尊重当地文化和习俗，促进与当地团队的良好协作。

对于具体的工程运维项目，还需结合项目特性和所在行业的具体要求来细化运维任务和注意事项。

(二) 保修和质保金留取

由于项目地处国外，工程施工完成交付生产运营后，多数承包商需要撤回国内，保修和后续服务的方式、责任与期限需要在工程合同中明确细化。

在英国土木工程师学会合同条件目录的缺陷责任部分，规定在缺陷改正期内，承包商应取得工程师的同意，按照合同约定将工程部分或全部移交给业主，工程师或工程师代表应当在缺陷改正期内对工程进行检查，若发现问题应向承包人出具书面要求（合理磨损除外），承包人须在缺陷改进期或期满之后的 14 天内切实、尽快地改正。证书与付款部分规定了保留金条款，根据承包商提交的月报表中要求支付的该月完成的永久性价值的规定，扣留的保留金数额应有差别，一部分保留金的扣留是基于雇主认可的、承包人提交的月报表中该月已完成的永久性价值和承包商认为根据合同规定与其权利有关的价款，按投标书表格附件规定的比例和限额计算的一笔金额。

另一部分则是按照工程竣工证书已成为应付项目的剩余支付。该保留金的返还规定也与 FIDIC 合同条款相似，均是采用分期返还的方式。保留金的返还根据工程部分或全部实际竣工证书的颁发，按照应付承包商的款项，可按月度付款报表中保留金的应付金额对应的竣工区段或部分的价值占整个工程已竣工价值的比例扣除此保留金的半数，该部分保留金应在证书颁发14天内支付。剩余部分应当在缺陷改正期届满或最后一个缺陷改正期结束后14天内支付给承包单位，但若在此期间承包商向雇主提出未清偿债务索赔，或有未完成的工程、按照工程师的指令未完成的工程，工程师尚未认为承包商可再次提出完成遗留工程的费用前，雇主可继续扣留保留金。

英国JCT合同规定的每期工程的保修期为工程的合理使用年限，保修期自发包方发出的竣工证书之日起计。保留金采用分期支付的方式，经过核实的当月完成工程量对应的工程款扣除相应的保留金后，支付该笔款项。在竣工证书发出后，支付保留金的一半，在保修完成证书发出及总承包方提交竣工记录后，支付余下的保留金。保留金为总承包工程款的10%，最高不超过合同总价和截至付款证书发出当月累计支付的变更价款的5%。保修期自工程实际竣工之日起计24个月。JCT合同规定发包人对保留金的权益只是保管的性质，并没有投资的责任，若发包方根据该合同有权从应支付或将会支付的总承包方的款项作任何扣除，可由此保留金中扣除。

（三）项目后评价

在项目后评估阶段，项目的目标应包括：衡量项目各个方面的绩效，并确保获得的经验知识可以在今后的项目中运用。如果是新的项目类型，应在进行评估后确立其用途适应性和各设计要求的标准性。

项目后评估的目的是彻底评估项目的综合情况，以便项目投资商、项目管理商和其他项目利益相关方总结所有适用于未来项目的经验教训。工程项目后评估是一种良好的工作机制，但并不是强制性的工作程序。英国工程项目管理体系鼓励引入项目后评估商这种服务外包的模式。工程项目后评估体系包含五种基本要素。

1. 工程项目审计

英国对项目审计的定义同我国国内项目审计的概念有很大区别，国内项目审计是财务意义上的审计，而英国工程项目审计还涵盖真正意义上的项目审计。其内容包括：（1）描述工程项目的目标要求；（2）有别于工程项目最初要求的所有修改总结及修改原因；（3）简要评价项目合约形式和其他合约或协议条款，以检验是否合适。

2. 工程项目成本和进度研究

工程项目成本和进度研究包括成本和预算控制、授权的成本和最终的成本、按照实际成本和初始预算以及最终结算的分析、保留原始记录数据以便实现项目的财务结算。

3. 人力资源方面

人力资源方面包括沟通渠道和汇报关系，总体评估并评价员工的福利、士气和积极性等工作。

4. 绩效研究

绩效研究包括实际工作情况和计划对比，对于包括分包商在内的所有利益相关方的作业评定（保密），以备后用。

5. 项目反馈

项目反馈能够反映项目各个阶段的经验教训，包括就未来项目向投资商提出的推荐意见。理想的状态是在各个阶段从项目利益相关方处得到项目反馈。如果必要的话，项目反馈可以在某个关键的决策阶段末期获得。

Chapter 6
第六章

英国投资风险和机会分析

一、英国整体营商环境

2021 年 1 月脱欧过渡期结束后，英国以“全球英国”为目标，以发展同印太地区各领域合作为重点，进入了新阶段的发展。当前，英国政治、经济、社会形势总体稳定，以其开放的市场体系、成熟的营商环境、完备的法律制度、新兴领域的创新活力，以及金融、服务、人才、科技、教育、绿色等领域优势，继续受到全球投资者的青睐。生物医药、航空和国防等领域是英国工业研发的重点，也是最具创新力和竞争力的行业。

（一）外商投资情况

1. 贸易情况

英国是 WTO 创始成员，且在 2021 年 1 月 1 日脱欧过渡期结束后再次以独立身份成为 WTO 成员。英国地处西欧，虽然在陆地上仅与爱尔兰相邻，但是通过水路和英法隧道与欧洲大陆保持密切的联系，可以辐射整个欧洲市场。截至 2024 年 6 月 8 日，英国已与超过 70 个国家/地区签署了贸易协定，除欧盟外，主要贸易协定伙伴还包括冰岛和挪威、瑞士、日本、加拿大、土耳其、新加坡、韩国、澳大利亚和新西兰等。2023 年 7 月 16 日，英国与《全面与进步跨太平洋伙伴关系协定》（CPTPP）成员正式签署英加入《CPTPP 议定书》，预计英国将于 2024 年底正式成为 CPTPP 缔约方成员国。此外，英国正在或计划与印度、加拿大、墨西哥、以色列、海湾合作委员会以及马尔代夫等商签贸易协定，并与瑞士和韩国开展升级贸易谈判。

（1）贸易规模和贸易伙伴。全球海关贸易数据库数据显示，2023年，英国进出口总值1.31万亿美元，比上年同期下降3.2%；出口5210.7亿美元，下降2.2%；进口7915.3亿美元，下降3.9%；贸易逆差2704.6亿美元，收窄7%。

①对欧盟出口降幅明显，对美国出口大幅增长。2023年，英国对前十大出口市场合计出口4329.1亿美元，占同期英国出口总值的83.1%，比重较上年同期下滑0.7个百分点。其中，对欧盟出口2228.3亿美元，下降6.3%，占42.8%，比重下滑1.8个百分点；对美国出口717.7亿美元，增长11.8%，占13.8%，比重提升1.7个百分点。同期，对瑞士出口354亿美元，增长2.9%，占6.8%，比重提升0.3个百分点；对中国出口340.5亿美元，下降1.2%，占6.5%，比重提升0.1个百分点。

②自欧盟进口比重提升，自美国、中国进口下降。2023年，英国自前十大进口来源地合计进口6700.8亿美元，占同期英国进口总值的84.7%，比重提升1.3个百分点。其中，自欧盟进口3918.1亿美元，增长4.4%，占49.5%，比重提升3.9个百分点；自美国进口785.7亿美元，下降2.7%，占9.9%，比重提升0.1个百分点；自中国进口773.3亿美元，下降9.3%，占9.8%，比重下滑0.6个百分点。同期，自挪威进口331.2亿美元，下降39.6%，占4.2%，比重下滑2.5个百分点；自东盟进口194.9亿美元，下降18.9%，占2.5%，比重下滑0.5个百分点。

③对欧盟贸易逆差扩大，对中国贸易逆差收窄。2023年，英国进出口贸易逆差2704.6亿美元，受进口降幅大于出口降幅影响，贸易逆差收窄7%。其中，对欧盟贸易逆差从上年同期的1376.1亿美元增加至1689.8亿美元，扩大22.8%；对中国贸易逆差从上年同期的507.8

亿美元减少至 432. 8 亿美元，收窄 14. 8%。同期，对挪威贸易逆差为 290. 7 亿美元，收窄 42. 4%；对哈萨克斯坦贸易逆差为 138. 9 亿美元，扩大 89. 4%。此外，英国有贸易顺差的主要贸易伙伴为瑞士、中国香港，对二者贸易顺差分别为 202. 1 亿美元和 101. 4 亿美元，分别扩大 5. 6%和收窄 35. 4%。

（2）贸易商品结构。

①机电产品、农产品、医药材及药品等为主要出口商品。2023 年，英国出口机电产品 2157. 5 亿美元，增长 13. 9%，占同期英国出口总值的 41. 4%。其中，出口汽车 409. 9 亿美元，增长 26. 9%。同期，出口农产品 326. 7 亿美元，下降 1. 3%，占 6. 3%；出口医药材及药品 312 亿美元，增长 1. 7%，占 6%；出口原油 210. 8 亿美元，下降 15. 9%，占 4%；出口劳动密集型产品 196. 7 亿美元，下降 2. 5%，占 3. 8%；出口成品油 137. 9 亿美元，下降 26. 2%，占 2. 6%；出口基本有机化学品 110. 1 亿美元，增长 6. 4%，占 2. 1%。

②机电产品、农产品、劳动密集型产品等为主要进口商品。2023 年，英国进口机电产品 3295. 9 亿美元，增长 10. 2%，占同期英国进口总值的 41. 6%。其中，进口汽车 706. 9 亿美元，增长 25. 8%；进口汽车零配件 226. 7 亿美元，增长 16. 2%。同期，进口农产品 835. 9 亿美元，增长 5. 8%，占 10. 6%；进口劳动密集型产品 601. 9 亿美元，下降 13. 1%，占 7. 6%；进口原油 324. 4 亿美元，下降 17. 9%，占 4. 1%；进口医药材及药品 294. 5 亿美元，下降 18. 5%，占 3. 7%；进口成品油 272. 7 亿美元，下降 8. 2%，占 3. 4%；进口天然气 250. 3 亿美元，下降 57. 9%，占 3. 2%。

2. 吸收外资情况

根据联合国贸发会议 2023 年《世界投资报告》，2022 年，英国吸收外资流量 141 亿美元，对外投资流量 1296 亿美元；截至 2022 年末，英国吸收外资存量 26986 亿美元，对外投资存量 22031 亿美元（见表 6-1）。

表 6-1 2018—2022 年英国吸收外资和对外投资情况

单位：亿美元

年份	吸收外资流量	对外投资流量	吸收外资存量	对外投资存量
2018	878	830	19968	18448
2019	539	117	21528	21673
2020	582	-781	26566	22218
2021	-712	849	26900	23769
2022	141	1296	26986	22031

资料来源：联合国贸发会议《2023 年世界投资报告》。

（二）竞争力排名

世界银行发布的《2020 年营商环境报告》[1] 显示，英国政府不断加大对创新型企业的扶持力度，为突破性的技术和基础研究提供充足的资金和税收政策支持。其营商环境在全球 190 个经济体中位列第 8，与 2019 年相比上升了 1 位，各细项排名分别为开办企业（18）、办理施工许可证（23）、获得电力（8）、登记财产（41）、获得信贷（37）、保护少数投资者（7）、纳税（27）、跨境贸易（33）、执行合同（34）、办理破产（14）。

2023 年 6 月 20 日，瑞士洛桑国际管理发展学院连续第 35 年发布

[1] 2021 年 9 月，世界银行宣布暂停发布《营商环境报告》，将构建新的评估体系来评价各经济体的商业和投资环境，并计划于 2024 年 9 月发布第一版。

世界竞争力排名报告。2023 年英国在 64 个经济体中竞争力排名第 29 位，较 2022 年排名下降 6 位。英国的排名下降很大程度是受其经济表现下滑影响，政府效率方面排名由第 26 位下降到第 28 位，基础设施方面排名由第 18 位下降到第 22 位，在商业效率方面排名由第 28 位下降到第 34 位。

世界知识产权组织发布的《2023 年度全球创新指数》显示，在 132 个国家和地区中，英国综合指数排名第 4 位，得分 62.4。其中，创新投入次级指数衡量的是支持和促进创新活动的经济要素，英国五大类要素得分分别是：制度得分 70.9（排名第 24 位）、人力资本与研究得分 58.9（排名第 8 位）、基础设施得分 63.7（排名第 6 位）、市场成熟度得分 69.3（排名第 3 位）和商业成熟度得分 26.9（排名第 71 位）。创新产出次级指数体现的是经济中创新活动的实际成果，分为两大类：英国知识与技术产出得分 61.4（排名第 7 位），创意产出得分 60.0（排名第 2 位）。

美国传统基金会和《华尔街日报》发布的 2024 年经济自由度指数，考虑了 184 个经济体从 2022 年 7 月 1 日到 2023 年 6 月 30 日的经济政策和状况。其中，英国的经济自由度排名第 30 位。

新科尔尼管理咨询公司发布的 2024 年《外商直接投资信心指数》显示，英国被评为全球第四大最具投资吸引力的国家。

（三）英国营商环境分析

1. 营商环境优势

英国是世界上投资吸引力最高的国家之一，也是各国企业来欧洲发展国际业务的首选投资目的地之一，其主要优势包括：

（1）经济发展优势明显。英国是世界主要经济体之一，经济活力较强，国内消费潜力和市场规模巨大，法律法规体系健全。

（2）税率适宜。2023 年 4 月起，英国将年盈利低于 5 万英镑的企业所得税税率维持在 19%，对年盈利在 5 万英镑至 25 万英镑之间的企业执行 26.5%的边际税率，针对年盈利高于 25 万英镑的企业，按照 25%的比例征收企业所得税。

（3）人才聚集。根据《泰晤士报》高等教育世界大学排名（2023），英国牛津大学、剑桥大学、帝国理工学院名列世界排名前 10 位，英国共有 10 所大学进入世界排名前 100 名。

（4）数字化管理和服务水平较高。英国政务服务透明、数字化管理水平较高，不涉密的政策文件基本可以在政府网站上获取，注册企业、申请各类许可等大部分经商事务也可以在政府网站上完成。

（5）政府大力支持创新创业。经合组织统计显示，英国创业障碍世界最少，政府积极支持创新创业，英国是世界上创新型企业最活跃的国家之一。2018 年，英国成立研究与创新署，负责引领英国科研和创新领域的工作并分配经费，为英国未来科学发现和经济增长提供动力支持。首相苏纳克上任后提出，创新是其政府议程和国家精神的核心，推动创新是政府最关键举措。

2. 营商环境劣势

（1）生产成本不断上升。中资企业在英国普遍反映生产成本不断上升是其面临的主要问题之一。尤其是中外合资企业和中国国有企业面临的生产成本上升压力较大。这主要是由于劳动力成本、环保和安全法规要求、市场竞争以及脱欧带来的不确定性等多种因素共同作用的结果。为了应对这一挑战，中资企业需要采取一系列措施，如优化生产流程、提高生产效率、加强成本控制等，以降低生产成本并增强企业的竞争力。

（2）法律法规过度规制。英国的法律法规体系以其全面性和复杂性著称，旨在保护消费者权益、维护市场秩序、促进公平竞争，并确保企业的合规运营。然而，对于许多中资企业来说，英国法律法规的过度规制却成了一个挑战。首先，英国的法律法规数量众多且详细，涵盖了企业经营的各个方面。这种详尽的规制要求使得企业在进入英国市场时需要花费更多的时间和金钱来适应，增加了企业的运营成本。其次，由于英国政治、经济和社会环境的不断变化，相关的法律法规也在不断更新和调整。企业需要时刻关注最新的法规变化，并相应地调整自己的经营策略和业务流程。这不仅增加了企业的合规难度，也增加了企业的运营风险。最后，英国政府对于企业的合规性要求非常高，对于违规行为通常会采取严厉的处罚措施，包括罚款、吊销执照甚至刑事追究。这种严格的执法环境使得企业必须时刻保持警惕，确保自己的经营行为符合法律法规的要求。

对于中资企业来说，由于语言和文化的差异，理解和适应英国的法律法规更加困难。许多中资企业在进入英国市场时，由于缺乏对相关法律法规的了解和认识，很容易陷入违规的境地。这不仅会给企业带来经济损失，还会损害企业的声誉和形象。

（3）国际竞争压力。英国市场作为国际商业中心之一，其开放性和成熟性吸引了全球众多企业的参与。在这样的市场环境下，中资企业面临的国际竞争压力尤为显著。英国市场的国际竞争压力主要表现在市场成熟度、品牌与市场份额的争夺、技术与创新的挑战、成本与价格的竞争、文化与市场的差异、贸易壁垒和关税以及国际合作的机遇与挑战等方面。中资企业需要全面评估这些挑战和机遇，制定有针对性的市场策略和管理措施，以在英国市场取得成功。

综上所述，英国营商环境虽然具有诸多优势，但也存在一些劣势和挑战。企业在进入英国市场前需要充分了解这些劣势和挑战，并制定相应的应对战略和措施。

3. 近期改善投资环境的措施

英国的营商环境具有市场准入门槛低、立法与制度完善、国际化水平高的特点，多年来英国政府在营造良好营商环境、保护和吸引境外直接投资方面作出了诸多努力。

在制度层面，英国政府近 20 年来在完善法规和机构改革方面都紧随市场的变化和需求。在布莱尔政府时期，负责国际投资和贸易的英国贸易投资总署仅是英国贸易和工业部的一部分，而如今负责该项职能的英国商业和贸易部是一个独立的中央政府部门。该制度可以确保英国实现国际贸易投资规则的统一规划、统一发力和统一协调，减少多部门互相推诿情形，为企业提供相对确定和透明的制度环境和畅通有效的诉求反映渠道。

在人才方面，英国政府推出“全球企业家计划”，该计划主要帮助高增长海外企业将其总部转移至英国发展。通过为海外创新技术创始人提供包括专家指导、落地协助和引介投资网络等一系列服务，“全球企业家计划”为新兴高新技术企业在英国的发展铺平道路。

在税收方面，为小微企业提供税务补贴和激励机制。英国政府通过“企业投资计划”和“风险投资信托”两个计划为在英国进行贸易和投资的小微企业提供税款减免。

（四）中英经贸关系

1. 总体情况

70 年来，中英两国在经贸合作领域砥砺前行，取得长足发展。英国是中国在欧洲第三大贸易伙伴、第二大投资目的地和第三大外资来源地，中国是英国在亚洲最大贸易伙伴。2022 年中英双边贸易额首次突破 1000 亿英镑大关。

中英经济结构互补，经贸合作潜力巨大。业界普遍认为，中英两国可以继续深化货物贸易、金融、制造、基础设施建设等传统领域合作，同时不断拓展在医疗卫生、绿色科技、绿色金融、新能源汽车、数字经济、创意产业等领域务实合作，努力开拓第三方市场合作，打造更多合作新亮点。

未来，中国新发展格局加快构建、对外开放水平不断提高、产品质量进一步提升，叠加共建“一带一路”加速发展，以及英国脱欧后贸易转移效应逐步显现，这些都将为中英经贸合作提供更广阔的发展机遇和发展空间。如果中英之间能尽早开展谈判并适时签署双边自贸协定，双边的互惠经贸合作关系将树立新的里程碑，迎来下一个“黄金时代”。

2. **双边贸易情况**

2022 年，中英双边贸易额 1033 亿美元，其中中国对英出口 815 亿美元，自英进口 218 亿美元。2023 年，中英双边贸易额为 979 亿美元，其中中国对英出口 779 亿美元，自英进口 200 亿美元。

截至 2024 年 4 月，已有超过 800 家中资企业落户英国。两国经贸合作呈多样化发展趋势。英国在中国优先发展的交通、能源、化工、机械制造领域，以及信息、生物工程等高新技术方面具有优势，同时也是中国机电、纺织、化工、金属制品、服装以及初级产品的重要出口市场。

3. **双向投资**

过去 5 年，中国对英投资合作快速增长，国有和民营企业均较为活跃，投资领域从金融、能源等传统行业向高端制造、基础设施、信息科技等领域延伸。《2022 年度中国对外直接投资统计公报》数据显示，截至 2022 年底，中国对英直接投资存量 193.5 亿美元。

4. 承包工程

据中国商务部统计，2022 年中国企业在英国新签承包工程合同 65 份，新签合同额 4.63 亿美元，完成营业额 3.96 亿美元。累计派出各类劳务人员 1186 人，年末在英国劳务人员 1107 人。

二、英国投资风险分析

中英经济具有高度互补性，合作基础厚、韧性强、领域宽、潜力大。自 1972 年 3 月 13 日中英建立大使级外交关系以来，双边经贸合作成果丰硕，给两国人民带来了实实在在的利益。但也应看到，近年来，除工商、税务、劳动法规等之外，英国在气候、环保、人权、信息安全、数据保护和隐私、出口及关键技术转让等方面不断对企业合规管理提出新要求，在英中资企业的经营风险和成本呈现上升趋势。

中国社科院世界经济与政治研究所、国家全球战略智库国际投资研究室发布的《中国海外投资国家风险评级报告（2023）》显示，英国在 120 个经济体中排名第 16 位，评级 AA，属于低风险国家。

以下从政治风险、经济风险、法律风险、社会风险等方面对英国的投资风险进行分析。

（一）政治风险

所谓政治风险是指由于东道国国内政治、社会、法律等因素在国内或国际环境的影响下发生了难以预料的重大变动，从而导致投资国企业的利润或经营目标无法持续的可能性。对于该类风险，一般的防范措施为：特许权协议必须得到东道国政府的正式批准，并对项目付款义务提供担保；向国家出口信用保险公司投保政治保险。

英国在政治方面的风险主要表现在以下几方面。

1. **政局风险**

即将到来的2024年大选前的民调显示，工党大幅领先保守党，预示着可能存在政府更迭的风险。大选不仅关乎英国政局的变动，还可能对经济、社会乃至国际层面产生深远影响，增加了投资者面临的不确定性。

2. **政策风险**

英国首相职位的频繁变动（如特蕾莎·梅的辞职、鲍里斯·约翰逊的上台及其后续辞职，以及里希·苏纳克的接任、基尔·斯塔默的上台）反映了深层次的政治分歧和领导力挑战。这种不稳定性使得制定和执行连贯的政策变得更加困难。2024年大选工党时隔14年重新掌权，政府更迭可能削弱政策的连贯性和执行力，对于需要长期规划和稳定政策环境的行业，如基础设施建设、能源和教育等，可能构成重大挑战。政策的频繁变动可能会影响市场准入条件、税收政策、行业监管规定等方面，增加投资项目的风险。

3. **征收风险**

英国是经合组织成员国，遵守经合组织的原则，即政府征用财产时，应给予及时、充分和有效的补偿。在英国，获得公平补偿和正当程序的权利不受争议，并反映在所有国际投资协定中。征用企业资产或将工业国有化需要议会通过特别法案。该项风险较低。

4. **国际关系风险**

英国在全球范围内的外交和贸易关系也会影响其投资环境。脱欧后的英国正在寻求建立新的国际贸易关系，与不同国家的关系紧张或合作进展可能会影响特定行业的投资回报。如英国签署大规模的国防合同（如核潜艇研发合同），可能引起对国际政治风险的关注，尤其是当这些合同涉及敏感技术和国际安全问题时，可能影响相关领域投资者的决策。

5. 政府违约风险

国际货币基金组织在其2023年4月的财政监测报告中预测，英国整体国家债务在未来五年将继续上升，到2028年，公共债务占GDP比重将达到113.1%的峰值。同时，国际货币基金组织警告称英国政府面临着“进一步增加公共工资和其他社会支出”的压力。这样的高水平债务比率意味着政府在财政上的灵活性将大大受限，增加了违约风险。

（二）经济风险

经济风险是指项目施工方可能受到的项目所在国的总体经济形势和经济实力方面的不利影响。海外施工项目的经济风险主要表现在以下几个方面：所在国的经济环境、汇率风险、外汇管制风险、税率风险、通货膨胀等。

1. 经济环境风险

经济学界通常将连续两个季度的负增长视为经济技术性衰退的标志。据英国国家统计局测算，2023年英国GDP仅增长0.1%。除去受疫情影响的2020年，这是自2009年以来英国最糟糕的经济增长表现。数据还显示，英国人均GDP连续七个季度停滞不前，映照出英国经济的萎靡与颓势。这种连续的经济萎缩不仅反映了内部经济体系的困境，也暴露出英国在应对外部挑战方面的脆弱性。

2. 行业困境风险

关键行业面临困境导致英国经济失去“中流砥柱”。2023年第四季度，制造业的产出同比下降了 0.9%，特别是机械和设备制造业，橡胶、塑料制品及其他非金属矿产制造业的下降，凸显了全球经济增长乏力对英国制造业的重大影响。2023 年第四季度的英国建筑业也面临严峻局面，产出同比下降了 1.3%，新开工建筑工程更是下降了 5.0%，市场需求不足和投资疲软成为制约英国建筑业发展的主要因素。此外，服务业部门的产出同比下降了 0.2%，食品和饮料、批发零售业的表现尤为突出。总体而言，各行业显现的增长动力匮乏对英国未来经济调整带来严重挑战。

3. 外汇管制风险

英国的《外汇管理法》于 1979 年暂停实施，并在随后废止。目前，英国没有针对跨境投资的外汇限制。利润及股息、贷款本金及利息、特许权使用费和其他费用的支付均不受外汇管理限制。在符合公司法及税收规定的情况下，非居民纳税人可以随时汇回资本、资本收益和留存收益。

尽管英国外汇市场在日常运营中几乎不受管制影响，但企业和投资者仍需关注宏观政策动态、全球金融监管趋势以及国际关系，以评估和管理潜在的外汇相关风险。

4. 通货膨胀风险

英国面临的高通胀环境对经济增长构成了严重挑战。尽管近期数据显示通胀有所缓和，2024 年 4 月通胀率降至三年来的最低点 2.3%，但这一水平仍然高于英国央行设定的 2%目标，尤其是核心通胀维持在较高位置，表明除去波动较大的食品和能源价格外，物价上涨的压力依然存在。

英国央行在 2021 年 12 月至 2023 年 8 月间连续 14 次加息，将基准利率上调至 5.25%，这一系列紧缩政策旨在遏制通胀，但同时也增加了借贷成本，对消费和投资活动产生了冷却效应。直到 2024 年 8 月 1 日，英国央行宣布降息，将利率下调 25 个基点至 5%。这是英国央行自 2020 年 3 月以来的首次降息。截至 2024 年 9 月，英国央行维持 5.0%的利率不变。

英国央行反对加快降息步伐，认为货币政策必须保持限制性，以进一步降低风险，使通胀可持续地回归 2%的目标。事实上，2024 年 8 月份的消费价格指数显示，整体通胀率与预期一致，同比上涨 2.2%，但核心通胀小幅上升至 3.6%，服务价格（衡量国内通胀压力的关键指标）也上升至 5.6%。尽管服务价格的回升可能只是暂时的，通胀下降趋势也可能还会继续，但在高工资增长和经济复苏强劲的环境下，英国央行仍对通胀持续的风险保持谨慎。

（三）法律风险

法律风险主要指涉及土地法、税法、劳动法、环保法、合同法、招标投标法等法律法规的更改和变化所引起的项目成本增加或收入减少等风险。对于该类风险，一般的防范措施为：明确因违约、歧义、争端的仲裁在双方都认可的第三国进行。

1. 法律合规风险

在英国承包工程主要受当地的公司注册与合同、劳动用工、税务、环境保护、反贿赂等法律法规的制约。

点评：

合规是对中资企业开展境外经营最基本、也是最根本的要求。我国企业应合法合规合理地开展业务，切勿“走捷径”“打擦边球”。不然不仅会被所在国纳入“黑名单”，遭受经济和法律的制裁，同时也给整体国家形象带来不良的影响。

2. 法律差异风险

英国是英美法系的国家，即普通法，英国宪法是典型的不成文法，依判例审判，即没有条文的宪法，法官以习惯法和前任判例作为审判标准，与我国法律体系有诸多不同之处。中资企业不能轻易按照国内的法律办事，否则容易招惹麻烦。

点评：

中资企业在进入英国之前，需要对其法律环境进行全面的了解。另外，应加强项目法律部门人员对其法律制度的学习，建立相应的法律知识信息系统，制定法律差异预防措施。

3. 外资安全审查风险

根据英国 2021 年《国家安全和投资法》，英国政府对所有行业符合条件的投资都有主动审查权。英国依据该法对外商投资行业和领域进行了市场准入限制，要求凡涉及先进材料、高端机器人、人工智能、民用核能、通信、计算机硬件、政府部门关键供应商、紧急服务部门关键供应商、加密认证、数据基础设施、国防、能源、军用或军民两用技术、量子技术、卫星和空间科技、合成生物学及交通等 17 个行业的交易，投资者都必须向英国政府申报。其他行业的市场准入大多依靠行业规范，外资控股企业和英国独资企业在法律上享有相同和平等的待遇，且都必须遵守英国并购和竞争规则。未经批准交易不得进行，违规交易将被自动认定为无效，相关企业和个人也将被处罚款和监禁。严格的审查机制会增加中资企业进入某些敏感领域的难度和不确定性，延长交易完成时间，影响投资决策。

［**案例** 6-1］

2022 年 11 月，英国政府宣布，中国广核集团有限公司（以下简称中广核）被排除参与塞兹韦尔 C 核电项目。英国政府将投资 6.79 亿英镑收购拟建的塞兹韦尔 C 核电项目 50%股份，负责项目建设的法国电力集团将持有剩余股份。英方此举意味着中广核被排除参与该项目。

4. 环保法律风险

英国对于企业在建设、生产、经营等各个环节都有严格的环境保护标准。企业负有环境保护的法律责任。首先，企业应当确保自身严格遵守与环境保护相关的法律法规。其次，企业进行工程承包通常还会涉及污水排放、废物处理等活动，而这些特定的活动是需要获得特殊许可的。最后，当企业在生产、经营的过程中产生有害物质时，还需要遵循特定的法律，并注意防范可能对环境造成的潜在危害。从事不同业务的企业，因其业务对环境的影响不同，所需遵循的具体的环保要求也是不同的。工程承包项目涉及多种类型的生产、建设活动，某一特定的项目很有可能同时面临多重环保要求，企业稍有不慎，即可能因触犯相关法律法规而受到处罚。

针对上述可能产生的法律风险，中国企业首先要清楚与自身业务领域相关的环保法律法规，实时跟踪当地的环保标准，评估项目进行当中产生的废气废水和其他环保影响，在规划设计过程中选好解决方案，做好环保预算。此外，环境咨询师可以为企业提供包括保险、企业发展计划等在内的更为具体的建议。

5. 合同风险

在英国合同法中，合同除须具有要约和承诺外，还须就合同的对价作出非常具体的约定。各种有关的文件、图纸、规范、标准、纪要、签证等都要作为合同不可分割的一部分，具有法律效力，未纳入合同的文件不具备法律效力。即合同必须具备要约、承诺和对价三因素方能成立，没有对价的合同原则上不能成立。

然而，对于赴英国承包工程的中国企业来说，FIDIC 合同条款以及英国土木工程师学会合同条款中有关“对价”的规定与国内的成文法思维模式不完全一致。受限于成文法的思维模式，极易导致对专用条款的忽视，如仅重视通用条款谈判，而忽略对专用条款中具体对价责任和承诺的补充修改，或是在与外国分包商的合同谈判中采用国内成文法的合同格式，而为自己埋下风险隐患。因此，中国企业在重视工程合同的基础上，还应对合同中的专用条款给予特别的重视，在谈判时注重专用条款中合同当事人之间责任的划分，谨慎作出承诺。此外，对于构成合同一部分的文件、图纸、会议纪要等也要妥善地保管，一旦发生纠纷，上述内容都可能作为关键的证据被提交给法院。

（四）社会风险

社会风险主要指所在国的社会文化环境、基础设施建设、治安安全、医疗卫生等可能给企业和个人带来财产及人身方面损害的影响因素。对于这类风险，一般的防范措施为：尊重当地风俗习惯，密切与当地居民的关系，做好安保防范措施以及相关风险识别和规划。

1. 外界舆论风险

英国政府及媒体对于中国在关键基础设施、高科技和敏感技术领域的投资表达了国家安全方面的顾虑。这导致了更严格的审查机制以及对涉及国家安全风险投资的公开警告，这些都可能在舆论上形成对中国投资的负面印象。英国媒体对中国的报道可能受到刻板印象和偏见的影响，有时会夸大中国投资的风险，而忽视其带来的经济利益和合作潜力，这可能导致公众对中国投资持有负面看法。

2. 民众抗议、罢工风险

社会不满与抗议活动风险是英国投资环境中不容忽视的一个方面，

尤其是近年来，英国经历了多重社会经济变化和政治动荡，这些因素共同作用，加剧了某些社会群体的不满情绪。

英国脱欧进程中的政治分歧显著，包括对脱欧条款的不满、对政府处理方式的批评，以及围绕“关闭议会”等议题的争议，这些都引发了大规模抗议活动。政治争议往往能激发民众的参与热情，对社会稳定构成一定挑战。英国社会存在明显的收入差距和区域发展不平衡。例如，高昂的生活成本、停滞的平均工资增长与飞涨的通胀率导致民众对生活现状不满，引发工资诉求抗议和罢工。投资者应定期进行社会风险评估，包括监控社会动态、政策趋势和公众情绪，以便及时调整投资管理策略。

3. 恐怖主义风险

在 2022 年的多数时间里，英国的恐怖主义威胁等级维持在第三高的“严重”级别。这一等级的提升源于 2021 年发生的两起恐怖袭击事件：一起是 10 月 15 日国会议员戴维·艾默斯被刺伤，另一起是 11 月 14 日利物浦妇女医院发生的爆炸案。这两起事件促使英国政府在 2021 年 11 月 15 日将恐怖主义威胁等级提升至“严重”。根据英国内政部 2023 年 1 月 26 日的报告，截至 2022 年 3 月的一年时间里，英国的反恐预防计划接收了 6406 起转介，这个数字相较于上一年同期有了 30% 的显著增长。值得注意的是，“极右翼”极端主义相关的转介数量（1309 起）已经连续第二年超过了与“伊斯兰主义”极端主义相关的转介数量（1027 起）。这暗示了当前恐怖主义威胁的多样性和复杂性。除了传统的“伊斯兰主义”极端主义外，“极右翼”极端主义也成了不可忽视的威胁。因此，英国政府需要采取更加全面和多元的反恐策略，以应对不同类型的恐怖主义威胁。投资者需要关注英国的恐怖主义威胁等级和相关的安全局势，以评估其对投资项目的潜在影响。

4. **人才短缺风险**

英国劳动力市场的数据显示，特定行业和领域的技能人才短缺已经成为一个普遍的问题。英国商会 2024 年 1 月中旬公布的调查报告显示，约 76%的受访公司表示在招聘合适的员工方面遇到了困难。其中，酒店行业最为严峻，约 82%的酒店企业方表示招聘和留住员工极为艰难。此外，81%的运输公司、79%的建筑公司以及 66%的零售公司也纷纷表示在人员招聘方面遇到了巨大挑战。技能人才短缺限制了在英投资企业的发展。移民政策变化导致的人才流动限制，以及“大辞职潮”现象，都可能推高工资成本，影响赴英投资企业竞争力和盈利能力。

5. **管理风险**

管理风险是指企业因自身管理上的疏忽而导致的风险。在国外开展工程，容易在管理过程中出现水土不服、难以适应的问题。在境外常见的管理风险有：

（1）语言沟通风险：由于语言差异，跨国企业在沟通上可能会遇到障碍，特别是在解释工作要求、协调工作、处理投诉等方面，如果沟通不畅可能会引发误解和纷争。

（2）人员管理风险：由于国外员工和管理人员的背景、经验、文化等方面的差异，跨国企业在管理人员时可能会遇到人事管理上的问题，如员工离职率高、员工表现不佳等。

（3）信息安全风险：由于网络技术的发展，企业的信息系统面临着越来越多的威胁，包括黑客攻击、病毒感染、信息泄露等，这些威胁可能会对企业的运营和管理造成不利影响。

6. **技术风险**

技术风险指对工程项目所在地的自然条件勘察不力和工程实施的

技术难度等给承包商带来的风险。技术风险主要包括以下几种情况：

（1）前期工程资料不准确。前期施工资料，如水文地理等资料是由业主提供的，而业主给的资料可能存在不详尽、不准确的情况。企业在境外施工，对英国的经验不丰富，缺乏相应的了解，前期核实和准备不足可能导致返工风险。

（2）对技术规范不熟悉。如企业对当地技术规范不了解；或进入陌生的领域承包工程，对该领域的技术规范不熟悉；或是需要采用新的施工方法和工艺，没有适用的技术规范。

三、英国未来发展预测与投资机会分析

（一）政治前景

英国的政治框架是君主立宪制之下的议会民主。近年英国政党政治的不稳定性提高，两大主要政党内部分歧严重，实力大幅下降，长期深陷政坛频繁动荡、政治对抗性增强、政府治理失效的困境之中。

英国脱欧以来，保守党把英国带上了衰退的快车道。2022 年关于英国大混乱的讨论延伸到经济领域，英镑贬值后一度几乎与美元持平、女王伊丽莎白二世去世对英国和英联邦凝聚力带来负面影响，成为英国国家实力和国际地位进一步衰退的标志性事件。英国经济内生动力不足和外部系统风险增加的问题仍未找到答案，各行业的大罢工进一步降低了英国的劳动生产率水平；英国金融业等传统优势产业受脱欧后安排的不确定性影响，竞争力下降；乌克兰危机持续、全球经济发展不确定性增加等，都加大了英国进一步衰落的风险。

在 2024 年 7 月 4 日结束的选举中，英国工党轻松获得绝对多数，

共获得 412 个席位（绝对多数要求赢得 326 个席位）。工党党首基尔·斯塔默成为新一任英国首相并负责组阁。这一结果符合预期，与选举之前的投票意向民调一致。时任英国首相苏纳克所在的执政党保守党惨败，早在预料之中。

过去几年，保守党的政绩乏善可陈，政治资本早已挥霍一空。脱欧乱局导致英国在爱尔兰海出现与北爱尔兰的边界，新冠疫情封城期间爆发“聚会门”丑闻，疫情后民众陷入生活成本危机，特拉斯政府不负责任的财政政策导致其成为历史上任期最短的首相，以及竞选期间的赌博丑闻。

对于工党来说，2024 年的选举胜利是该党历史上最大的胜利之一，帮助工党时隔 14 年重新掌权。工党打出的竞选口号为“改变”，承诺实施全面改变英国的政策。在过去几年英国经济始终徘徊在衰退边缘、生活成本令家庭窒息、公共服务下滑陷入危机的背景下，工党政府任务并不简单。65%~75%的英国选民渴望在以下问题上进行政策改变，包括：卫生系统和社会保障改革、向净零过渡的同时仍保护劳工权利的战略、基本收入等。

外交政策方面，工党政府可能还要作出许多重大改变。工党政府将对英国外交政策进行“三个重建”，其中包括：在英国和欧盟之间新安全条约的基础上重建双方关系；重建气候政策，使英国成为气候承诺的领先国家；在世界日益多极化且英国在世界上的角色发生根本改变的背景下，重塑英国与南方世界和世界中等强国之间的关系。

（二）经济预测

英国发布官方数据称，英国经济在 2024 年第一季度实现了近三年来最大幅度增长，结束了自 2023 年下半年以来的轻微衰退。自疫情以来，通货膨胀和能源危机等因素推高了英国的生活成本，公共部门工作人员 2023 年举行了多轮大规模罢工，涉及从医护到铁路的多个行业，抗议者强烈要求涨薪，以应对日益严峻的经济压力。不过，这些罢工近来有所减少，进而促使零售、公共交通和卫生等行业出现了强劲增长。

在探讨英国经济前景时，几个关键信息点尤为突出。

英国现任首相基尔·斯塔默在 2024 年 7 月 4 日举行的大选前，表达了其雄心勃勃的经济增长目标，即希望实现每年 2.5%的经济增长率，这一水平自 2008 年金融危机以来一直未被触及，显示了新政府对经济复苏的强烈期望。

财政大臣蕾切尔·里夫斯则设定了一个更为具体且具挑战性的目标，即英国应连续两年成为七国集团（G7）中人均 GDP 增长最快的国家。这一目标不仅关乎经济增长的速度，更体现了英国在全球经济舞台上的竞争力追求。

然而，经济研究机构毕马威给出了更为保守的预测。根据毕马威的分析，英国 2024 年的经济增长率预计仅为 1%，而到了 2025 年，这一数字将略有提升至 1.2%，远低于斯塔默首相所设定的目标。这一预测反映了当前经济环境下，英国实现快速增长所面临的诸多挑战。

关于通胀问题，毕马威指出，英国通胀率在 2025 年初可能会攀升至 3%，这一趋势无疑增加了英国央行在制定货币政策时的压力。为了应对通胀压力，英国央行可能不得不采取更为谨慎的立场，并有可能在 2025 年末将基准利率调整至 3.5%。

此外，尽管英国居民的收入预计将保持稳定增长，但面对持续的通胀压力和经济增长的不确定性，英国民众在消费方面仍将保持谨慎态度。这种消费心态的转变，将在一定程度上影响英国经济的整体复苏进程。

综上所述，英国经济在未来一段时间内将面临着经济增长、通胀压力和消费者信心等多重挑战。政府、央行和经济研究机构都在密切关注这些动态，并努力制定和实施相应的政策措施，以促进经济的稳定增长和可持续发展。

（三）投资机会

根据英国政府公布的投资政策导向，英国吸引投资的重点行业包括人工智能、生命科学、能源、汽车等。

1. 能源和电力产业

2021 年，英国政府宣布将在 2035 年实现 100%清洁能源电力目标，其中包括加大对可再生能源和核能的投资，在 2030 年前将海上风电发电量增加 5 倍，太阳能发电容量增加 5 倍。这一承诺被认为是推动英国迈向更可持续的能源体系，实现其 2050 年净零排放气候变化愿景目标的关键一步。

英国国家电网公司宣布将在 2025 年至 2026 年扩大其对英国电网系统的投资，新增资本投入 20 亿英镑，整体投资计划达到 420 亿英镑，加大对英国陆上和海上输电项目的投资，以缓解清洁能源项目并入造成的电网挤压问题。同时，英国国家电网公司正在加快 20GW 容量的电力网络项目建设，以将清洁能源项目连接至英格兰和威尔士的输配电网络，项目建成后，一些低碳发电项目的并网日期将加快 5 年。

过去十年，中国持续对英国可再生能源领域进行投资。以往，中国投资主要为股权投资，集中于英国海上风电项目，而近年来开始转向储能项目。比如，在英国政府的支持下，国家开发投资集团在 2016 年投资 588MW 比特瑞斯海上风电项目和 1GW 英奇角海上风电项目，

2020 年投资 50MW 埃弗顿陆上风电项目，2021 年投资 72MW 本布瑞克陆上风电项目。

对中英两国而言，固定式海上风电场在可再生能源领域发挥重要作用。中英两国是全球第一、第二大海上风电运营商，扩大装机容量的潜力巨大。鉴于传统固定式风机所需的近海水域可开发空间有限且即将达到极限，浮式海上风电将成为新风口。

2. 人工智能行业

近年来，英国人工智能产业高速发展。根据科技媒体 Tortoise Media 2023 年发布的全球人工智能指数报告，英国人工智能领域的综合情况目前在全球排名第四，前三名分别是美国、中国和新加坡。数据显示，目前英国有 3000 多家人工智能公司，总收入超过 100 亿英镑，有超过 5 万人从事人工智能相关工作，经济贡献规模达到 37 亿英镑。

长期以来，英国政府对人工智能技术的发展和运用表现出十分积极的态度并提供了强大的支持。2017 年，英国《产业战略白皮书》就提出，英国未来产业战略关键目标之一是让英国成为最具创新力的经济体，吸引全球人工智能人才，并提出将英国打造为全球人工智能中心的愿景。

2018 年 4 月，英国发布了《人工智能行业协议》，在政策层面支持人工智能产业生态的发展。英国政府又陆续成立了人工智能委员会、人工智能办公室等。2021 年，英国政府发布了《人工智能路线图》，2022 年，推出国家层面《人工智能战略》，2023 年 3 月，公布了首部《人工智能监管白皮书》等。

除了在政策层面不断鼓励发展，在近年财政压力巨大的情况下，英国政府仍然持续加大在人工智能领域的投资。比如，2018 年英国政府承诺向人工智能生态系统（相关研究、发展、市场应用的科研人员和企业）投入近10亿英镑。同时，在英国商业银行设立25亿英镑投资基金，通过与私营部门共同投资，撬动75亿英镑投资。

2023年8月，英国宣布投资近400万英镑，以推进人工智能在减少碳排放方面发挥更大的作用，加速向净零目标迈进。总计12项绿色人工智能项目将获得100万英镑的资助，包括利用人工智能改进太阳能电力与能源网、监测作物和土壤健康以实现奶牛养殖脱碳、支持新型超低功耗人工智能技术的开发等。除此之外，225万英镑将用于支持人工智能技术在未来的创新发展，巩固英国在人工智能方面的领先地位。

3. **汽车行业**

英国是欧洲最多样化和产量较多的汽车生产和装配基地。英国汽车业的优势包括自动驾驶技术的研发、赛车的研发、超低排放车辆的研发等。英国汽车行业主要集中在英格兰中部和北部地区。在威尔士有一个重要的生产汽车零部件的产业集群。英国各地都广泛设立了研发和测试中心。

截至2022年，大约有20家中国企业对英国汽车业进行了投资。2013年，浙江吉利汽车集团投资1104万英镑收购了英国锰铜控股的业务与核心资产。2017年，吉利宣布在英国考文垂投资3.3亿英镑，建设制造新型电力伦敦出租车的新工厂。同年，吉利正式收购豪华跑车品牌路特斯51%的股份。

近年来，英国汽车行业的生产率不断提高，政府向汽车行业的投资，尤其在汽车技术研发方面的投资也在不断增加。英国汽车制造商协会建立了一个行业和政府之间的协同基金，规模达到25亿英镑。过去十年间，中英两国不断加强汽车领域合作，为实现绿色转型目标作出积极探索和努力，脱欧后的英国车企将更加看重迅速增长的亚太和中国市场，与中国开展深度合作是必然的。同时，为实现全球净零排放，推动交通运输领域的绿色发展尤为重要。因此，新能源汽车领域将迎来更多合作机会。

4. 健康和生命科学产业

根据引用影响力，英国生命科学研究在G7中排名第一。英国在健康与生命科学方面的优势体现在药物研发与生产、生命科学研究、医疗技术和数字化健康方面。英国是世界生物制药的主要中心，在复合蛋白质和DNA技术疗法领域领先。据英国制药工业协会报告，英国企业创造了欧洲上市公司40%的生物科技产品。同时，欧洲进入临床阶段的生物制药超过45%是英国生产的。

英国和中国市场具有极大的互补性。在健康和生命科学领域，中国市场迅速增长，具有庞大的市场潜力。而英国是一个专注于创新的国家，英国的创新技术加上中国的研发与生产能力及成熟的供应链体系，将在国际上非常具有竞争力，这也是中英合作的一个益处。

Chapter 7
第七章

工程建设企业合规管理体系建立指南

一、合规管理的内部环境

合规管理是一种风险管理活动，是境外施工企业对业务活动是否遵守所在国（地区）法律、法规、规定、规则、行业自律等的一种鉴证行为。

合规管理的内部环境是其他所有风险管理要素的基础，为其他要素提供规则和结构。内部环境的要素包括：合规管理的目标和基本原则，企业文化和公司战略，管理层的理念和经营风格，公司组织架构及其岗位职责，员工的诚信、道德价值观和胜任能力。

（一）合规管理的目标

建立健全合规风险管理体系，实现合规风险的有效识别和管理，促使境外施工企业全面风险管理体系的建设，确保企业依法合规经营。

（二）合规管理的基本原则

一是客观性原则。合规人员应当依照相关法律、法规对违规事实进行客观评价。

二是独立性原则。合规部门在企业中应当有独立地位，合规管理应当独立于其他各项业务经营活动。

三是专业性原则。合规人员应当熟悉公司业务制度，了解公司内各业务环节的专业知识和业务流程，并准确理解和把握法律法规的规定和变动趋势。

四是公正性原则。合规人员在对业务部门进行检查时，应当坚持统一标准对违规行为及相关风险进行评估和报告。

五是协调性原则。合规人员应当正确处理与公司其他部门及监管部门的关系，努力形成公司的合规合力，避免内部损耗。

六是全面性原则。企业合规管理应覆盖所有境外业务领域、部门和员工，贯穿决策、执行、监督、反馈等各个环节，体现于决策机制、内部控制、业务流程等各个方面。

二、合规管理机构的设置及职责

（一）合规管理机构的设置

企业可根据业务性质、地域范围、监管要求等设置相应的合规管理机构。合规管理机构一般由合规委员会、合规负责人和合规管理部门组成。尚不具备条件设立专门合规管理机构的企业，可由相关部门（如法律事务部门、风险防控部门等）履行合规管理职责，同时明确合规负责人。

1. **合规委员会**

企业可结合实际设立合规委员会，作为企业合规管理体系的最高负责机构。合规委员会一般应履行以下合规职责：

第一，确认合规管理战略，明确合规管理目标。

第二，建立和完善企业合规管理体系，审批合规管理制度、程序和重大合规风险管理方案。

第三，听取合规管理工作汇报，指导、监督、评价合规管理工作。

2. **合规负责人**

企业可结合实际任命专职的首席合规官，也可由法律事务负责人或风险防控负责人等担任合规负责人。首席合规官或合规负责人是企业合规管理工作具体实施的负责人和日常监督者，不应分管与合规管理相冲突的部门。首席合规官或合规负责人一般应履行以下合规职责：

一是贯彻执行企业决策层对合规管理工作的各项要求，全面负责企业的合规管理工作。

二是协调合规管理与企业各项业务之间的关系，监督合规管理执行情况，及时解决合规管理中出现的重大问题。

三是领导合规管理部门，加强合规管理队伍建设，做好人员选聘培养，监督合规管理部门认真有效地开展工作。

3. 合规管理部门

企业可结合实际设置专职的合规管理部门，或者由具有合规管理职能的相关部门承担合规管理职责。合规管理部门一般应履行以下合规职责：

第一，持续关注我国及业务所涉国家（地区）法律法规、监管要求和国际规则的最新发展，及时提供合规建议。

第二，制定企业的合规管理制度和年度合规管理计划，并推动其贯彻落实。

第三，审查评价企业规章制度和业务流程的合规性，组织、协调和监督各业务部门对规章制度和业务流程进行梳理和修订。

第四，组织或协助业务部门、人事部门开展合规培训，并向员工提供合规咨询。

第五，积极主动识别和评估与企业境外经营相关的合规风险，并监管与供应商、代理商、分包商、咨询顾问和承包商等第三方相关的合规风险。为新业务的开发提供必要的合规性审查和测试，识别和评估新业务的拓展、新客户关系的建立以及客户关系发生重大变化等所产生的合规风险，并制定应对措施。

第六，实施充分且具有代表性的合规风险评估和测试，查找规章制度和业务流程存在的缺陷，并进行相应的调查。对已发生的合规风险或合规测试发现的合规缺陷，应提出整改意见并监督有关部门进行整改。

第七，针对合规举报信息制定调查方案并开展调查。

第八，推动将合规责任纳入岗位职责和员工绩效管理流程。建立合规绩效指标，监控和衡量合规绩效，识别改进需求。

第九，建立合规报告和记录的台账，制定合规资料管理流程。

第十，建立并保持与境内外监管机构日常的工作联系，跟踪和评估监管意见和监管要求的落实情况。

（二）合规管理部门的设置方式

合规管理部门是负责施工企业合规工作的具体组织和执行部门，依照所规定的职责、权限、方法和程序独立开展工作，负责公司各部门和全体员工的合规管理工作，合规管理部门对公司高层负责。

合规管理部门人员应具备较高的思想素质和法制观念，坚持原则、忠于职守、廉洁奉公、公正无私，并具备相应的专业知识。合规管理部门必须制定相应的人员岗位责任制，明确任务，落实责任。合规管理部门工作人员同样应遵守公司各种规章制度和规定。合规管理部门依据国家及有关部门的法律法规、公司章程、公司内部管理制度和承包合同，在所赋予的权限内，按照所规定的程序和方法，对行为对象进行客观公正的检查监督并提出处理建议。

合规管理部门的设置有如下几种类型（见表 7-1）。每种类型都有各自的优缺点。企业应根据公司业务类型、组织结构、组织资源等因素选择合规管理部门的设置。

表 7-1　合规管理部门类型及特点

序号	类型	特　点
1	合规管理部	在企业内部建立一个专业的合规管理部门，任命首席合规官作为合规管理总负责人。 优点：企业合规管理部门的独立性强，合规团队专业能力强，合规工作也做得相对专业。 缺点：要求企业投入大量的资金、人力等资源；对合规管理人员职业技能要求高，既要懂合规专业知识，又要懂具体的业务知识；合规管理部门与其他部门之间的沟通协调能力也要求较高。
2	法务合规部	把法务部或者法律事务部的管理职能与合规部门管理职能统一到法务合规部门职能之中，由法务合规部对企业的法律事务工作和合规管理工作进行统一管理。 优点：部门设立相对容易，投入成本相对较低，公司在设立合规管理部门时可以利用公司现有的法务部门的资源，因为大多数公司在成立合规部之前都有法务部门。另外，合规管理工作与法务部工作配合容易，因为合规管理部门有效开展工作的前提须对外部法律法规、监管等规定有正确的理解，在一个领导之下，合规管理部门与法务部门之间的沟通也相对顺畅。 缺点：按照这样的方式设置合规管理部门，开展工作时与其他部门的沟通协调要求较高，需要合规管理部门与业务部门密切配合，对合规管理人员职业技能要求高，既要懂合规专业知识，又要懂具体的业务知识。
3	审计合规部	合规部与审计部结合形成审计合规部。 优点：便于企业对合规风险进行管理，企业可以通过较少的投入达到合规管理的目的。 缺点：独立性不强，适用于业务单一且面临合规风险较低的企业。以生产汽车为主的北京奔驰汽车就采用了该类型。

续 表

序号	类型	特 点
4	风控合规部	融合了公司治理、风险控制与合规管理。 优点：大大提升了合规管理部门整合公司资源的能力，有很强的独立性，方便了合规部门与风险管理部门的沟通，合规部门在合规风险评估时可以和风控部门结合起来共同开展工作，实现风险管理工作成果共享。 缺点：对合规部的领导力提出了很高的要求，同时也需要企业提供较多的资源支持，还需要与法务部门等其他部门加强沟通，平衡业务与合规风险管理的关系。
5	其他	具体根据公司业务类型、组织结构、组织资源而定。 如英国石油公司（BP）在集团层面设置“道德与合规部”进行合规管理，同时配以法律各领域专家提供日常的法律专业支持，来保证 BP 各部门的合规专业有效运行。 BP 公司除了在道德与合规部门工作的全职合规工作人员之外，在每个业务与职能部门及其每一个下属地区部门，都有一位部门领导兼任本部门的“道德与合规联络人”。其职责是确保各项合规制度在本部门的有效实施，并且就日常工作中的合规问题进行处理和解答。这种安排能够有效提高本部门领导的合规意识，高效率解决日常合规问题。

三、企业内部的合规管理体系

（一）董事会的合规责任

董事会作为决策层应以保证企业合规经营为目的，通过原则性顶层设计，解决合规管理工作中的权力配置问题。

董事会负责企业整体风险的预防和控制，审核、监督公司风险控制制度的有效执行，可以下设合规与风险管理委员会，负责对企业国内施工承包及境外施工经营的风险控制及合法合规进行审议、监督和检查，草拟企业风险管理战略，评估企业风险管理状况。

董事会对企业的合规管理承担最终责任，履行以下合规职责：

①审核批准合规政策，监督合规政策的实施，并对实施情况进行年度评估。

②审核批准公司年度合规报告，对年度合规报告中反映出的问题，采取措施解决。

③根据总经理提名决定合规负责人的聘任、解聘及薪酬事项。

④决定公司合规管理部门的设置及其职能。

⑤保证合规负责人独立与董事会、董事会相关委员会（如审计委员会或者其他专业委员会）沟通。

⑥公司章程规定的其他合规责任。

（二）监事会的合规责任

为了完成合规监督职能，监事会不仅要进行会计监督，而且要进行业务监督。不仅要有事后监督，而且要有事前和事中监督（即计划和决策时的监督）。监事会对经营管理的合规方面监督包括以下方面：

一是对企业董事、总经理和其他高级管理人员执行公司职务时违反法律、行政法规或者公司章程的行为进行监督并有权通知他们停止其非合规行为。

二是随时调查企业的合规执行状况，审查合规体系文件、合规记录和合规报告，并把审核意见向董事会报告。

三是当监事会认为有必要时，一般是在企业出现重大问题时，可以提议召开股东会。

（三）管理层的合规责任

企业的高级管理层应分配充足的资源建立、制定、实施、评价、维护和改进合规管理体系。

管理层人员应当熟悉工程建设相关法律、行政法规及国际性组织的监管要求，依法合规、勤勉、审慎地行使职权。管理层人员应当维护企业的统一性和完整性，在其职权范围内对企业经营活动进行独立、自主决策，不受他人干预，不得将其经营管理权让渡给股东或者其他机构和人员。

管理层人员应当根据企业经营环境的合规要求，督促和落实合规责任体系的建立和运行。

管理层人员应当构建企业自身的合规文化，保持企业内部机构和人员合规责任体系、合规报告路径的清晰、完整，不得违反规定的报告路径，防止内部责任体系、报告路径和内部员工之间出现割裂的情况。

（四）合规管理部门的合规责任

①协助领导构建企业合规管理体系，制定、修订企业的合规手册和其他合规风险管理规章制度。

②起草年度合规管理计划。

③主动识别、评估、监测和报告合规风险。

④负责各项具体合规工作方案的拟定，使合规工作顺利展开。

⑤起草合规报告。

⑥参与新业务的开发，识别、评估合规风险，提供合规支持。

⑦违规事件的调查处理，起草违规处理决定。

⑧梳理企业内控流程，提出相关改进建议。

⑨审查企业内部管理制度、业务规程，提供合规改进建议。

⑩组织合规培训并向企业员工提供合规咨询服务。

⑪跟踪法律法规、监管规定和行业自律规则的变动、发展，并根据其有关要求提出制定或者修改企业内部规章制度的建议。

⑫相关辅助性工作和领导指派的其他工作。

（五）合规管理的主要内容

企业应以倡导合规经营价值观为导向，明确合规管理工作内容，健全合规管理架构，制定合规管理制度，完善合规运行机制，加强合规风险识别、评估与处置，开展合规评审与改进，培育合规文化，营造重视合规经营的企业氛围。

1. 合规管理的主要活动

合规管理旨在构造企业监督系统，对企业的决策系统、执行系统进行全程、动态的合规监控，监控的对象覆盖企业经营管理的全部内容，主要包括：

①定期学习法律、法规，传达监管要求，打造企业合规文化，提高员工合规意识。

②审核业务合同，各部门的制度和工作流程。

③依据合规要求，检查和评估日常经营管理活动的合规性。

④梳理整合各项法律法规、规章制度，开展合规培训。

⑤为新的承包合同提供合规支持。

⑥开展法律咨询，协同处理企业法律纠纷及其投诉。

2. 合规文化

合规文化建设是合规风险管理的一部分，同时也是企业文化建设的一部分。如果企业上下所有员工都严格遵守高标准的道德行为准则，那么该合规风险的管理是最为有效的。

在企业内部要形成浓厚的合规文化，做到人人合规。所有员工都要有足够的职业谨慎、具有诚信正直的个人品行以及良好的风险意识和行为规范。企业内部要具有清晰的责任制和问责制，以及相应的激励约束机制，形成所有员工理所当然要为自身从事的职业和所在岗位的工作负责任的氛围，进而逐步形成工程建设企业的合规文化。企业加强合规文化建设应从以下四个方面努力：

第一，管理层的重视。

第二，全员合规理念的建立。一定要改变钻政策空子、打擦边球的观念，消除侥幸心理。

第三，合规部门与其他部门的配合、信息交流，实现资源共享，协同作战。

第四，合规考核机制的有效落实。

3. 合规政策

合规政策是企业体现合规理念，培育合规文化，制定实现合规目标的纲领性、指示性的文件，对企业开展合规工作提出了原则性要求。其内容包括：

（1）合规政策的制定。企业的高级管理层（合规委员会）负责制定书面的合规政策，并根据合规风险管理状况和法律、规则、准则，以及项目所在地的政策、宗教和文化环境的情况适时修订合规政策，经董事会审议批准后传达给全体员工，定期评价各项合规政策和执行状况；若发现重大的合规问题，管理层必须立即向董事会汇报。

（2）进一步明确合规管理部门的职能。为确保合规管理部门能在公司合规管理中充分发挥作用，对合规管理部门的责任至少应明确：①合规管理部门的功能和职责；②合规管理部门的权限；③合规负责人的合规管理职责；④保证合规负责人和合规管理部门独立性的各项措施，包括确保合规负责人和合规管理人员的合规管理职责与其承担的任何其他职责之间不产生利益冲突等；⑤合规管理部门与其他部门之间的协作关系；⑥设立分支机构合规管理部门或项目部合规管理部门的原则。

（3）合规政策的落实。

①高级管理层：负责贯彻执行合规政策，确保发现违规事件时及时采取适当的纠正措施，并追究违规责任人的相应责任。

②企业职能部门及各项目部：遵循企业合规政策，研究制定本部门或本项目决策和运作的各项制度流程并组织实施，定期对本部门或项目的合规风险进行评估，对其合规管理的有效性负责。

③合规管理部门：作为合规风险的日常管理部门，主要负责识别、评估和监控合规风险，并向管理层和董事会提出合规建议和报告。

4. 合规审核

通过审核，对于外部监督可能发现的问题及时自查自纠，以减少企业损失，避免可能受到的处罚。

合规审核的程序一般包括：制定合规审核机制、合规审核调查、合规审核评价，具体内容见表 7-2。

表 7-2 合规审核的程序及内容

程序	内 容
制定合规审核机制	制订合规审核计划，需要列出审核的目标、步骤和流程。
合规审核调查	合规人员开展内部合规审核时，可能出现内部人员不配合，刻意隐瞒实情的情况，需要合规部门人员进行审核调查，但审核调查手段不能干扰企业或项目的日常运作。
合规审核评价	合规审核工作需要进行阶段性的评估，可以由内部或外部人员进行，最终目的是改进合规部门的工作。

5. 合规审计

企业合规管理职能应与内部审计职能分离。企业审计部门应对企业合规管理的执行情况、合规管理体系的适当性和有效性等进行独立审计。审计部门应将合规审计结果告知合规管理部门，合规管理部门也可根据合规风险的识别和评估情况向审计部门提出开展审计工作的建议。

6. 合规检查

合规检查的主要对象是制度、程序和流程的执行情况，合规检查主要看企业各个层面，特别是施工项目部是否落实了合规要求，检查要点：

一是企业各个层面是否按照相关法律法规和企业章程的规定履行职责，合规记录是否真实、准确、完整，是否按规定存档。

二是合规问题的整改情况及违规责任人的处理情况。

三是风险管理制度是否涵盖了不同风险控制环节。

四是其他需要检查的内容。

7. 合规培训

企业应将合规培训纳入员工培训计划，培训内容随企业内外部环境变化进行动态调整。境外经营相关部门和境外分支机构的所有员工，均应接受合规培训，了解并掌握企业的合规管理制度和风险防控要求。决策层和高级管理层应带头接受合规培训，高风险领域、关键岗位员工应接受有针对性的专题合规培训。合规培训应做好记录留存。合规培训的内容包括但不限于：企业内部的员工守则和各项业务的合规制度、国际商业公约及项目所在国特定的合规要求、境内外合规案例警示教育。

8. 合规汇报、举报与投诉

合规负责人和合规管理部门应享有畅通的合规汇报渠道。合规管理部门应当定期向决策层和高级管理层汇报合规管理情况。汇报内容一般包括但不限于合规风险评估情况，合规培训的组织情况和效果评估，发现的违规行为以及处理情况，违规行为可能给组织带来的合规风险，已识别的合规漏洞或缺陷，建议采取的纠正措施，合规管理工作的整体评价和分析等。

如发生性质严重或可能给企业带来重大合规风险的违规行为，合规负责人或合规管理部门应当及时向决策层和高级管理层汇报，提出风险警示，并采取纠正措施。

企业应根据自身特点和实际情况建立和完善合规信息举报体系。员工、客户和第三方均有权进行举报和投诉。企业应充分保护举报人。

合规管理部门或其他受理举报的监督部门应针对举报信息制定调查方案并开展调查。形成调查结论后，企业应按照相关管理制度对违规行为进行处理。

企业各层级人员对违规行为应有制止的义务，企业应有合规投诉处理的渠道和制度，合规投诉处理的流程为：接收、审议、改进、反馈。合规投诉处理的措施包括：

第一，建立合规投诉渠道。

第二，建立合规投诉的管理办法或处理流程等制度，其中建议含保密、奖励等内容。

第三，规定相关处理极限范围、处理流程与时限等。

9. 合规考核

合规考核应全面覆盖企业的各项管理工作。合规考核结果应作为企业绩效考核的重要依据，与评优评先、职务任免、职务晋升以及薪酬待遇等挂钩。

境外经营相关部门和境外分支机构可以制定单独的合规绩效考核机制，也可将合规考核标准融入总体的绩效管理体系中。考核内容包括但不限于按时参加合规培训，严格执行合规管理制度，积极支持和配合合规管理机构工作，及时汇报合规风险等。

（1）建立考核目标。企业应在相关部门和各层级建立合规目标作为考核依据。

企业策划如何实现合规目标时，应确定：做什么，需要什么资源，谁负责，何时完成，结果如何评价。

（2）建立员工合规操守考核制。建立包括合规操守、合规业绩考核在内的绩效管理体系。每年初根据境外企业项目建设和生产经营的实际情况，制定考核指标并与主要负责人签订责任书，采取“月度通报、季度考核、半年小结、年度清算”的考核机制，年底根据完成情况进行考核，合规业绩考核结果与企业工资总额、领导班子成员年薪和领导班子成员任职评价“三挂钩”。通过加强合规绩效考核，充分调动企业合规经营的积极性，促进资产的保值增值。将考核结果纳入年度绩效考核，与绩效工资挂钩，以增强员工合规意识，确保员工日常行为合规。

（3）建立违规问责制度。对于发现的违规事件，要严格认定和追究违规行为人的责任，并采取有效的纠正措施，及时优化经营管理流程和修订相关规章制度，切实消除违规事件产生的负面影响。

10. **合规评价**

企业应定期对合规管理体系进行系统全面的评价，发现和纠正合规管理贯彻执行中存在的问题，促进合规体系的不断完善。合规管理体系评价可由企业合规管理相关部门组织开展或委托外部专业机构开展。

企业在开展效果评价时，应考虑企业面临的合规要求变化情况，不断调整合规管理目标，更新合规风险管理措施，以满足内外部合规管理要求。

（1）建立法律法规及其他要求适用表。

①合规性评价的基础工作是建立适用的法律、法规及其他要求清单。

②合规渊源，包括：立法机构和监管机构的法律、规则和准则，市场惯例，行业协会的行业规则，内部职员行为准则，诚实守信和道德行为准则。

③合规渊源的获取渠道。

（2）建立法律法规及其他要求合规性评价表。建立法律法规及其他要求合规性评价表的原则和方法。

（3）进行合规性评价。

①归口管理部门；

②评价频次；

③评价人员；

④评价依据；

⑤评价内容；

⑥评价记录；

⑦不合规处置。

（4）提出改进方法。

①企业合规性评价和改进建议表。

②撰写企业规章制度的修改建议书，应注意：如果企业的规章制度体系文件与现行的法律法规有冲突，则必须对规章制度体系进行修改；应通过与有关部门的沟通，了解企业规章制度这样规定的原因，并探讨有无可能提出既合乎技术原理又合乎法律法规的方法；在建议书中，必须写明既有文件的哪一部分与法律法规存在冲突，并给出修改意见。

四、合规管理中的风险控制方法

合规风险是指企业或其员工因违规行为遭受法律制裁、监管处罚、重大财产损失或声誉损失以及其他负面影响的可能性。

合规管理部门应深入调查，梳理各操作岗位的工作规程，研究各岗位原有的内控风险、管理体系风险及法律风险，针对各环节隐藏的或者有可能发生的合规风险进行系统排查，并梳理成全面的合规管理风险。参照国家的法律法规、有关政策和行业标准规范，结合企业实际运营的情况，整理各业务领域需要遵守的法律法规和其他标准，结合上述排查的合规管理风险，细化业务操作标准，量化要求。之后，强调风险提示，列出哪些岗位会出现风险操作、风险级别、业务流程环节中容易出现风险的操作点以及风险控制措施，以便于业务操作人员在工作中能够有意地避开风险操作点，增强风险意识，加强自身责任感。这是企业达成合规要求，实现合规经营的根本策略。

整个风险管理过程是一个闭环系统（见图 7-1），随着风险应对策略的实施及风险监控过程中内外部环境或工作内容的变化，风险会出现许多变化。这些变化的信息可及时反馈，新的风险识别就能及时对新情况进行风险评估和分析，从而调整并实施风险应对策略。这样循环往复，保持风险管理过程的动态性，就能达到风险管理的预期目的。

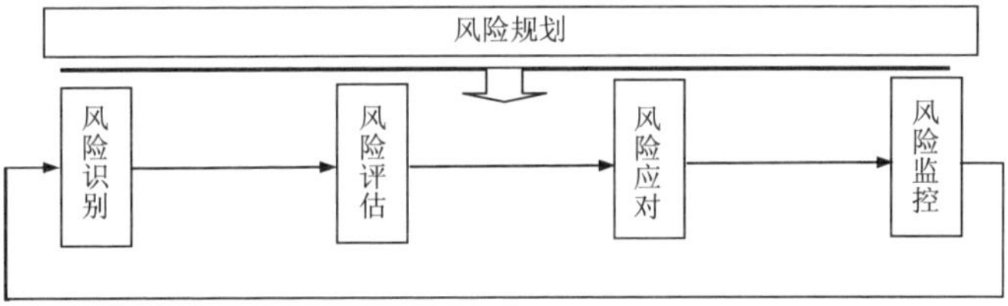

图 7-1　企业风险管理的全过程

（一）风险规划

风险规划是定义如何实施合规风险管理活动的过程，合规部门应该根据企业的业务类型、实施环境和人员特点，制订风险管理规划文档，即风险管理计划。该计划要与业务内容（如所承包的项目类型、项目战略优先级等）对企业和其他相关方的重要程度相匹配，其中特别需要注意的是业务（如工程项目承包）实施过程中关键相关方（如工程所在地政府、业主及企业自身领导层）对合规风险的容忍程度。

风险规划的内容应包括：

①确定合规风险管理的领导者和团队，明确其职责；

②确定合规风险管理活动所需资金及应急储备和管理储备的使用方案；

③确定在项目生命周期中实施合规风险管理过程的时间和频率；

④确定合规风险的分类方式和风险分解结构；

⑤记录各相关方的风险偏好度和风险临界值；

⑥根据具体的项目对风险的概率和影响进行定义；

⑦风险登记册、风险报告以及项目风险管理过程中的文档要求和内容格式等。

合规风险管理活动应纳入日常工作范畴，是合规管理工作的最重要组成部分。同时，企业应在合规风险规划阶段对各类相关人员做好合规培训工作。培训对象及内容见表 7-3。

表 7-3　合规培训对象及内容

序号	培训对象	培训内容
1	企业高层、高级合规官	建立企业合规管理体系
2	合规管理团队成员	合规管理团队的职责、应知应会等
3	从事境内经营的工程建设企业所有人员	境内合规要求、制度
4	从事境外经营的工程建设企业所有人员	境外合规要求、制度

可采取现场培训、书面培训、网络培训相结合的形式，由合规管理部门制订年度合规培训计划，由各业务部门提出培训需求，以工作的实际需要为出发点，与岗位紧密结合，根据年度培训计划、国家政策法规的变化及企业业务发展需要实施培训，有计划、有目的地组织

各种形式的合规培训，强化合规经营理念。

（二）风险识别

企业应当建立必要的制度和流程（风险规划），识别新的和变更的合规要求。企业可围绕关键岗位或者核心业务流程，通过合规咨询、审核、考核和违规查处等内部途径识别合规风险，也可通过外部法律顾问咨询、持续跟踪监管机构有关信息、参加行业组织研讨等方式获悉外部监管要求的变化，识别合规风险。

企业境外分支机构可通过聘请法律顾问、梳理行业合规案例等方式动态了解掌握业务所涉国家（地区）政治经济和法律环境的变化，及时采取应对措施，有效识别各类合规风险。

企业的合规风险识别工作应在整个经营过程中持续开展，并根据环境和业务特性的变化不断更新风险内容。

具体工程项目上的风险识别应以企业已识别的合规风险为基础，结合项目特性、所在地的环境（包含自然环境、社会环境、管理环境和作业环境）等因素，在合规管理部门的配合下，一同开展合规风险的识别。

可使用头脑风暴、核对单、访谈收集与风险相关的信息，通过根本原因、假设条件和制约因素、各种文件和 SWOT（优势、劣势、机会和威胁）等分析风险及其来源，召开专门会议讨论和完善风险的识别。具体识别风险的方法见表 7-4。

表 7-4　常见风险识别方法

名称	方式	说　明
调查法	访谈	约访专家、工程管理人员，或通过实地观察走访等识别潜在的风险。
	专家会议讨论	通过成立风险管理专家小组，召开会议，利用其专业知识和经验识别潜在的风险。
头脑风暴法	自由联想讨论	组织一群人自由联想、讨论，发表自己的观点或看法，互不强制干预对方。
核查法	核查表	将之前相似项目发生过的风险归纳总结列成清单，核查拟建项目是否存在该类风险。
分解法	工作分解法（WBS）	将复杂的整体工程进行系统分解（单项工程-单位工程-分部分项工程-工序），分析潜在的风险和损失。
	风险分解法（RBS）	将整个工程的风险从不同的方面或层次分类，再将大类风险分解为具体的子风险。
	WBS-RBS	将复杂的工程工作和风险分别分解成简单、易于理解的基本单元，再将其耦合形成 WBS-RBS 矩阵，找出可能的风险因素。
情景分析法	场景假设	设想同一环境不同情境下可能出现的风险和其带来的损失。
假设条件和制约因素分析	实施条件审查	每个项目及其项目管理计划的构思和开发都基于一系列的假设条件，并受一系列制约因素的限制。开展假设条件和制约因素分析，来探索假设条件和制约因素的有效性，确定其中哪些会引发风险。从假设条件的不准确、不稳定、不一致或不完整，可以识别出威胁，通过清除或改变会影响项目或过程执行的制约因素，可以创造出机会。

续　表

名称	方式	说　明
流程图法	流程图	将项目划分为连续的作业流程，再将各个作业流程划分为若干个具体板块，分析各板块中潜在的风险。
SWOT 分析	多维度进行分析	对项目的优势、劣势、机会和威胁进行逐个检查。
文件分析	历史资料分析	通过对企业或项目以往文件的结构化审查，可以识别出一些风险。可供审查的文件包括计划、假设条件、制约因素、以往项目档案、合同、协议和技术文件。

1. 合规风险识别的领域

企业识别、分析和评估合规风险可以从重点领域、重点环节、重点人员三方面考虑。

重点领域：市场交易、商业伙伴、安全环保、施工质量、劳动用工、财务税收、知识产权、反腐、诚信与反贿赂。

重点环节：重要决策事项事前合规审查。境外施工重大决策、重大合同、大额资金管控、境外子企业公司治理等。

重点人员：管理人员、高风险岗位、海外人员。

2. 合规风险识别的框架

全面识别合规风险的一个良好方法是通过风险分解（RBS）建立合规风险识别框架。

合规风险 RBS 建议，参见表 7-5。

表 7-5 不同类型风险需合规的内容或风险点

类 别	需合规的内容或风险点
国际条约、惯例和协议合规风险 相关的规定主要来自联合国（UN）、国际劳工组织（ILO）、世界知识产权组织（WIPO）、国际标准化组织（ISO）、社会责任国际（SAI）、国际商会（ICC）、世界银行（WB）、石油输出国组织（OPEC）等	·合同管理：FIDIC 条款、NEC 合同条款、JCT 合同条款、AIA 系列合同条件等； ·劳工权利：《国际劳工组织宪章》、《建筑业安全和卫生建议书》、《1990 年夜间工作公约》、SA 8000 等； ·知识产权：《保护工业产权巴黎公约》《专利合作条约》《世界版权公约》等； ·环境保护：《生物多样性公约》《控制危险废物越境公约》《联合国气候变化框架公约》《巴塞尔公约》等； ·财务报告：《COSO 全面风险管理框架》《COSO 内部控制整合框架》等； ·国际贸易：《国际贸易术语解释通则》《商业跟单信用证统一惯例》等； ·诚信与反贿赂：《世界银行诚信合规指南》《海外反腐败法》等； ·……
国家（地区）性合规风险	·美国的《海外反腐败法》《针对机构实体联邦量刑指南》《萨班斯-奥克斯利法案》； ·美国的“长臂管辖”司法判例 ； ·所在国出于国家安全和国家利益作出的行政决定；如美国把华为公司列入出口管制“实体名单”； ·所在国及地区出入境相关规定； ·驻所在国使领馆的规定和要求； ·……

续 表

类　别	需合规的内容或风险点
宗教、文化和习俗合规风险	· 基督教； · 伊斯兰教； · 佛教； · 当地的其他教派和习俗； · ……
国内施工企业涉及的主要法律、法规合规风险	1. 法律 《中华人民共和国建筑法》《中华人民共和国安全法》《中华人民共和国消防法》《中华人民共和国合同法》《中华人民共和国招标投标法》《中华人民共和国土地管理法》《中华人民共和国城乡规划法》《中华人民共和国环境保护法》《中华人民共和国环境影响评价法》《中华人民共和国保险法》《中华人民共和国劳动法》等。 2. 行政法规 《工程建设质量管理条例》《工程建设安全生产管理条例》《工程建设勘察设计管理条例》《中华人民共和国土地管理法实施条例》等。 3. 部门规章 《工程监理企业资质管理规定》《注册监理工程师管理规定》《工程建设监理范围和规模标准规定》《建筑工程设计招标投标管理办法》《房屋建筑和市政基础设施工程施工招标投标管理办法》《评标委员会和评标方法暂行规定》《建筑工程施工发包与承包计价管理办法》《建筑工程施工许可管理办法》《实施工程建设强制性标准监督规定》《房屋建筑工程质量保修办法》《房屋建筑工程和市政基础设施工程竣工验收备案管理暂行办法》《工程量清单计价规范》《工程建设施工现场管理规定》《建筑安全生产监督管理规定》《工程建设重大事故报告和调查程序规定》《城市建设档案管理规定》《增值税暂行条例实施细则》等。

续 表

类　别	需合规的内容或风险点
国内外行业专业技术合规风险	指针对不同的行业、不同质量控制对象制定的专业技术规范文件。包括规范、规程、标准、规定等，如：工程建设项目质量检验评定标准，有关建筑材料、半成品和构配件质量方面的专门技术法规性文件，有关材料验收、包装和标志等方面的技术标准和规定，施工工艺质量等方面的技术法规性文件，有关新工艺、新技术、新材料、新设备的质量规定和鉴定意见等。
企业内部制度和流程合规风险	· 公司章程； · 公司制度和业务流程； · 工艺流程和操作手册； · ……

全面风险识别 RBS 建议，详见表 7-6 至表 7-17。

表 7-6　境外工程建设企业全面风险识别框架（RBS 0 级）

序号	层　次	风险类型
1	国家层面	经济风险、政治风险、社会风险、自然风险、法律风险
2	项目层面	招投标风险、设计风险、施工风险、采购风险、业主方风险
3	企业层面	融资风险、资金风险、组织结构风险、人力资源管理风险

表 7-7 国家层面：经济风险清单（RBS 1~2 级）

序号	风险因素	风险源
1	经济发展	所在国经济 GDP 总量及发展趋势如何？经济产业结构是怎样的？经济发展规划和政策有哪些？
2	通货膨胀	所在国通货膨胀率是多少？是否得到有效控制？发展趋势如何？国家的货币政策如何？
3	政府财政和债务	政府财政收入、来源及占比是多少？政府财政收支情况如何？政府外债与内债情况如何？政府外汇收入、来源及储备情况如何？
4	市场竞争	政府投资和私人投资情况如何？市场竞争激烈情况如何？市场竞争者来自哪些国家？中国企业的市场份额、分布领域和竞争优势怎样？
5	汇率变化	所在国采用何种货币？是否是国际货币？与美元的兑换比率是否稳定？汇率的发展趋势怎样？
6	外汇管制	所在国是否是外汇管制国家？所在国的外汇储备怎样？外汇管制的对象是哪些？外汇管制的范围有哪些？
7	华人经济团体影响	所在国是否存在华人商会或经济团体？这些商会团体对所在国经济的影响力如何？与当地政府和社会组织团体的关系如何？
8	商业银行合作	所在国的主要商业银行有哪些？银行的资信、业务及收费、效率情况如何？外国人可否开立银行账号和可办理的业务情况有哪些？

表 7-8 国家层面：政治风险清单（RBS 1~2 级）

序号	风险因素	风险源
1	政治制度	所在国政治体制是哪种（民主共和制/君主立宪制）？所在国民主程度如何？是否存在以及多大程度的独裁？政治权力在各组织机构之间如何划分？

续　表

序号	风险因素	风险源
2	政党及政策	所在国的政党情况如何？是一党制、两党制还是多党制？主要政党有哪些？主要政党对国家政策和政治权利的影响怎样？执政党及其他政党对华态度怎样？
3	国家信誉	所在国的国际信誉如何？是否有国家信用评级？评级情况如何？
4	政府腐败	所在国政府廉洁情况如何？腐败行为严重程度如何？政府是否就腐败问题采取打击措施？政府打击力度和决心怎样？
5	政策连续性	国家政策是否稳定？近几届政府更迭过程是否稳定？新政府对原政府行为（各项政令及外交政策）继承是否完整及政策是否稳定？
6	政局稳定性	国家政局是否稳定？影响国家政局稳定的主要因素有哪些？
7	战争或内乱	所在国是否存在反政府武装或恐怖组织？其破坏活动近年来是否频繁？国家是否已采取军事行动？未来的安全形势会如何？
8	国家关系	所在国周边国家政局是否稳定？其与周边国家关系如何？国际上有无敌视国？中国在该国是否设有大使馆？其与中国合作情况如何？
9	舆论风险	我方在项目所在国设立的机构是否建立了舆情监控机制？
10	工程协会	所在国是否存在工程协会？工程协会的作用及其对市场的影响如何？
11	紧急事故应对	我方在所在国设立的机构是否建立了紧急情况的应对机制？包括哪些具体的应急保障措施？

续 表

序号	风险因素	风险源
12	项目安保	我方在所在国设立的机构是否建立了安全保障管理制度？当地是否有专业的安保公司？费用如何？当地政府可否提供安保力量？
13	市场歧视	建筑市场对外国承包商的态度如何？中资企业在当地受欢迎程度如何？

表 7-9 国家层面：社会风险清单（RBS 1~2 级）

序号	风险因素	风险源
1	民族冲突	所在国有多少民族？各民族之间的关系如何？主要民族占人口比例及其对国家政治、社会的影响？
2	宗教冲突	所在国有无宗教信仰？具体信仰哪些宗教？宗教之间的关系如何？宗教对国家政治、社会、文化等的影响程度如何？
3	风俗禁忌	所在国有哪些风俗习惯？禁忌有哪些？
4	法定假日	所在国有哪些法定节假日？法定假日多不多？节假日如何分布？
5	劳工素质	社会教育体系是否完善？教育是否普及？公民受教育程度如何？
6	交流障碍	所在国官方语言是什么？较为通行的外国语言有哪些？
7	医疗卫生	所在国医疗保障体制是否健全？医疗水平和伤病费用成本如何？
8	社会治安	社会治安状况如何？偷盗、抢劫等暴力犯罪率高不高？

表 7-10 国家层面：法律风险清单（RBS 1~2 级）

序号	风险因素	风险源
1	法制差异	所在国属于英美法系、大陆法系还是其他法系？
2	法制不健全	所在国的国家立法程序如何？法制是否健全？基本法律有哪些？法律法规调整是否频繁？
3	公民法律意识	当地法律文件是否易于获取？公民法律意识怎样？公民犯罪率如何？
4	执法风险	所在国执法部门法律执行力度如何？执法是否公正？
5	司法风险	司法环境如何？司法是否公正？司法效率如何？诉讼成本如何？
6	国际法约束	是否与中国签订双边或多边条约？是否共同加入某种国际组织？
7	公司法风险	所在国关于公司设立及治理的相关法律法规有哪些？主要规定是怎样的？
8	进口管理	所在国对进口程序和手续有哪些规定？海关检查是否严格？清关效率怎样？
9	外籍劳务限制	所在国关于外籍劳务的法律法规有哪些？是否对外籍劳务有明确的限制？外籍劳务需要办理哪些签证和手续？
10	外商投资法	所在国关于外商投资的法律法规有哪些？主要规定是怎样的？
11	投标法规	所在国关于投标的法律法规有哪些？主要的规定是怎样的？
12	合同法	所在国关于合同的法律法规有哪些？主要的规定是怎样的？
13	劳动法	所在国关于劳动关系、职业安全健康的法律法规有哪些？主要的规定是怎样的？对工人加班的时间和费用有何规定？

续 表

序号	风险因素	风险源
14	税法风险	所在国关于税收制度的法律法规有哪些？主要规定是怎样的？税率如何？对外国承包商有无优惠？税法是否定期修改？
15	环保法	所在国关于环境保护的法律法规有哪些？主要规定是怎样的？对于破坏环境行为的惩罚是怎样的？
16	企业资质管理	所在国关于建筑企业资质管理的法律法规有哪些？主要的规定是怎样的？资质分为几类几级？资质申请的程序和所需的材料有哪些？
17	工程纠纷管理	所在国关于诉讼、仲裁等争议解决方式的相关法律法规有哪些？主要的规定是怎样的？
18	所在国仲裁机构	所在国仲裁机构有哪些？这些机构的国际影响力、公正性、收费情况如何？
19	国际仲裁有效性	所在国是否为纽约公约成员？外国仲裁裁决在该国承认和执行情况如何？
20	法律资源获取	所在国的法律资源如何？有无国际知名律所？本国律师的水平和能力怎样？律师收费如何？该国有无知名的工程咨询专家和税务顾问专家？

表 7-11 国家层面：自然风险清单（RBS 1~2 级）

序号	风险因素	风险源
1	自然灾害	所在国自然灾害现象（地震、洪灾、旱灾、火山、台风等）是否严重？是否常年缺水？
2	气候恶劣	全年降雨量和气温如何？是否有明显的旱季和雨季？雨季和旱季分别是哪些月份？夏季的最高平均温度和冬季的最低平均温度是多少？

续 表

序号	风险因素	风险源
3	水文地质	所在国的地形地貌如何？水文地质条件是否复杂？
4	传染疾病	所在国是否为传染疾病高发区？主要的传染疾病有哪些？病情是否得到有效控制？公民的疾病防范意识如何？
5	生态保护	所在国是否注重对生态的保护？项目是否经过生态保护区？

表 7-12 项目层面：招投标风险清单（RBS 1~2 级）

序号	风险因素	风险源
1	投标程序	建筑市场投标的基本程序是什么？公正性如何？外国企业投标需要做哪些准备？
2	投标政策	所在国对本国企业和外国企业投标的政策是否不一样？具体政策是怎样的？
3	业主手续	业主的行政审批手续是否齐全？
4	工程量和工程范围	合同中关于工程项目内容描述是否清楚？是否存在可凭借推测和想象而导致工作范围扩大的成分？工程量是否有清单？
5	合同报价	合同计价方式约定是否明确？是固定总价合同还是可调总价合同？合同中有无关于价格调整方式的条款？合同价格包含的风险费是否足够？
6	融资要求	合同中是否要求承包商融资？融资额度是否超过企业规定标准？
7	保函担保	业主是否要求承包商提供保函担保？需要提供哪些保函？保函失效、失效条件及担保金额约定是否明确？
8	预付款约定	合同中是否约定工程预付款？预付款的比例是多少？预付款支付形式是什么？

续 表

序号	风险因素	风险源
9	进度款支付约定	合同中是否约定工程进度款的审批及支付时限？进度款的支付方式是什么？是否约定发包人未按时支付工程进度款的违约责任？
10	工程尾款支付约定	合同中是否约定工程尾款的审批和结算时限？工程尾款的支付方式是什么？是否约定发包人未按时支付工程尾款的违约责任？
11	质保金支付约定	合同中是否约定质量保修期和期满后工程质量保修款的清算和支付时限？
12	竣工结算约定	合同中是否约定工程竣工验收的条件？是否明确规定竣工结算审核单位和审核时限？是否约定中间结算和结算时限？
13	付款形式	合同工程款结算的币种有哪些？业主以何种方式付款？
14	工程变更	是否约定工程变更、洽商、签证价款的审批和支付时限？
15	违约赔偿	合同对双方违约的责任是否作出明确的规定和量化？是否约定赔偿的条件和形式？
16	条款不平等	业主是否特意将自身承担的风险定义模糊化？风险范围是否缩小？是否将一些不可抗风险全部强加给承包商？
17	条款不严谨	合同对一些重要性条款有没有清晰的定义？规定是否详细？前后是否存在矛盾？
18	合同条款误解	合同条款翻译是否正确？双方就条款的理解是否进行沟通并达成一致？
19	业主免责	合同条款关于业主责任的要求是否明确？有无具体的制约措施？

表 7-13　**项目层面：设计风险清单（RBS 1~2 级）**

序号	风险因素	风险源
1	设计标准	业主要求使用的设计标准规范是哪些？是中国标准、欧美标准还是所在国自身标准规范？设计分包商对国外标准规范的熟悉程度？
2	设计技术	设计院或分包商的资质如何？是否做过海外工程的设计？设计团队人员组成结构是否合理？设计人员的设计经验如何？
3	设计资料	业主提供的资料信息是否真实、完整，有无及时更新？承包商是否亲自到项目现场勘察过？勘察资料的深度和广度是否满足设计要求？
4	设计方案	承包商是否深入研究业主提出的技术指标和要求？设计方案是否合理？业主是否会因喜好任意要求承包商改变设计方案？业主对设计方案的审批效率如何？
5	设计变更	设计分包商是否正确理解业主的概念要求？业主对项目的要求是否一次性交代清楚？
6	衔接风险	设计部门的时间安排是否合理？与采购部门、施工部门工作的衔接是否顺畅？

表 7-14　**项目层面：采购风险清单（RBS 1~2 级）**

序号	风险因素	风险源
1	本地材料设备供应	所在国有无项目所需的材料设备？当地材料的质量能否达到项目要求？当地的材料生产能力和设备生产效率能否满足项目的需求？材料和设备的价格怎么样？
2	材料设备采购计划	各种材料和设备的采购来源是否合理安排（当地、中国还是第三国）？每次材料采购数量是否经济？采购计划是否合理和灵活？

续 表

序号	风险因素	风险源
3	供货商供货	供货商的信誉情况怎么样？供货数量和质量是否有保障？能否及时供货？供货规格是否与项目匹配？售后服务怎么样？
4	物流运输	物资运输形式和成本如何？运输速度和安全性如何？货物运输损耗大不大？清关手续是否复杂？货物是否在所在国进口管制名单内？
5	物价上涨	材料设备价格是否上涨？跨国采购时货币汇率是怎样的？
6	采购报价	业主是否指定供货商？供货商的数量是多少？承包商询价是否方便？供货商报价是否合理？供货商会不会坐地起价？

表 7-15　项目层面：施工风险清单（RBS 1~2 级）

序号	风险因素	风险源
1	施工技术	技术交底是否清楚？施工工艺是否落后？专项施工方案是否得到论证以及效果如何？有无采用新工艺和技术？
2	安全措施	现场安全措施是否到位？执行力如何？是否安排专职安全巡视员？
3	施工人员管理	施工人员素质如何？施工人员是否服从安排？施工人员是否会盗窃材料设备？施工人员是否会集体要求涨薪或罢工？施工人员是否接受加班安排？
4	分包商管理	分包商之间的施工界限是否清晰？分包商进场安排是否合理？与分包商之间的沟通是否顺畅？有无做好各分包商之间的协调？
5	材料设备管理	现场材料设备是否有专人看管？设备的保养怎样？材料的进场是否及时？设备之间的调度是否协调？

续 表

序号	风险因素	风险源
6	基础设施	施工现场供水供电是否充足？交通方不方便？
7	施工组织	施工方案是否可行？施工进度计划是否科学？施工现场平面布置是否合理？
8	施工影响控制	施工过程中有无注意保护周围的生态环境？有无干扰到周围居民的生活？有无对周围建筑和地下管线造成影响？
9	劳工流动	当地的劳工是否充足？劳工的流动性大不大？
10	技术文件翻译	公司是否拥有既会说当地语言又懂工程技术的人才？技术文件的翻译与原文贴近程度如何？
11	项目目标管理	项目目标分工是否明确？是否制定严格的项目目标管理体制？项目目标管理计划是否严格执行？

表 7-16　项目层面：业主方风险清单（RBS 1~2 级）

序号	风险因素	风险源
1	业主支付不及时	业主拖欠工程进度款和竣工结算款的情况如何？业主对承包商的请示回复情况如何？
2	业主干预	业主是否强行干预项目的管理？是否发出一些不合理的指令？
3	需求变更	业主会否因经济问题减少项目工作量或范围？业主是否要求承包商执行合同规定之外的工作？

表 7-17　企业层面：企业风险清单（RBS 1~2 级）

序号	风险因素	风险源
1	融资风险	企业的融资能力如何？融资渠道有哪些？融资是否得到国家支持？

续 表

序号	风险因素	风险源
2	资金短缺	企业的资金运转是否正常？是否有足够的资金维持垫资施工？
3	人力资源管理	企业雇佣当地员工和国内员工的规划是否合理？员工的培训计划和费用如何？薪酬制度是否透明公正？
4	企业内部组织管理	企业的管理团队是否团结？内部是否拉帮结派？与当地建筑企业是否存在腐败交易？管理人员结构安排是否合理？各自的责任与权力是否明确？
5	组织结构	企业项目组织机构采用何种形式？机构设置是否合理？

3. 风险识别的结果

风险识别的最终的成果是建立风险登记册，记录已经识别的风险、潜在的风险责任人和潜在的风险应对措施。

（三）风险评估

风险评估是指根据工程所处的环境，风险管理人员应用统计、概率分析等方法对已识别风险的发生概率和影响进行综合分析的过程。其主要目的是对风险进行优先级排序，筛选出重点关注的高优先级风险。

企业应通过考虑不合规的原因、来源、后果的严重程度及其后果发生的可能性进行合规风险评估。后果包括（不限于）：个人和环境伤害、经济损失、声誉损失和行政责任等。

企业可根据企业的规模、目标、市场环境及风险状况确定合规风险评估的标准和合规风险管理的优先级。

企业进行合规风险评估后应形成评估报告，供决策层、高级管理层和业务部门等使用。

风险具有动态性、紧迫性、临近性、潜伏性、可控性、连通性、可监测性、可管理性、不确定性、相对性、突发性等众多特性。传统的风险评价方法大都认为风险度为风险发生概率 P 与风险损失 I 的乘积，即 $R=P\times I$ 。这种分析方法仅从概率和损失两个维度来评价风险，不能全面反映风险的发生过程和规律，可能会导致错误的结果。有必要将风险分析从两维向三维甚至多维拓展，也就是除了考虑风险发生的概率和风险损失，还须考虑风险的可控性、紧迫性、临近性等风险特性指标，用风险特征向量表示如下：

$R=(R_1,R_2,R_3,R_4,R_5\cdots)$ =（概率、损失、可控、紧迫、临近……）

风险各评价维度的具体含义如下：

发生概率：风险在工程全过程中发生的可能性大小。

损失：风险发生后影响工程进度、质量、成本等目标而造成的损失，以及连带给企业的经济损失、声誉损失和行政责任等。

紧迫性：为有效应对风险而必须采取应对措施的时间段。时间短就说明紧迫性高。

邻近性：风险在多长时间后会影响一项或多项项目目标。时间短就说明邻近性高。

可管理性：风险责任人（或责任组织）管理风险发生或影响的容易程度。如果容易管理，可管理性就高。

可控性：风险责任人（或责任组织）能够控制风险后果的程度。如果后果很容易控制，可控性就高。

可监测性：对风险发生或即将发生进行监测的容易程度。如果风险发生很容易监测，可监测性就高。

连通性：风险与其他风险存在关联的程度大小。如果风险与多个其他风险存在关联，连通性就高。

战略影响力：风险对组织战略目标潜在的正面或负面影响。如果风险对战略目标有重大影响，战略影响力就大。

密切度：风险被一名或多名相关方认为要紧的程度。被认为很要紧的风险，密切度就高。

值得说明的是，并不是每一个风险特性都需要考虑，除概率和损失外，其他的特性根据项目的情况进行选择，并设定相应的权重。各项评分应由经验丰富的专家进行打分，评分的标准应在风险规划中设定，多位专家的多重评分会显著提高风险评估的准确性。表 7-18 是风险评估模型示例。

表 7-18　风险评估模型（示例）

风险	维度	概率	损失	可监测性	紧迫性	…	综合评分	优先级
10 分制	权重	30%	30%	5%	5%	…		
风险 A	—	9	8	8	8	…	8.3	1 级
风险 B	—	7	8	5	6	…	6.5	3 级
…	…							

（四）风险应对

企业应建立健全合规风险应对机制，对识别评估的各类合规风险采取恰当的控制和处置措施。发生重大合规风险时，企业合规管理机构和其他相关部门应协同配合，依法及时采取补救措施，最大程度降低损失。必要时，应及时报告有关监管机构。

合规风险的应对主要从五个大方面考虑，即风险上报、风险规避、风险减轻、风险接受和风险转移。详见图 7-2。

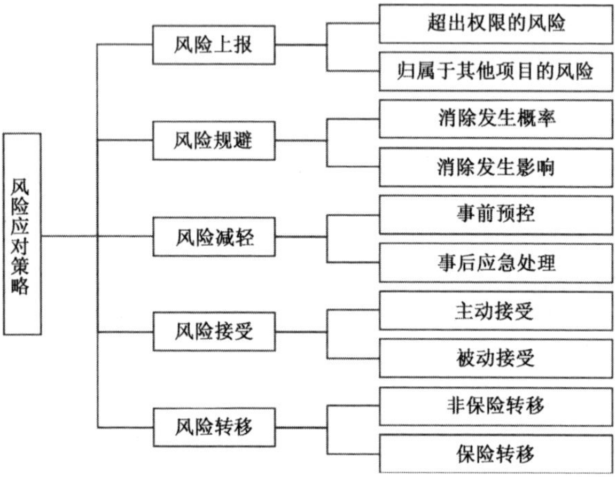

图 7-2　风险应对方案框架图

1. **风险上报**

如果某风险不在职责范围内，或提议的应对措施超出了责任人能力或权限，就应该采用上报策略。被上报的风险将在相应的相关部门加以管理。而风险责任人确定应就风险通知哪些人员，并向该人员或组织部门传达关于该风险的详细信息。

上报策略带来的好处是能在更高层次进行统筹管理，能调动更多的资源来响应风险。合规管理人员应该充分意识到上报并不是责任推诿，也更应清楚地意识到如果在超出职权能力范围内自行管控风险或是瞒报而导致风险没有得到及时有效处理，都将导致最终的失控。

2. **风险规避**

风险规避是指采取行动来消除威胁，避免受威胁的影响。规避策略其应对的核心是“阻断”，即把概率降低到零；或者风险发生了，主体也会受保护而不受影响。

某些合规风险发生概率和损失都很大，但又没有经济有效的措施来减小风险，合规管理人员就应该采取放弃项目或原计划，或者改变目标，避免损失。

采取风险规避策略常须同时满足以下三点：

一是对合规风险要有足够的认识和把握。

二是该风险发生的概率很高，带来的后果很严重。

三是采用其他应对策略的代价超过风险所带来的经济效益，只有采取风险规避才能将项目损失降到最低。

但运用该策略时也须认识以下三点：

一是风险是始终都存在的，规避这个风险可能会面对另外一个新的风险。

二是规避风险也就丧失了从该风险中获取利益的机会。

三是风险规避要把握最佳时机，当断则断。

正如上所述，在采取规避策略的时候，往往需要付出相对较大的代价，因此在制定策略的时候需要考虑经济性和可行性的权衡，如果无法完全规避，可以考虑强化其他策略。

3. **风险减轻**

风险减轻是指采取措施来降低威胁发生的概率和（或）影响，最终使风险在可控范围内。当风险应对目标是只需可防可控时，或对于需要完全消除风险（高风险），但因风险特性或其他因素无法采取规避措施时，优先采用减轻策略。

采取减轻策略，在制定具体应对方案时，从决定风险严重性的因素入手，通过强化过程控制来降低概率和损失。

减轻策略一般包括事前控制和事后控制。事前控制是指通过制定防范性措施来降低风险事件发生概率的行为，分为有形的和无形的。

有形的措施如高空作业人员必须系安全带，脚手架挂安全网；进场人员须戴安全帽；易燃易爆材料远离办公场所等。无形的措施如对现场工作人员进行风险教育，制定严格的风险管理制度，采取多种货币结算方式等。事后控制是指通过制定应急处理计划来尽量减小风险事故所造成的损失或抑制事故进一步发展的行为。相应的措施如调整施工进度和材料设备采购计划；准备索赔证据，计算索赔金额，递交索赔报告；查看项目资金链运转状况，调整融资计划等。

4. 风险接受

风险接受，又称为风险自留。风险接受是指承认风险的存在，事前不主动采取措施，因此它不改变风险的概率和损失，是依靠自身的力量来承担风险事故损失的行为。此策略可用于低优先级威胁，也可用于无法以任何其他方式加以经济有效应对的威胁。对于采用接受策略（暂时不管它）的风险，有两种建议，一是为它建立应急储备，包括预留时间、资金或资源以应对出现的威胁；二是定期审查，确保其并未发生重大改变。

5. 风险转移

转移涉及将应对威胁的责任转移给第三方，让第三方管理风险并承担威胁产生的影响。采用转移策略，通常需要向承担威胁的一方支付风险转移费用。购买保险、使用履约保函、使用担保书或保证书是转移的最常见手段。

该行为并不能减小风险发生的概率和损失，而只是将风险损失转移给最有能力承担或控制的其他组织或个人。一般分为保险转移和非保险转移。

保险转移是指项目主体通过购买工程保险来将风险转移给保险公司。常见的保险转移措施有：建筑工程一切险、安装工程一切险、社会保险、车险、汇率险等。

非保险转移是指项目主体通过签订合同将风险转移给对方。该方法能够转移那些不可投保但被转移者长于该类风险管理的风险。但要注意被转移者的财务能力，一旦无法承受风险带来的损失而破产，那么最终的损失仍由转移者承担。此外为确保风险转移的顺利落实，在合同中须明确规定双方的权利与责任。常见的非保险转移措施有：工程分包、转包、担保、出售；技术转让；设备租赁；免责合同等。

（五）风险监控

监控风险是在整个项目期间，监督商定的风险应对策略的实施、跟踪已识别风险、识别和分析新风险，以及评估风险管理有效性的过程。

由于在项目实施过程中合规风险是不断变化的，企业应落实监控措施，管理合规义务和对应的合规风险，实现预期的行为。

采取有效的监控措施确保满足合规义务，能够预防或发现不合规事件并纠正。充分而严格地设计各类、各层次的监控措施，以促进企业的活动和运行环境实现合规义务。

比如，控制包括：

· 清晰、实用并易于遵循的文件化运行方针、程序、过程和操作指示；

· 系统和异常报告；

· 审批；

· 划分有冲突的角色和职责；

· 自动化过程；

· 年度合规计划；

· 员工绩效计划；

· 合规评估和审核；

· 管理层的承诺和促进合规行为的其他措施；

· 对预期的员工行为（标准、价值观和行为准则）进行主动、公开且经常的沟通。

风险监控方法如下：

· 风险审计：专人督察风险监控机制的执行情况，并定期对风险执行过程进行审核。

· 风险审查会：定期召开合规风险的审查会，来检查和记录风险应对策略的有效性。在风险审查中，还可以识别出新的合规风险，并及时制定应对措施。

· 技术指标分析：比较计划技术指标与实际技术指标之间的差异。

· 风险预警监督：度量项目在运作过程中某指标偏离预警线的强弱程度、发出预警信号并提前采取防范措施。

结 语

开展境外经营是中国企业实现企业发展战略，参与“一带一路”建设，推进中国与世界各国（各地区）互利共赢的重要方式。强化合规经营意识是企业海外经营行稳致远的前提。

不论国内还是国外，廉洁、合规都已成为世界范围内对企业的基本要求，国际机构以及国家（地区）、行业组织等各个层面的监管力度都将越来越大，企业依法合规经营已经成为当今企业治理的国际趋势。中国的工程建设企业也应当积极顺应国际趋势，认识到建立合规制度、强化合规监管的重要性，努力建设和实施符合国际标准的合规经营制度。

我国工程建设企业在“走出去”过程中，因不合规被处罚的案例比比皆是，而在海外失败项目中的经验教训，往往具有很高的相似度。“屁股出去了，脑袋还留在国内”，这十分形象而深刻地概括了合规问题的成因。我国工程建设企业在国内市场的技术、工期等方面创造了一系列的工程奇迹，但是我们必须清楚地认识到，这些“奇迹”的产生是依赖中国这个得天独厚的市场环境，占尽“天时、地利、人和”，一旦脱离了这个熟悉的市场环境，丧失了赖以创造“奇迹”的土壤，中国承包商很难复制“中国速度”。

我国工程建设企业在几十年“走出去”的过程中所形成的经验，往往是以高成本作为代价的。而用高成本换来的境外工程经验，又常常是低效率的。一方面，获得经验的往往是个人，而个人的经验很难转化为组织合规体系的一部分，常常出现“人走了，经验也被带走了”的怪现象。然后，企业又不得不重新开始“交学费”和积累教训，很少能够像成熟的国际承包商那样，及时把经验和教训总结、固定下来，形成失败项目的案例库。另一方面，我国“走出去”的工程企业之间难以建立有效的沟通交流机制，个别企业的经验教训难以成为整个行业的共同财富。如果不能突破这种重蹈覆辙的恶性循环，我们所付出的“学费”会更加惊人。

因此，我们编制了本书，对境外合规经营的经验予以总结。期望通过我们的努力，把大家的经验串联起来，能使境外经营人员及企业，对境外各国（各地区）的经营方式及合规要求有总体的了解；同时，希望通过本书，加强企业对合规意识、合规文化及合规具体要求方面的重视。

附录

附录1 英国部分政府部门和相关机构一览表

序号	机构名称	网址
1	内阁办公室（Cabinet Office）	www. gov. uk/government/organisations/cabinet-office
2	商业和贸易部（Department for Business and Trade）	www. gov. uk/government/organisations/department-for-business-and-trade
3	文化、媒体和体育部（Department for Culture, Media and Sport）	www. gov. uk/government/organisations/department-for-culture-media-and-sport
4	教育部（Department for Education）	www. gov. uk/government/organisations/department-for-education
5	能源安全和净零部（Department for Energy Security and Net Zero）	www. gov. uk/government/organisations/department-for-energy-security-and-net-zero
6	环境、食品和乡村事务部（Department for Environment, Food and Rural Affairs）	www. gov. uk/government/organisations/department-for-environment-food-rural-affairs
7	地区平衡发展、住房与社区事务部（Department for Levelling Up, Housing and Communities）	www. gov. uk/government/organisations/department-for-levelling-up-housing-and-communities

续 表

序号	机构名称	网址
8	科学、创新和技术部（Department for Science Innovation and Technology）	www. gov. uk/government/organisations/department – for – science – innovation – and–technology
9	交通部（Department for Transport）	www. gov. uk/government/organisations/department–for–transport
10	就业及养老金事务部（Department for Work and Pensions）	www. gov. uk/government/organisations/department–for–work–pensions
11	卫生及社会福利部（Department of Health and Social Care）	www. gov. uk/government/organisations/department – of – health – and–social–care
12	外交、联邦和发展事务部（Foreign，Commonwealth & Development Office）	https：//www. gov. uk/government/organisations/foreign – commonwealth – development–office
13	财政部（HM Treasury）	www. gov. uk/government/organisations/hm–treasury
14	内政部（Home Office）	www. gov. uk/government/organisations/home–office
15	国防部（Ministry of Defence）	www. gov. uk/government/organisations/ministry–of–defence
16	司法部（Ministry of Justice）	www. gov. uk/government/organisations/ministry–of–justice
17	北爱尔兰事务办公室（Northern Ireland Office）	www. gov. uk/government/organisations/northern–ireland–office

续 表

序号	机构名称	网址
18	苏格兰事务办公室（Scotland Office）	https：//www. gov. uk/government/organisations/office-of-the-secretary-of-state-for-scotland
19	威尔士事务办公室（Wales Office）	https：//www. gov. uk/government/organisations/office-of-the-secretary-of-state-for-wales
20	英国税务和海关总署（HM Revenue & Customs）	www. gov. uk/government/organisations/hm-revenue-customs
21	英国竞争和市场管理局（Competition and Market Authority）	www. gov. uk/government/organisations/competition-and-markets-authority
22	英国出口融资局（UK Export Finance）	www. gov. uk/government/organisations/uk-export-finance
23	英国知识产权局（Intellectual Property Office）	www. gov. uk/government/organisations/intellectual-property-office

附录2 中国驻英国主要政府部门和机构联系方式

序号	机构名称	联系方式
1	中国驻英国大使馆	邮箱：political_ uk@ mfa. gov. cn 电话：+44-20-72994022 网址：www. chinese-embassy. org. uk/chn
2	中国驻英国大使馆经济商务处	邮箱：gb@ mofcom. gov. cn 电话：+44-20-72155000 网址：gb. mofcom. gov. cn
3	中国驻贝尔法斯特总领事馆	邮箱：chinaconsul_ bft_ uk@ mfa. gov. cn 电话：+44-28-90682499 网址：belfast. chineseconsulate. org/chn
4	中国驻曼彻斯特总领事馆	邮箱：chinaconsul_ man_ uk@ mfa. gov. cn 电话：+44-161-2248986 传真：+44-161-2572672 网址：manchester. chineseconsulate. org/chn
5	中国驻爱丁堡总领事馆	邮箱：consulate_ edinburgh@ mfa. gov. cn 电话：+44-131-2292519 网址：edinburgh. china-consulate. org/chn
6	中国贸促会驻英国代表处	邮箱 ：ccpituk@ ccpit. org 电话：+44-20-73978130 网址：www. ccpit. org/uk

附录3 英国主要商协会联系方式

序号	商协会名称	联系方式
1	英中贸易协会 China-Britain Business Council	电话：+44-20-78022000 传真：+44-20-78022029 邮箱：enquiries@ cbbc. org 网址：www. cbbc. org 中国办公室： 电话：+86-10-85251111 传真：+86-10-85251101 邮箱：enquiries-sh@ cbbc. org. cn
2	英国工业联合会 Confederation of British Industry	电话：+44-20-73797400 传真：+44-20-73797200 邮箱：enquiries@ cbi. org. uk 网址：www. cbi. org. uk
3	董事学会 Institute of Directors	电话：+44-20-74513100 邮箱：businessinfo@ iod. com 网址：www. iod. com
4	英国中国商会	电话：+44-20-31925881 邮箱：info@ chinachamber. org. uk 网址：chinachamber. org. uk
5	英国商会 British Chambers of Commerce	电话：+44-20-76545800 网址：www. britishchambers. org. uk

续 表

序号	商协会名称	联系方式
6	伦敦工商会 London Chamber of Commerce and Industry (LCCI)	电话：+44-20-72484444 传真：+44-20-74890391 邮箱：lc@ londonchamber. co. uk 网址：www. londonchamber. co. uk
7	英中协会 The Great Britain China Centre	电话：+44-20-72356696 邮箱：contact@ gbcc. org. uk 网址：www. gbcc. org. uk
8	制造商协会 Make UK	电话：+44-808-1685874 邮箱：enquiries@ makeuk. org 网址：www. makeuk. org
9	金融城协会 The City UK	电话：+44-20-36960100 邮箱：info@ thecityuk. com 网址：www. thecityuk. com
10	科技协会 TechUK	电话：+44-20-73312000 传真：+44-20-73312040 邮箱：info@ techuk. org 网址：www. techuk. org
11	中小企业协会 Federation of Small Businesses	电话：+44-808-2020888 网址：www. fsb. org. uk
12	考文垂商会 Coventry & Warwickshire Chamber of Commerce	电话：+44-2476-654321 邮箱：info@ cw-chamber. co. uk 网址：www. cw-chamber. co. uk
13	利物浦商会 Liverpool & Sefton Chambers of Commerce	电话：+44-151-2271234 邮箱 membership@ liverpoolchamber. org. uk 网址：www. liverpoolchamber. org. uk

续 表

序号	商协会名称	联系方式
14	谢菲尔德工商会 Sheffield Chamber of Commerce and Industry	电话：+44-114-2018888 邮箱：membership@ scci. org. uk 网址：www. scci. org. uk
15	大曼彻斯特商会 Greater Manchester Chamber of Commerce	电话：+44-161-3934321 邮箱：info@ gmchamber. co. uk 网址：www. gmchamber. co. uk
16	北安普顿商会 Northamptonshire Chamber of Commerce	电话：+44-1604-490490 邮箱：info@ northants-chamber. co. uk 网址：www. northants-chamber. co. uk
17	西部商会 Business West Chambers of Commerce	电话：+44-1275-373373 邮箱：info@ businesswest. co. uk 网址：www. businesswest. co. uk
18	西北约克郡商会 West & North Yorkshire Chamber	电话：+44-8455-240240 邮箱：info@ wnychamber. co. uk 网址：www. wnychamber. co. uk
19	苏格兰商会 Scottish Chambers of Commerce	电话：+44-141-4447500 邮箱：admin@ scottishchambers. org. uk 网址：www. scottishchambers. org. uk
20	爱丁堡商会 Edinburgh Chamber of Commerce	电话：+44-131-2212999 邮箱：info@ edinburghchamber. co. uk 网址：www. edinburghchamber. co. uk
21	格拉斯哥商会 Glasgow Chamber of Commerce	电话：+44-141-2042121 邮箱：chamber@ glasgowchamberofcommerce. com 网址：www. glasgowchamberofcommerce. com

续 表

序号	商协会名称	联系方式
22	北爱尔兰工商会 Northern Ireland Chamber of Commerce and Industry	电话：+44-28-90244113 传真：+44-28-90247024 邮箱：mail@ northernirelandchamber. com 网址：www. northernirelandchamber. com
23	贝尔法斯特工商会 Belfast Chamber of Trade and Commerce	电话：+44-28-90331399 邮箱：info@ belfastchamber. com 网址：belfastchamber. com
24	南威尔士商会 South Wales Chamber of Commerce	电话：+44-16-33254041 网址：southwaleschamber. co. uk

附录4 英国主要中资企业一览表

序号	公司名称	领域
1	支付宝（英国）有限公司	金融服务
2	安克创新科技（英国）有限公司	科技、媒体和电信
3	佰利联欧洲有限公司	制造业和工业
4	中银国际环球商品（英国）有限公司	金融服务
5	博毅雅医疗科技有限责任公司	私营医疗
6	比亚迪（英国）股份有限公司	制造业和工业
7	中广核国际铀产品销售公司	制造业和工业
8	桥社辛迪加有限公司	金融服务
9	远东幕墙（英国）有限公司	房地产和建筑
10	远声航空工业有限公司	制造业和工业
11	翡丽百瑞英国有限公司	消费品
12	海尔电器英国有限公司	消费品
13	海通国际英国有限公司	金融服务
14	亨利巴斯父子有限公司	商业支持服务
15	海信英国有限公司	消费品
16	华为技术研发（英国）有限公司	科技、媒体和电信
17	遨森英国有限公司	消费品
18	迈瑞医疗（英国）有限公司	私营医疗

续 表

序号	公司名称	领域
19	康龙化成英国有限公司	私营医疗
20	盛宝金融（英国）有限公司	金融服务
21	艾罗能源技术英国有限公司	科技、媒体和电信